# 全球视域下的
# 项目式语言教学与评价
## 重要理论、技术与指导框架

Global Perspectives on Project-Based Language Learning, Teaching, and Assessment:
Key Approaches, Technology Tools, and Frameworks

［美］古力尔巴哈尔·H.贝克特（Gulbahar H. Beckett） 著
［美］泰米·斯莱特（Tammy Slater）

王素娥 张润晗 黄振华 译

中国出版集团
中译出版社

## 图书在版编目(CIP)数据

全球视域下的项目式语言教学与评价：重要理论、技术与指导框架 ／ （美）古力尔巴哈尔·H. 贝克特，（美）泰米·斯莱特著 ; 王素娥，张润晗，黄振华译. -- 北京 : 中译出版社, 2023.2

书名原文: Global Perspectives on Project-Based Language Learning, Teaching, and Assessment: Key Approaches,Technology Tools,and Frameworks
ISBN 978-7-5001-7245-1

Ⅰ. ①全… Ⅱ. ①古… ②泰… ③王… ④张… ⑤黄… Ⅲ. ①语言教学－教学评估 Ⅳ. ①H09

中国国家版本馆CIP数据核字（2023）第008309号

Global Perspectives on Project-Based Language Learning, Teaching, and Assessment—Key Approaches, Technology Tools, and Frameworks 1st Edition / by Gulbahar H. Beckett and Tammy Slater / 9781032088211
Copyright © 2020 Taylor & Francis
Authorized translation from English language edition published by Routledge, an imprint of Taylor & Francis Group LLC. All Rights Reserved. 本书原版由Taylor & Francis出版集团旗下Routledge出版公司出版，并经其授权翻译出版。版权所有，侵权必究。
China Translation & Publishing House is authorized to publish and distribute exclusively the Chinese (Simplified Characters) language edition. This edition is authorized for sale throughout Mainland of China. No part of the publication may be reproduced or distributed by any means, or stored in a database or retrieval system, without the prior written permission of the publisher. 本书中文简体翻译版授权由中译出版社独家出版并仅限在中国大陆地区销售，未经出版者书面许可，不得以任何方式复制或发行本书的任何部分。
Copies of this book sold without a Taylor & Francis sticker on the cover are unauthorized and illegal. 本书贴有Taylor & Francis公司防伪标签，无标签者不得销售。

| | |
|---|---|
| 出版发行 | ／中译出版社 |
| 地　　址 | ／北京市西城区新街口外大街28号普天德胜大厦主楼4层 |
| 电　　话 | ／(010) 68359827，68359303（发行部）；68359725（编辑部） |
| 邮　　编 | ／100044 |
| 传　　真 | ／(010) 68357870 |
| 电子邮箱 | ／book@ctph.com.cn |
| 网　　址 | ／http://www.ctph.com.cn |

| | |
|---|---|
| 出 版 人 | ／乔卫兵 |
| 总　策　划 | ／刘永淳 |
| 策划编辑 | ／范祥镇　钱屹芝 |
| 责任编辑 | ／钱屹芝 |
| 文字编辑 | ／杨佳特 |
| 营销编辑 | ／吴雪峰　董思嫄 |
| 封面设计 | ／潘　峰 |

| | |
|---|---|
| 排　　版 | ／冯　兴 |
| 印　　刷 | ／北京玺诚印务有限公司 |
| 经　　销 | ／新华书店 |
| 规　　格 | ／710毫米×960毫米　1/16 |
| 印　　张 | ／20.5 |
| 字　　数 | ／313千字 |
| 版　　次 | ／2023年2月第1版 |
| 印　　次 | ／2023年2月第1次 |

ISBN 978-7-5001-7245-1　定价：78.00元

版权所有　侵权必究
中译出版社

# 译者序

项目式学习作为一种体验式学习,已经被证明是一种有效的学习方法。该方法后被引入语言教学领域。本书原编者贝克特博士为项目式语言教学研究的领军人物,二十几年前就开始了对该课题的研究,其博士论文(1999年)即为该方向。此后,贝克特博士一直在此领域深耕不辍,发表多篇相关研究和论著。其中,贝克特博士在2006年与米勒博士合作出版《项目式二语和外语教学:过去,现在与未来》,十几年后又与斯莱特博士联合推出本书,由著名学术出版社劳特里奇出版社出版。该书不仅收录了北美研究者的研究成果,而且采用了全球视域视角,涉及了全球多个国家、多个语种背景下开展的项目式语言教学实践与研究的最新成果。

2019年4月,教育部和科技部等13个部门联合启动"六卓越一拔尖"计划2.0,全面推进新工科、新医科、新农科和新文科建设。其中,新文科的实施旨在打破传统文科与其他学科之间的壁垒,其特征主要表现为问题导向、交叉融合、新技术应用和创新性发展。项目式语言教学作为一种教学模式,较好地融合了上述特点。

本书的三位译者均为中央财经大学外语学院教师,对项目式语言教学法开展了前期研究,之前已完成了相关外语教学研究基金项目,该书的翻译亦是几位译者在该领域研究的又一后续成果。译者希望本书的译介有助于外语类教师和研究人员更好地借鉴项目式语言教学的最新成果,对他们有所裨益。

本书在翻译时，译文尽可能在保持原文信息的同时适合中文读者的习惯。翻译过程中，有些中文尚未完全确定的术语，比如 translanguaging，现有的翻译包括"语言穿梭""跨语实践""超语言技能"等，最终，经过多方请教和查证，本书将其确定为"超语使用"。此外，本书作为学术翻译，涉及大量的学者以及论文内容，为了读者查找方便，在翻译时，涉及的学者正文中采用中文名字，同时在括号内注明英文名称以及相应的文献索引信息。文中索引的文献，在各章结尾保留英文文献原文信息，目的是保证读者可以顺利找到感兴趣的相关内容开展研究。

翻译过程中，三位译者分工合作，对各个章节进行了翻译和多轮审校，同时，中央财经大学 2021 级 MTI 的几位同学也参与了部分审校工作，其中，戴佳佳审校了第四章、第十三章、第十四章；贾红纳审校了第五章、第九章、第十章；刘楚卿审校了第一章、第二章；石鑫审校了第六章、第七章、第八章；王青云审校了第三章、第十一章、第十二章。在此，对这些同学一并表示感谢。本书得到了中央财经大学 2020 年一流学科建设项目"大数据时代的财经新闻语料库建设与研究"的部分资助，在此表示感谢。

特别感谢中译出版社的工作人员，尤其是责任编辑钱屹芝，对译稿提出了很多细致的意见和建议，对出版流程给予了大力支持，整个合作过程高效且愉快。

翻译是一门遗憾的艺术，我们也意识到，错误在所难免，译者对最终译文以及不可避免出现的错误负全部责任。

译者：王素娥　张润晗　黄振华

# 图

图 6.1　学生对 FLAP 和 SLAP 的整体看法
图 6.2　学生在 FLAP 和 SLAP 期间交流的感受
图 6.3　学生对项目式学习的工作量与常规课程相比的感受
图 6.4　学生对于 FLAP 和 SLAP 的自我评价
图 6.5　学生对 FLAP 和 SLAP 准备的自我评价和对搭档的评价
图 6.6　学生对 FLAP 和 SLAP 参与的自我评价和对搭档的评价
图 11.1　第二部分：英语语言发展（ELD）标准示例：六级水平三年级语文写作
图 11.2　与知识结构相匹配的知识框架引导性问题
图 11.3　关注形式与功能的技术增强项目式语言学习单元模型
图 11.4　根据教与学循环各阶段 TEFF PBLL 片段学习目标
图 11.5　为期两周的 TEFF PBLL 的日常学习目标、活动以及部分技术示例
图 13.1　PLATE 框架
图 14.1　项目式单元教学整体设计
图 14.2　服装秀项目说明

# 表

表 2.1　理论概念

表 2.2　研究方法总结

表 5.1　"瘟疫公司"单元为期七周的单元计划

表 5.2　第一次课调查结果

表 5.3　第二次课调查结果

表 5.4　第三次课调查结果

表 5.5　项目口头报告课调查结果

表 8.1　参与者背景相关信息

表 8.2　观察信息

表 9.1　数字资源学习指导框架

表 9.2　开发基于技术的项目式语言学习课程步骤

表 10.1　莫汉（Mohan）知识框架的知识机构、思考技巧以及对应的语言例子

表 11.1　虚构记叙文在小句层面的语言特点、顺序以及描述

表 11.2　共同核心州立标准（CCSS）WIDA 英语语言（ELA）表现指标，示例学习片段

表 11.3　《佩皮塔和霸凌》虚构故事描述和序列的语言特点

表 12.1　融合技术的项目式语言学习学生学习状况建构评估框架

表 12.2　项目式语言学习框架下学习过程与结果评估示例

表 13.1　2017 年项目式语言教学研讨会参与人员信息
表 14.1　中学英语教学项目式教学框架
表 14.2　项目式单元样例中技术使用情况
表 14.3　修改后的项目式单元样例中技术使用情况

# 目 录

| 图 | III |
|---|---|
| 表 | IV |

**第一章　哲学、理论基础及新的研究方向** ... 2
    引言 ... 2
    项目式学习（PBL）：教育思想方面的深层次基础 ... 3
    项目式语言学习（PBLL）：非传统的思想与实践基础 ... 4
    对项目式学习、项目式语言学习研究关注日益增加以及未来研究方向 ... 6
    本书内容：最新理论、研究、工具及指导框架 ... 10
    本书的价值 ... 15
    对未来研究和实践的启示意义 ... 17
    本书的适用对象 ... 18
    参考文献 ... 19

**第二章　项目式学习研究：写作形式及功能文献的综述与前瞻** ... 26
    引言 ... 26
    研究方法 ... 29

| 研究发现 | 30 |
|---|---|
| 研究问题1：小学、中学、大学二语/外语环境下，在语言学习、写作、语言形式与功能的学习过程中，项目式学习与教学主要有哪些好处和挑战？ | 30 |
| 研究问题2：指导现有研究的理论或者概念基础 | 37 |
| 研究问题3：融入技术的项目式语言学习实证研究的研究方法 | 39 |
| 对未来研究和教学的启示意义 | 41 |
| 以理论为基础的学术写作语言与功能教学实践 | 42 |
| 教师主导式教学与独立探索之间的平衡 | 42 |
| 反馈类型 | 42 |
| 对学生和项目进行测试和评估 | 43 |
| 在融入技术的项目式学习中使用技术资源 | 43 |
| 参考文献 | 44 |

## 第三章　项目式语言学习中的超语使用　　56

| 引言 | 56 |
|---|---|
| 生态心理学分析工具 | 57 |
| 重新定义真实语言使用 | 59 |
| 作为外语教学法的超语使用 | 59 |
| 项目和参与者介绍 | 60 |
| 技术的使用 | 61 |
| 数据收集 | 62 |
| 任务描述 | 62 |
| 数据分析 | 62 |
| 项目式语言学习课堂的超语使用：研究发现 | 63 |
| 创作 | 66 |
| 互动 | 68 |
| 检查 | 70 |
| 修改 | 72 |

| 讨论 | 74 |
| 结论 | 76 |
| 参考文献 | 77 |

## 第四章　高阶德语课堂项目式学习：内容与语言学习融合　80

| 背景 | 80 |
| 项目式学习 | 82 |
| 研究方法 | 84 |
| 研究背景 | 85 |
| 语言高级项目：第一轮循环 | 87 |
|  观察 | 87 |
|  思考 | 88 |
|  结论 | 93 |
| 参考文献 | 94 |

## 第五章　疫病之下的医学院：真实游戏促进学习动机、参与度与语言习得案例研究　99

| 引言 | 99 |
|  游戏里有什么？ | 100 |
|  以技术为基础的游戏和动机 | 101 |
| 研究背景 | 103 |
| 该项目使用的电子游戏 | 104 |
|  参与者 | 105 |
|  程序 | 105 |
| 结果 | 109 |
| 讨论与结论 | 113 |
| 参考文献 | 116 |

## 第六章　通过项目学习：语言学跨文化远程协作　121

| | |
|---|---|
| 引言 | 121 |
| 项目式学习和远程协作机会 | 122 |
| 研究介绍 | 124 |
|     研究背景和参与者 | 125 |
|     项目具体情况 | 126 |
|     研究步骤 | 127 |
|     数据收集与分析 | 129 |
| 研究发现 | 130 |
|     学生如何看待他们这次跨文化远程合作项目式学习的经历？ | 130 |
|     学生如何自我评估和相互评估自己的跨文化远程协作项目式学习的表现和过程？ | 134 |
| 讨论和总结 | 137 |
| 参考文献 | 139 |

## 第七章 "你觉得这个项目怎么样？"技术增强型项目式语言教学案例研究    **143**

| | |
|---|---|
| 引言 | 143 |
| 技术增强型项目式语言学习（TEPBLL） | 145 |
| 研究方法 | 146 |
| 技术作为学习的空间 | 147 |
| 通过 TEPBLL 关注语言形式 | 153 |
| 结束语 | 158 |
| 参考文献 | 159 |

## 第八章 对外汉语教育中技术增强型项目式语言教学与跨文化教学结合实践研究    **167**

| | |
|---|---|
| 引言 | 167 |
| 研究方法 | 170 |
| 研究发现和讨论 | 172 |

项目式语言教学作为一种教学桥梁　　172
　　项目式语言教学作为一种文化教学的工具　　175
　　项目式语言教学在更高语言水平中的运用　　176
　　围绕项目式语言教学产生的冲突与协商　　178
结论　　180
参考文献　　182

## 第九章　数字资源学习指导框架研究：项目式语言学习应用　　188

引言　　188
研究"数字资源学习指导框架"的动机　　189
数字资源学习指导框架　　191
　　利用数字资源开发学习框架　　192
　　"数字资源学习指导框架"说明　　193
　　这些行为在语言学习中的作用　　194
将该框架付诸行动　　196
构建项目式语言学习环境　　197
　　使用"数字资源学习指导框架"开发材料　　199
结论　　203
参考文献　　204

## 第十章　知识框架：一种在融合技术的项目式学习中强调语言学习的组织工具　　207

引言　　207
语境、数据和持续的语言学习问题　　208
莫汉的知识框架（KF）　　212
将 KF 的语言方面与 IEP 的达标项目活动相联系　　216
　　分类／描述　　217
　　原则／顺序　　218
　　评估／选择　　220

| 突出语言方面 | 221 |
|---|---|
| 结论 | 221 |
| 参考文献 | 223 |

## 第十一章 知识框架与体裁分析教学法的运用：关注形式与功能的技术增强项目式语言学习研究 228

| 引言 | 228 |
|---|---|
| 整合标准、技术、语言和内容 | 230 |
|  WIDA 学生标准 | 230 |
|  教师技术标准 | 232 |
|  项目式学习 | 233 |
| 知识框架与体裁分析教学法 | 234 |
| 构建关注形式与功能的技术增强项目式语言学习课程 | 236 |
|  课程发展核对表 | 236 |
|  《佩皮塔和芭比特》数字化讲故事项目示例 | 237 |
| 关于技术增强型形式功能项目式语言学习的后续思考 | 241 |
| 参考文献 | 244 |

## 第十二章 融合技术的项目式语言学习测评——以研究为基础的框架 249

| 两类融合技术的项目式语言学习项目 | 250 |
|---|---|
|  两种融合技术型项目式语言学习中的评价 | 251 |
| 项目式语言学习的情感倾向评价 | 253 |
| 融合技术的项目式语言学习评估框架 | 255 |
|  评估的建构和子建构 | 255 |
| 课程 / 单元目标和目标 | 257 |
|  在融合技术的项目式语言学习中收集学习过程数据的方法 | 259 |
|  基于技术的项目式语言学习结果评估方法 | 261 |
|  融合技术的项目式语言学习评估框架在单元中的应用实例 | 263 |

结论 265

　　参考文献 266

## 第十三章　通过项目式教学改变对语言教学的看法：双语教师单元设计研究 271

　　引言 271

　　项目式学习作为一种教学方法的理论基础 273

　　　　项目式语言教学设计中的"语言是一种行为"理念 273

　　PLATE 框架 275

　　研究设计与方法 278

　　　　数据 280

　　　　分析 281

　　　　教师设计的教学单元 281

　　　　研究问题1：在项目式语言教学单元中，教师在多大程度上关注"语言是一种行为"？ 284

　　　　研究问题2：关于学生如何在项目式语言学习环境中学习英语，教师的假设是如何变化的？ 285

　　讨论 286

　　结论 287

　　参考文献 288

## 第十四章　考试之外：基于研究、通过技术开展的有意义语言学习框架下的中国中学项目式英语教学 293

　　现实问题 293

　　项目式语言学习可能是一种解决方案 295

　　技术支持的中学英语项目式教学框架 297

　　在中学开展的项目式语言教学行动研究 298

　　　　项目式教学单元行动研究 299

　　对行动研究的反思 302

学生的参与　　302
　　实现学习目标　　304
　　学生主导的主动学习技术使用不充分　　306
总结思考　　308
参考文献　　310

# 第一部分

## 项目式语言学习的哲学、理论基础及实践模型

# 第一章 哲学、理论基础及新的研究方向

古力尔巴哈尔·贝克特[①],泰米·斯莱特[②],伯纳德·莫汉[③]
(Gulbahar H. Beckett, Tammy Slater, and Bernard A. Mohan)

## 引言

本书对项目式语言学习(PBLL)下的二语/外语教育领域进行了深

---

[①] **古力尔巴哈尔·贝克特**(Gulbahar H. Beckett):博士,美国爱荷华州立大学应用语言学与技术、英语教学(TESL)教授。研究领域包括项目式二语/外语习得和社会化、依托内容的二语/外语(即英语作为教学语言)教学、语言政策、技术整合教学以及学术语言和读写能力。贝克特博士著述颇丰,在多家著名期刊上发表论文,例如,*Review of Educational Research*、*Language Policy*、*TESOL Quarterly*、*The Modern Language Journal*、*The Canadian Modern Language Review*、*The English Language Teaching Journal*、*TESL Canada Journal*、*Journal of Research on Computing in Education*、*Compare: A Journal of Comparative and International Education*、*Journal of Mixed-Method Research*、*Distance Education* 等期刊。

[②] **泰米·斯莱特**(Tammy Slater):美国爱荷华州立大学(ISU)应用语言学和技术(ALT)以及英语教学(TESL)副教授。其研究借鉴 SFL 的分析方法,尤其是莫汉关于教育中社会实践的研究,旨在通过依托内容和项目式教学和学习,特别是通过为英语学习者提供信息和推进教育领域的方式,了解学术语言的发展。

[③] **伯纳德·莫汉**(Bernard A. Mohan):曾任威斯康星大学密尔沃基分校语言学教授、加拿大不列颠哥伦比亚大学语言教育教授,现为加拿大不列颠哥伦比亚大学名誉教授,伦敦大学国王学院研究员。以其在语言和内容学习融合的开创性工作而闻名,最著名的是开发了"知识框架"(详细内容参见 Mohan, 1986)。作为一位功能语言学家,莫汉将语言视为意义的资源,将语言视为了解世界的主要手段,并将语言视为与其文化语境的动态互动。

入探究。通过质性研究、量化研究以及混合法等方法，本书对技术背景下的语言形式、语言功能、语言技巧、内容学习与教学、测试与评价等方面展开实证研究，并提供了以研究为基础的模型和指导框架。来自加拿大、中国、德国、日本、新加坡、西班牙、瑞典、土耳其、英国以及美国的33位作者，在加泰罗尼亚语、中文、英语、德语、日语、西班牙语、瑞典语以及土耳其语等语境下开展了多模态项目式学习与教学研究。

本章首先通过项目式学习（PBL）介绍项目式语言学习的背景，讨论项目式语言学习的哲学基础以及理论框架，鉴于理论定位影响到问题的发展（McMillan & Schumacher, 1993; Pierce, 1995），相应研究问题的产生以及理论框架的选择等（Beckett, 1999），还介绍了本书的理论背景定位。另外还有对本书各个章节进行简单的介绍，讨论本书的重要性以及对未来研究和实践的意义。

# 项目式学习（PBL）：教育思想方面的深层次基础

一百多年前，项目式学习起源于美国通识教育（参见 Beckett, 1999, 2006; Brubacher, 1947; Kilpatrick, 1918）。利奥·范·利尔（Leo van Lier, 2006）认为，在欧洲也有类似的教育方法，这种教育方法以行动、经验和感受为基础，以17世纪的扬·夸美纽斯（Jan Comenius）、19世纪的约翰·裴斯泰洛齐（Johann Pestalozzi）和20世纪的玛利亚·蒙台梭利（Maria Montessori）的思想为基础。项目式学习的哲学起源可以追溯到杜威（例如，Dewey, 1916; Dewey & Dewey, 1915）的体验主义哲学。这种体验主义哲学是进步式教育的基础，用于指导教学法，旨在帮助学生终身学习，在日益变化的社会中掌握所需的知识和技巧（Beckett, 1999, 2006; Brubacher, 1947; Kilpatrick, 1918）。杜威的这种体验式学习和教育中的民主思想是从美国开始的大型、影响深远的教育改革的一部分。项目式学习被视作一种以学生为中心的教学法，鼓励学生认真地、深入地、思辨性地学习所学科目（Berliner, 1992; Holt, 1994）。根据杜威的理念，行动作为一种过程，通过活动或相应的问题进行组织指导。项目式学习帮助学生在现实世界中通过开展跨学科的整体性活动有目的地创造知识和解决问题（Dionne & Horth, 1994）。传统的教育将课程划分为不同的科目，通过教师为中心的教学法进行传授（Cremin, 1964），学习的技能互不关联，比较零散（Kilpatrick, 1925）。这些项目式学习活动反映了对传统教育的改革。

项目式学习也受到其他教育家如让·皮亚杰（Jean Piaget）和列夫·维果茨基（Lev Vygotsky）的思想影响。因此，项目式学习并非只是一种时髦的方法，而是一种深刻复杂的教育方式，具有深层的教育思想基础，值得我们深入学习和思考（Leo van Lier, 2006）。

# 项目式语言学习（PBLL）：非传统的思想与实践基础

与项目式学习对通识教育的影响相对应，项目式语言学习也应该是非传统的二语学习和教育（笼统涵盖外语研究与教育）的基础。然而，正如贝克特（Beckett, 1999）指出的那样，起初，"项目式教学引入到二语习得教学法，是对克拉申（Krashen）输入假说不足的一种回应"（第2页），"是针对当时领域内盛行的以教师为中心、只注重语法教学的一种对抗方式"（Beckett & Slater, 2018a, 第1页）。莱古特克和托马斯（Legutke & Thomas, 1991/1999）提出，项目式学习在二十世纪六七十年代引入二语教育。克拉申认为，与母语习得一样，大量接触目的语并有可理解的输入是"决定是否能够习得某一门语言的最关键因素"（Eyring, 1989, 第1页）。

斯维恩（Swain, 1985）通过对加拿大法语沉浸式项目的研究发现，仅有可理解输入还不够，她提出，为二语学习者创造交流机会非常重要，这可以帮助他们"通过与本族语的人进行有意义的互动而产生可理解输出"（Beckett, 1999, 第3页）。在此背景下，布鲁菲特（Brumfit, 1984）的项目式沟通语言教学模式受到的关注越来越多。布鲁菲特认为，通过"强调学生在项目框架要进行沟通所需的整合式项目"（第123页），可以给学生提供机会，提高使用语言的精准度和流畅度。弗莱德 – 布斯（Fried-Booth, 1986）以及加德林、卡特、莱古特克、赛姆达和汉森（Candlin, Carter, Legutke, Semuda & Hanson, 1988）都认为，二语学习者可以通过在项目中与他人互动以及与本族语者交流有效地提高交流能力。很多项目也因此设立，以推动语言流畅性发展（见 Eyring, 1989, 2001; Fried-Booth, 1986; Legutke & Thomas, 1991, 1999）。当时，这些活动从心理语言学角度出发，目的是提高语言表达形式的水平（例如，Chomsky, 1986），忽视了社会语言学角度把语言作为意义建构的语言观（例如，Halliday, 1994）。这种二语领域项目式学习的观点有些狭隘，限制了把它作为一种二语研究和教育的非传统思想理念基础的机会。

从社会语言学的功能角度，语言作为一种资源，可以在某些社会文化背景中充当学习和生活的工具，而不仅仅是为了表达流畅孤立地进行语言技能训练（Beckett, 1999）。语言社会化理论（Schieffelin & Ochs, 1986）可以帮助我们更进一步了解功能语言学的相关发展。语言习得理论把语言学习视作"学习一系列规则"，而语言社会化理论认为语言学习"既学习语言也学习社会文化知识"（Beckett, 1999, 第 17 页）。根据语言社会化理论（Schieffelin & Ochs, 1986）："语言既是学习的对象，也是一种媒介。学习过程中同时涉及很多其他因素，例如，内容、教学环境、社会文化知识（例如，Mohan, 1986）"（Beckett, 1999, 第 17 页）。欧克斯认为（Ochs, 1990），语言社会化理论以活动为基础，这与布尔迪厄（Bourdieu, 1977）、吉德斯（Giddens, 1984）的社会学理论、维果茨基（Vygotsky, 1962, 1978）、列昂季耶夫（Leont'ev, 1981）的心理学理论相类似。后者认为，活动（例如，项目式学习，项目式语言学习）是一种创造性的社会性做法，可以重新建构思维和活动（Ochs, 1990）。从这些理论来看，社会活动以心理社会结构为基础进行，通过语言和社会文化知识开展（Ochs, 1990）。用欧克斯（Ochs）的话来说，"活动把语言和社会文化知识结合在一起""知识和活动相互影响"（Ochs, 1985, 第 15 页）。

贝克特（Beckett, 1999）把项目定义为一系列的（个人或集体）教学和/或学习活动，目的是"通过规划、研究（实证研究或/和文献研究），分析综合数据，通过比较、对比等方法，以口头或/和笔头的形式反思整个过程和结果",帮助学生对语言和相关内容进行学习。她认为,项目学习可以通过把语言视作一种资源或工具,通过/利用技术手段在真实语境中(Beckett & Slater, 2017)学习更多的语言、内容以及其他技能(Beckett, 1999)。这样,项目式学习可以成为项目式语言学习,这些语言学习以内容性活动为基础,由一系列的任务构成,以解决问题,分析性思考,做出决定,产生结果,并能就过程和结果进行阐述。最近的一系列研究(例如,Beckett, 1999, 2005, 2006; Beckett & Slater, 2005; Slater & Beckett, 2019)全部或者部分采用了贝克特(Beckett, 1999)的定义。这些研究也受到了其他理论的启发,包括杜威的体验式哲学(Dewey, 1926; Dewey & Dewey, 1915),维果茨基(Vygotsky, 1978)的社会建构学习理论,系统功能语言学(Halliday, 1994),以及语言社会化理论(Schieffelin & Ochs, 1986)。最近的研究探讨了项目式学习中的复杂体系比如多主体(行动者)、目标、对象、劳动分工,以及活动背景等(Gibbes, 2011, Zhao & Beckett, 2014),这些研究也受到维果茨基的社会历史活动理论(CHAT)的启发(Engeström, 2001)。

## 对项目式学习、项目式语言学习研究关注日益增加以及未来研究方向

近年来,项目式学习受关注程度越来越高,成了美国普及教育21世纪州级课程目标的最佳方式(见 Beckett et al., 2015, 2016)。为了实施21世纪州级课程创新和教师培训,美国联邦政府(例如,国家自然科学基金会)也对项目式学习进行了资助(见 Beckett et al., 2015, 2016, 科技教育技术杂志2016年特辑)。列文和麦克尼考尔(Lewin & McNicol, 2015)指出,除了美国,欧洲的教育政策以项目式和其他方法,通过提高学生的数字化能力以及21世纪所需的技能,例如,自主学习、批判性思维以及解决问题的能力、沟通与合作、创造性以及信息通信技术,来提高学生的就业水平和终生学习能力(Beckett & Slater, 2018b)。他们的研究表明,教

师对数字化教学法的学习水平较低，因此需要强代对教师的培训。这种需求导致了 iTEC（高参与课堂革新技术）方式（van Assche, Anido-Rifón, Griffiths, Lewin & McNicol, 2015）。该研究报告了 2010 至 2014 年间对 2500 多个欧洲课堂进行的研究。

很多学者和专业人员为普及项目式学习开展了大量工作，成立了项目式学习专门机构（例如，BIE）和项目式学习专门会议（例如，PAN-PBL）。然而，如前所述，在二语或者其他语言课堂上实施项目式语言教学（即项目式语言学习）相对较新，需要更多推广并进行更深入的研究。第一篇二语教育领域的博士论文（Eyring, 1989）研究了美国某大学的项目式学习开展情况。第二篇论文的作者为贝克特（Beckett, 1999），研究了加拿大英语作为第二语言的中学项目式学习的开展情况。此后，二语环境下项目式（语言）教学和专业相关工作虽然进度缓慢但是并未停止。虽然迄今为止尚无专门的项目式语言学习学术会议，但是，重大学术会议（例如，AAAL，美国应用语言学年会，TESOL，英语作为第二语言的教学会议，以及 AERA，美国教育研究协会）都有相关研究报告。

关于项目式语言学习的一系列研究成果也陆续发表。例如，贝克特和米勒（Beckett & Miller, 2006），弗莱德－布斯（Fried-Booth, 2002），莱古特克和托马斯（Legutke & Thomas, 1991/1999），以及托马斯（Thomas, 2017）。弗莱德－布斯（Fried-Booth, 2002）是 1986 年由独立作者完成的教师实用资源参考书目的升级版本。该书呈现了实用的项目活动，展示教师如何通过项目活动促进语言学习，并对不同背景下如何调整提出建议。然而该书并没有从多角度讨论现有的理论和研究。莱古特克和托马斯（Legutke & Thomas, 1991/1999）的《语言课堂中的过程与经验》讨论了杜威关于"边做边学"的哲学信念，通过各种方式聚焦交际语言教学和课堂文化。该书有两章专门讨论项目式语言学习，一章为"通过项目进行学习"（概论），另外一章为"项目学习中的问题"，讨论了任务型语言学习的相关内容。

贝克特和米勒（Beckett & Miller, 2006）的著作距今也有些时日了。该书共十六章，是第一部也是唯一一部在国际背景下讨论项目式语言学习对不同层次学生进行的实证研究、理论及应用模式的专著。该书表明，通过项目学习语言，学习者通过真实的活动获得机会，习得学习科目、学校和社会相关文化，进行辩证思考，做出决定，培养合作技能，使学习者不仅仅限于语言学习的层面（见 Beckett, 2006）。该书也讨论了项目式语言学习模式下的外语标准以及项目式语言学习的测评指南。但是，正如范·利尔在前言中所指出的，该书没有明确讨论对语言形式的关注研究以及项目式语言学习中技术的角色。较近的托马斯（Thomas, 2017）为独立作者，阐述了在日本开展的两个技术依托式英语作为外语的一系列混合式方法研究。这本书包括了对任务型语言学习（TBLL）和项目式语言学习的理论性讨论。然而，正如作者指出的那样，该书仅开展了以意义为关注点的质性研究，报告了语言背景下技术辅助的两个项目。

二语领域的项目式学习研究也在各个期刊蓬勃开展。这些研究表明，项目式学习可以帮助学习二语/外语、实现学术语言社会化、做出决定、进行分析性思考以及培养合作技能等，同时学生可以通过使用语言这种媒介（Beckett & Slater, 2017, 2018a, b）深入学习相关科目内容（例如，Beckett, 2005, 2006）。研究还表明，虽然总体上学生认同项目式学习的价值，但是，如果不能看到其对学习语言形式的促进作用，他们可能会感到沮丧（例如，Beckett, 1999；Eyring, 1989）。如郭（Kuo et al., 本书第十三章）指出，学生可以利用项目式学习的各个方面，他们也知道自己学习到了知识，包括语言知识，但需要老师为他们展示（Beckett & Slater, 2005; Windschitl & Calabrese Barton, 2016）。项目式学习如何促进语言形式与功能的发展，尤其是在技术辅助的项目式语言学习背景下的研究还很少（仅有几篇硕士论文，例如，Lee, 2014, Li, 2010, 以及 Zachoval, 2011），实验研究更少。正如吴（Ng et al., 本书第二章）所指出的，学习上的获得感不足可能是由于项目设计者或实施者对语言形式的聚焦不够造成的。也就是说，项目的重点放在了其他方面，比如主题内容、技能等，没有放到语言形式的发展上。项目为语言的学习和发展提供了很多便利，因为要求学习者就项目开展听说读写，并修改提升语言的准确度、逻辑、论说性以及完整性等。教师和研究人员需要利用这样的机会进行教学，研究项目式语言学习活动中发生的语言教学和学习。

此外，虽然现在技术工具已经成为当前语言教学和学习过程中的重要组成部分（Beckett & Slater, 2018b; Salpeter, 2005; Slater & Beckett, 2019; Zhao & Beckett, 2014），但对项目如何通过技术提升语言学习尤其是语言形式的学习方面的研究仍然非常匮乏。换言之，具有理论依据、依托技术的项目式实证研究仍然处于早期发展阶段（Dooly & Sadler, 2016）。托马斯和山崎（Thomas & Yamazaki）作为编者正在征集《项目式语言教学与计算机辅助语言教学：理论与实践》的研究，也证明了这一点。征集中提到，该书"旨在成为第一部使用数字化技术进行项目式、跨学科语言学习的高质量学术书籍"。

技术如今已经无处不在，我们需要进一步开展融合了技术的项目式语言学习，专业组织例如对外英语教学（TESOL）、美国外语教学委员会（ACTFL）也呼吁加强技术使用。美国各州标准中也号召在语言教育中融入技术，提高语言和内容学习（见 Gleason & Link, 本书第十一章）。的确，融合了技术的教学赋权给学生，让学习与个人更加息息相关（Chapelle & Jamieson, 2008）。融合了技术的项目式语言学习增强了学习的多模态化和活力，让学生可以与同一个地区、国家甚至国际的同龄人一起通过语言和视频方式进行合作学习，利用相互的优势，且不受时空的限制。与项目式学习的精髓一致，融合了技术的项目式语言学习可以提高多元读写能力，允许"非常规的学习起始点（学习者认为值得学习的内容，与他们身份相适应的具体内容）""允许学习过程中的非常规路径以及可比性目标点"（Cope & Kalantzis, 2013, 128-129 页）。多模态项目式语言学习帮助学生"在一个不断变化的世界中获得所需的知识和技能，以成为积极知情的公民和工作人员——这个世界如此多元，我们的交流方式和对信息的获取方式都在迅速变化"（Cope & Kalantzis, 2013, 131 页）。

现有的研究表明，虽然有些学生受到融合了技术的项目的激励，不是所有人都认可技术在语言学习中的作用（Terrazas-Arellanes, Knox & Walden, 2015）。西冈（Nishioka, 2016）研究了数字化讲故事项目中的语言相关片段，认为高水平的学生与低水平的学生相比，更有效地记住了在项目期间习得的知识，显示出语言水平在融合了技术的项目式语言学习中扮演的重要角色，低水平的学生比高水平的学生更需要直接的语言教学指导。不是所有的学生都意识到技术的改造性功能，有些只是把它视作一种让老师可以休息一下的拼写与语法检查方法（见 Slater，本书第十章）。在研究教师对项目式学习的感受时，哈勃克和纳吉（Habók & Nagy，2016）发现，在某些教学层次上，尤其在使用项目式语言学习方式时，教师未充分使用技术，而且也不认为技术重要。不少研究呼吁应该对教师加强技术培训（例如，Deacon, Parkin & Schneider, 2017; Foss, Carney, McDonald & Rooks, 2014; Kraus, 2009; Meyer & Forester, 2015）。事实上，现有的大多数关于学习和学习者的项目式语言研究指出，需要对相关教学和教师开展更多研究，对相关教学法进行更多培训，尤其是要对教师开展融合了技术的项目式语言学习培训。各种研究、教学工具和手段以及培训可以帮助教师对该教学法、对原理和实践有更好的理解，通过培训和实施获取更多的感受和经验。

同时，现有的文献中，对项目式学习测评研究，尤其对项目式语言学习的测评研究也比较缺乏（Condliffe, 2016）。这一点在本书中的陈和赫驰（Chen & Hirch，本书第十二章）、格里森和林克（Gleason & Link，本书第十一章）、郭（Kuo et al.，本书第十三章）都有提及。现有的测评工具几乎都是自我评估评分标准（例如，Beckett & Slater, 2005）以及形成性语言和内容分析指导原则（Slater, Beckett, & Aufderhaar, 2006）。贝克特和斯莱特认为（Beckett & Slater, 2018b），现有测评工具"没有针对性地研究如何通过项目式语言学习或者融入技术的项目式语言学习实现学习的目的，可能因为这些方式很复杂，影响到多方面的发展"（第6页）。他们提出，复杂不等于无法建立测评工具或者不应该开发能够测量复杂学习的工具。当代教师和测试专业人员对技术非常精通而且技术工具非常强大。因此有效的测评工具是可以开发的，研究人员和教师可以使用这些工具进一步评估和探索项目式语言学习教学法和相关活动。

## 本书内容：最新理论、研究、工具及指导框架

该部分总结了本书各章节如何对上述所提出的问题进行研究，通过科

学的量化、质性以及混合式研究方法来研究使用或者融合了技术的项目式语言学习。第二章的吴、张、张和姜（Ng, Cheung, Zhang, & Jang）指出，聚焦书面语言形式和功能学习的项目式语言学习研究非常少。他们对从2004年到2018年发表在国际期刊、会议论文集以及研究报告上的60篇项目式学习进行了综述，研究了在小学、中学、大学英语作为第二语言或外国语的情境下使用融合技术的项目式语言学习教授写作的好处和遇到的挑战，同时也调查了这些研究的理论以及实证研究中所用的方法。这几位作者讨论了他们的发现（重点关注语言形式和功能）对学术写作教学法和研究的启示。

第三至八章呈现了融合技术的项目式语言学习的实证研究。第三章的卡朋特和松谷（Carpenter & Matsugu）论证了19个日本大学生如何在戏剧项目中通过超语使用、学习英语。通过对学生根据项目任务要求而进行的英语和日语语言使用和语言以及认知能力协调进行分析，作者发现通过项目中的超语使用，学生可以利用技术工具比如智能手机进行创作、互动、检查和修改。卡朋特和松谷也发现，对于外语水平较低的学生，用母语来建立融洽关系和分享个人信息更容易些。他们认为，允许系统使用母语和第二语言可以帮助学生利用情景的优势提高整体表现。

第四章的德莱斯勒、雷德勒、迪米特洛夫、德莱斯勒和克劳斯（Dressler, Raedler, Dimitrov, Dressler & Krause）讨论了在加拿大一个大学里的小型高级德语课程上开展的行动研究。该研究使用了看—思—行的循环模式，证明斯托勒（Stoller, 2006）中提到的项目式学习的十个特点也可在小型课堂上实现。从技术辅助的德国文化项目中收集的数据分析表明，学生不仅学习了语言形式和功能，也学习了所在项目情形中的文化和知识，学生通过给出同伴反馈和接受反馈学习语言和内容，使用 Web 2.0 工具和视频等方式开展并最后展示了项目。

第五章的马丁（Martin）调查了在项目式语言学习中融入技术的依托游戏学习（GBL）潜能，观察该游戏对学生学习相应内容知识和相关语言的动机影响程度。研究以日本28名大学一年级医学生为研究对象，围绕真实游戏"瘟疫公司"展开项目式语言学习该单元内容。马丁的分析表明，该项目吸引了学生，促进了语言和流行病学知识及其医疗症状方面的学习。

马丁的发现也表明，在课堂上合理使用游戏也可以提高学生动力，为语言和内容学习提供场景。

第六章的萨曹奥卢和格鲁索（Sarıcaoğlu & Geluso）讨论了对64名语言学入门课程的学生开展的跨文化远程合作的研究，32名美国学生和32名土耳其学生通过完成第一语言和第二语言习得的项目联系在一起，两人一组开展远程合作。学生使用各种应用（例如，Skype, FaceTime, WhatsApp以及Messenger等）进行交流。作者对学生的书面反思分析表明，该远程合作项目学习得到了土耳其和美国学生的一致肯定，在第二个项目结束时，学生更加肯定了参加该项目的感受。

第七章，多利和马萨茨（Dooly & Masats）以民族志方法研究讨论了在中小学开展技术支持的项目式语言学习。在两种情形中，重点关注的都是参加远程交流的青少年英语学习者在课堂的互动情况。数据包括六岁的西班牙儿童与七岁的加拿大儿童之间的互联网沟通，以及在瑞典和西班牙之间开展的中学生跨文化远程合作项目。对这些自然发生的会话进行的数据分析表明，技术作为一种录制设备，可以让学生自然地练习语言，帮助学生关注语言形式。而且，多利和马萨茨发现，该任务的远程合作性质提供了真实的听众，即瑞典伙伴，从而保证目标语言的使用是真实有意义的。两位作者的结论表明，技术增强的项目式语言学习是一种有效方法，可以把语言教学与内容结合到一起，尤其对那些使用者驱动、关注形式的语言学习任务来说是一种有效的方式。

在第八章，赵（Zhao）以民族志方法描述了在美国中学课堂上开展技术支持的项目式语言学习中文语言教师的经历。作者通过多渠道数据的分析，表明项目式语言学习作为一种教学手段，帮助教师从以教师为中心的方式过渡到建构主义教学法，并将植根于中国教育体系的教学理念与当下美国的教育做法联系在了一起。然而，该研究也发现，教师对项目式语言学习持有怀疑态度，在教学中有限地使用项目式语言学习，同时该研究揭示出了教师对于该方法潜在的不满以及教师知识发展的复杂状况。赵在总结中提出了项目式语言学习对教师教育的启示，对那些对外汉语教师和具有外国教育背景的国际教师职业发展的启示意义。赵的发现也表明该研究中的教师对学习持开放态度，需要对以学生为中心的建构主义教学法特别是项目式语言学习教学法进行相关培训。

　　第九至十二章为该书第三部分，该部分研究了评估的模型、启发方法以及指导框架，以帮助学习者和老师设计、开发、实施和评估使用技术的项目式语言学习，并在教授真实学科内容的同时，关注语言形式与功能。第九章中，卡萨尔和比科夫斯基（Casal & Bikowski）提出了建立在研究基础之上的使用数字化资源进行语言学习的策略以及行为框架。在一个学期二语写作课堂上，学生如何与高度多模态的数字化资源互动？作者对该过程中不断演变的行为与策略进行了研究，提出了数字化资源学习框架（Bikowski & Casal, 2018）。之后，作者讨论了该框架的产生和实施的情形，并思考了在其他情形下该框架如何应用于指导材料开发以及课程设计。两位作者认为，该框架可以帮助学生认识到技术工具带来的好处，也可以训练学生对自己的学习行为进行监测和改变，并在材料间建立概念上的联系。

　　第十章中，斯莱特（Slater）提出，应该通过项目式语言学习更多强调显性语言教学，作者展示了如何将莫汉（Mohan, 1986）的知识框架（KF）融入结合了技术的项目式语言学习之中。该研究数据来源于高校项目式精读英语课程，该课程帮助学生过渡到正常的大学学位专业，时间长度为两个学期，在此基础上，作者进行了讨论，并提出了建议。作者提出，虽然课程本身并没有使用 KF 进行设计，但通过该知识框架分析数据我们可以发现，该课程在知识结构、学习目标、讨论、教师授课、作业等方面都可以用知识框架来分析。因此，授课教师有机会发展和加强更新的、更具学术性的方法，以帮助学生通过语言来提高对内容的掌握。

　　在第十一章中，格里森和林克（Gleason & Link）提供了一个技术增强的形式——功能项目式语言学习（TEFF PBLL）启发式做法。他们展示了该模式如何将内容、语言、技术以及标准融合到一起，关注学生的多元读写能力发展，为将来进入社会工作做好准备。她们描述了教师如何使用该模式来组织内容＋语言＋技术的课程安排，同时，又清楚表明对语言本身的重视。通过知识框架（KF）和题材教学法的教＋学循环（TLC），两位作者以三年级的学习片段为例，展示如何帮助教师创建或修改现有的课程安排。

之前提到过，虽然融合了技术的项目式语言学习课程以及单元已经在语言课堂上得以实施，如何评估测评这些课程中的内容知识学习以及技能发展仍然研究很少。在第十二章，陈和赫驰（Chen & Hirch）讨论了融入技术的项目式语言学习测评模式，这个以研究为基础的模型是教师和研究人员所亟需的。该模式包括三部分内容（项目知识和技能、项目涵盖范围、对项目式语言学习的情感态度），讨论了确定学习目标的重要性以及相对应的测评。该测评模型探究了通过项目式语言学习课程/单元学生知识和能力的提高程度，并评估了学生最终的学习结果以及感受。该章还描述了语言课程中融合了技术的项目式语言学习单元，以说明如何将框架应用于实际的项目式语言学习评估。

第十三章和十四章表明，如果有机会，教师愿意学习并利用相关的模式和框架。例如，在第十三章，郭、萨顿、莱特和米勒（Kuo, Sutton, Wright, & Miller）研究了西班牙暑期学校的双语教师进行项目式语言学习教学单元设计的经历。他们调查了①教师在多大程度上使用了他们提供的 PLATE 框架设计语言教学，践行把语言作为一种行动的理念；②学生如何在项目式语言学习情形下学习，教师对此有些什么预设，以及这些数据表明了什么。PLATE 指的是项目作为主要课程（Project as Main Course），语言作为行动（Language as Action），真实性（Authenticity），技术（Technology）以及评估（Evaluation）。

在第十四章，梁、谢和高（Liang, Xie, & Gao）描述了中国两名中学英语教师在课堂上开展的项目式技术加持的教学模式，并对此开展的行动研究。他们的发现表明，教师对该教学模式持肯定态度，因为学生在语言交际能力、学习动力、文化意识、合作学习、分析性思维、创造性思维方面都有所进步。学生在项目探索交流和评估阶段都积极地参与。作者进一步报告称，他们的发现表明学生实现了学习目标，这一点可以从学生对时尚相关词汇的良好掌握中得到证实。这些词汇在辅助语言学习阶段由老师传授给他们。学生在推理和思考技能方面也有很大长进，表现出高水平的思辨能力和创造性。教师报告称，虽然推理和创造性的过程不是标准考试的要求，但是该项目激发学生思考，帮助学生使用英语去学习，而不是传统地只为了课堂或考试而学习使用英语。作者发现学生技术使用率非常低，这可能是个问题，尽管如此，该章节提供了一个教学法范例，说明了如何在以教师为中心、以形式为重点、以考试为导向的教育文化背景下开展项目式语言学习。

## 本书的价值

在该书第一部分提到，项目式语言学习引入二语教育，以应对二语教育中只关注形式、教师为中心脱离具体情境的二语教学状况，提高学生的语言和交流能力。最初，项目设计和开展仅仅是为了进行语言练习。然而，在过去的二十年里，项目式语言学习研究和教学法内容大幅扩展。项目的设计和实施，不仅是为了学习语言和内容，而且也是为了在真实的学科背景下学习相关情景下的技能发展。很多技术手段也应用到了项目式语言学习研究和教学法中。然而，研究显示，项目式语言学习（PBLL）中的第一个 L 被忽视了；习惯于形式教学法的学生未能发现项目式语言学习可以带来的语言发展（Beckett, 2002）；在外语情形下中小学融入/使用了技术的项目式语言学习研究非常匮乏。在教师培训和测评方面，研究也表明，需要开展工作坊来帮助老师理解、设计、开发、实施和评估项目式语言学习的有效性。

该书的十四个章节对上述问题进行了针对性研究，每一章都对项目式语言学习研究做出自己的独特贡献。吴等人（Ng et al., 第二章）的章节对项目式语言学习写作研究首次进行了系统地综述，很有价值。卡朋特和松谷（Carpenter & Matsugu, 第三章）的贡献在于把超语使用引入项目互动中，成为一个创新点。德莱斯勒等人（Dressler et al., 第四章）通过展示如何把斯托勒的特点应用到小型课堂，在这些课堂中学生以个人的形式开展项目。而且，他们的贡献还在于在外语环境下通过技术辅助德语语言的形式、功能以及文化学习。马丁的游戏为基础的医学内容相关研究（第五章），其贡献在于展示了很多人喜爱的游戏如何被融入项目设计中，以提高学生对语言和内容的学习动力。萨曹奥卢和格鲁索（Sarıcaoğlu &

Geluso，第六章）的远程合作研究对未来的项目式语言学习研究和实践具有重要意义，如今，在对在线教育的兴趣和需要不断增加的背景下，尤其如此。该章还针对项目式语言学习中同伴评估和自我评估进行了研究，这也很有价值。多利和马萨茨（Dooly & Masats，第七章）进一步对跨文化的远程合作项目式语言学习做出贡献，他们的研究在中小学开展，这方面的研究很少，这也与萨曹奥卢和格鲁索对高等教育研究的信息相呼应。赵（Zhao，第八章）对外语环境下技术融合的项目式语言学习情形开展研究。该研究通过讨论外语教师在开展项目式语言学习时可能遇到的问题，有助于针对项目式语言学习开展教师培训。

卡萨尔和比科夫斯基（Casal & Bikowski）提出了一个建立在研究基础之上的策略和行为框架，指导利用数字化资源进行语言学习。很多研究发现，因为各种原因，学生有时候看不到项目式语言学习和技术带来的各种好处，而该框架有利于解决这个问题。斯莱特（Slater）的研究关注了项目式语言学习过程中的显性语言教学问题，从较少得到关注的强化英语教学情形中收集数据进行研究。如何让学生顺利结束语言学习过渡到大学课程就读，强化英语课程项目面临很大压力，而在大学入学率不断降低的情况下，越来越多的人认同项目式语言学习可能提供了一种解决方案。因此，强化英语课程项目的相关研究人员、行政人员和教师可能会发现，该研究对项目式语言学习研究文献和英语作为第二语言的专业人员都有很高的参考价值。格里森和林克（Gleason & Link，第十一章）的技术增强的形式——功能项目式语言学习作为一种启发法，对中小学教师很有价值，他们需要在课堂实践和州立标准之间建立明确的联系，包括培养学生的数字化读写能力，否则可能会面临严重后果，例如，失业风险。陈和赫驰（Chen & Hirch，第十二章）通过一个融合了技术的项目式语言学习单元教学，展示了如何把他们建议的模式用于测评。该模式为教师和研究人员提供了亟需的指南，帮助他们建立明确的学习和测评目标，这样他们可以为自己的项目式语言学习课程或项目选择合适的测评工具和手段。郭、萨顿、莱特和米勒（Kuo, Sutton, Wright, & Miller，第十三章）展示了经过他们框架培训的教师如何学会了摆脱传统的脱离上下文的语言教学方法，在项目式语言学习单元中开展更有针对性地显性语言学习，他们还指出了下一步的方向,这都是他们对该领域的贡献。

梁、谢、高(Liang, Xie, & Gao)对教师如何形成了自己的教学思路和做法进行了研究,可以帮助我们更好地进行项目式语言学习相关的教师培训。该研究表明,即使在教师为中心、以考试为导向的情况下,教师也仍然可以实施项目式语言教学,可以调动一些以前没有学习动力的学生的学习积极性,有些所谓的"差生"在项目式语言学习的环境中表现出色。他们的研究表明,如果学生觉得内容与他们相关,他们就能够被调动起来。

概括来说,本书对项目式语言学习研究做出重要贡献,通过对上述问题的针对性研究,引导读者理解项目式语言学习是一个非常复杂且具有彻底改变能力的教育方式,该方式也具有深厚的教育哲学根基,并不仅仅是另外一个时髦的方法(van Lier, 2006)。该书的研究表明项目在语言教育中扮演的复杂角色,因为这涉及学生、教师、课程和材料设计者、语言测试专家以及语言项目的行政人员等。总而言之,这些研究向我们证明,与项目式学习一样,项目式语言学习为二语教育中以形式主义心理语言学为主流的模式提供了另外一种选择。因此,本书向二语/外语教育范式转变迈出了重要一步。

## 对未来研究和实践的启示意义

本书证明项目式学习法不仅可以帮助学习语言形式、功能、学科内容以及各种技能,还可以帮助学生发挥主观能动性,进行深入学习。本书也指出,二语教育领域的研究人员和教师应该与其他教育学科的研究和实践相向而行,把项目式学习法融入二语教学,使二语学生能够感受到与参与项目学习法的其他教育学科的学生同样的益处。二语学习者也应该在语境中学习语言,发展解决问题的能力和思辨思维技巧,增强创造力,学会合作,通过多模态培养学生的多元读写能力。虽然本书的研究可以帮助有兴趣的读者更广泛的在二语教育领域实施项目学习法,但是更多的研究可以推动更好的发展情景。

我们需要更多文献分析，来探究现有的项目式语言学习在二语的读、听、说、甚至是发音方面的研究数量和类型。研究人员可以就项目式语言学习与语言形式之间的关系开展质性研究，量化研究或混合式研究。而且目前中小学领域的项目式语言学习仍然很少，需要进一步研究学生、老师、行政人员以及课程开发人员和测评专家的需要、收获、经验和感受。同时，进行更多的超语使用研究和多模态研究，以了解项目式语言学习在不同语言水平程度学生中间的使用情况。

而且，在不同教育水平、不同社会语言学和学科背景下以游戏为基础的项目式语言学习研究也应该继续开展，以扩展我们的知识，了解如何在二语教育中通过游戏提高学生学习的积极性。跨文化的远程合作项目式语言学习研究也应继续扩展到各个级别和各种环境。我们也鼓励并邀请二语研究人员挑战自己，设计开展设计精巧的实验研究，来评估测试该书中提到的模式和框架，衡量学生通过技术融合的项目式语言学习的收获。

二语教师可以利用本书提到的模式和框架，以及其他提到和讨论的范例，来进行职业发展教育和教学。他们也可以改良这些模式、框架、单元以及上课的做法，以适应自己具体的当地情况。我们也邀请大中小学教师、研究生开展类似的行动研究，并分享他们的发现，这样就可以为同事或同学以及学生提供更多的资源，并对融合了技术的项目式语言学习测评框架和工具进行验证。项目式语言学习很复杂，但是这不意味着我们不应该接受挑战。

## 本书的适用对象

总的来说，该书适用对象包括希望探索用创新方式在 21 世纪教育数字时代学习者的所有人：二语研究人员、教师、以理论和研究为基础的课程设计人员、测评专家等。本书适用对象也包括希望了解在项目实施过程中（例如，话语作为意义）的语言和技术角色的研究人员，希望了解研究方法以及项目式学习或项目式语言学习有效性的研究人员。本书对那些认可并践行杜威实用主义和体验主义学习的传统以及唐纳德·肖恩（Donald Schon）的反思性实践者来说也有很高参考价值。

# 参考文献

Beckett, G. H. (1999). *Project-based instruction in a Canadian secondary school's ESL classes: Goals and evaluations* (Unpublished doctoral dissertation), University of British Columbia. Retrieved from https://circle.ubc.ca/bitstream/id/24487/ubc_1999-463176.pdf

Beckett, G. H. (2002). Teacher and student evaluations of project-based instruction. *TESL Canada Journal*, 19(2), 52–66. doi:https://doi.org/10.18806/tesl.v19i2.929

Beckett, G. H. (2005). Academic language and literacy socialization of secondary school Chinese immigrant students: Practices and perspectives. *Journal of Asian Pacific Communication*, 15(1), 191–206. doi:10.1075/japc.15.1.12bec

Beckett, G. H. (2006). Project-based second and foreign language instruction: Theory, research, and practice. In G. H. Beckett, & P. C. Miller (Eds.), *Project-based second and foreign language education: Past, present, and future* (pp. 3–18). Greenwich, CT: Information Age Publishing, Inc.

Beckett, G. H., & Miller, P. C. (Eds.). (2006). *Project-based second and foreign language education: Past, present, and future*. Greenwich, CT: Information Age Publishing, Inc.

Beckett, G. H., & Slater, T. (2005). The project framework: A tool for language, content, and skills integration. *ELT Journal,* 59(2), 108–116. doi:10.1093/eltj/cci024

Beckett, G. H., & Slater, T. (2017, March). *A synthesis of project-based language learning: Research-based teaching ideas*. Teaching English to Speakers of

Other Languages (TESOL) Convention. Seattle, USA.

Beckett, G. H., & Slater, T. (2018a). Project-based learning and technology. In J. I. Liontas (Ed.), *The TESOL encyclopedia of English language teaching*. Oxford: Wiley-Blackwell. doi:10.1002/9781118784235

Beckett, G. H., & Slater, T. (2018b). Technology-integrated project-based language learning. In C. A. Chapelle (Ed.), *The encyclopedia of applied linguistics*. Hoboken, NJ: John Wiley & Sons. doi:10.1002/9781405198431.wbe al1487

Beckett, G. H., Hemmings, A., Maltbie, C., Wright, K., Sherman, M., & Sersion, B. (2016). Urban high school student engagement through CincySTEM iTEST projects. *Journal of Science Education and Technology*, 25(6), 995–1007–13. doi:10.1007/s10956–016–96406

Beckett, G. H., Hemmings, A., Maltbie, C., Wright, K., Sherman, M., Sersion, B., & Jorgenson, S. (2015). An evaluation study of the CincySTEM iTEST projects: Experience, peer support, professional development, and sustainability. *Journal of STEM Teacher Education*, 50(1), 3–17.

Berliner, D. C. (1992). Redesigning classroom activities for the future. *Educational Technology,* 32(10), 7–13. Retrieved from www.jstor.org/stable/44427630

Bikowski, D., & Casal, J. E. (2018). Interactive digital textbooks and engagement: A Learning strategies framework. *Language Learning & Technology,* 22(1), 119–136. doi:10125/44584

Bourdieu, P. (1977). *Outline of a theory of practice*. Cambridge: Cambridge University Press.

Brubacher, J. S. (1947). *The history of the problems of education*. New York: McGraw-Hill Book Company, Inc.

Brumfit, C. (1984). *Communicative methodology in language teaching*. London: Cambridge University Press.

Candlin, C., Carter, G., Legutke, M., Semuda, V., & Hanson, S. (1988, March). *Experiential learning: Theory into practice*. Paper presented at the 22nd Annual TESOL Convention, Chicago, IL.

Chapelle, C., & Jamieson, J. (2008). *Tips for Teaching with CALL: Practical approaches to computer-assisted language learning*. White Plains, NY: Pearson Education.

Chomsky, N. (1986). *Knowledge of language: Its nature, origin and use*. New York: Praeger.

Condliffe, B. (2016). *Project-based learning: A literature review* (White paper). Lucas Education Research. Retrieved March 12, 2018 from https://s3-us-west1.amazonaws.com/ler/MDRC+PBL+Literature+Review.pdf

Cope, B., & Kalantzis, M. (2013). Multiliteracies: New literacies, new learning. In M. R. Hawkins (Ed.), *Framing languages and literacies: Socially situated views and perspectives* (pp. 104–135). New York, NY: Routledge.

Cremin, L. A. (1964). *The transformation of the school: Progressivism in American education 1876–1957*. New York: Vintage Books.

Deacon, A., Parkin, L., & Schneider, C. (2017). Looking beyond language skills: Integrating digital skills into language teaching. In C. Alvarez-Mayo, A. Gallagher-Brett, & F. Michel (Eds.), *Innovative language teaching and learning at university: Enhancing employability* (pp. 137–144). Dublin, Ireland: Research-publishing.net

Dewey, J. (2016/1926). *Democracy and education: An introduction to the philosophy of education*. New York: The Macmillan Company.

Dewey, J., & Dewey, E. (1915). *Schools of tomorrow*. London: J. M. Dent.

Dionne, H., & Horth, R. (1994). Challenges of literacy and development in rural Quebec. In *Alpha 94: Literacy and cultural development strategies in rural areas*. Retrieved from https://unesdoc.unesco.org/ark:/48223/pf0000100004

Dooly, M., & Sadler, R. (2016). Becoming little scientists: Technologically enhanced project-based language learning. *Language Learning & Technology*, 20(1), 54–78. Retrieved from http://llt.msu.edu/issues/february2016/doolysadler.pdf

Engeström, Y. (2001). Expansive learning at work: Toward an activity theory reconceptualization. *Journal of Education and Work*, 14(1), 133–156. doi:10.1080/13639080020028747

Eyring, J. L. (1989). *Teacher experience and student responses in ESL project work instruction: A case study* (Unpublished doctoral dissertation). University of California, Los Angeles.

Eyring, J. L. (2001). Experiential language learning. In M. Celce-Murcia (Ed.), *Teaching English as a second or foreign language* (pp. 333–344). Boston, MA: Heinle & Heinle Publications.

Foss, P., Carney, N., McDonald, K., & Rooks, H. (2014). Project-based learning activities for short-term intensive English programs. *Asian EFL Journal*. Retrieved from www.researchgate.net/publication/255555131_Project-Based_Learning_Activities_for_Short-Term_Intensive_English_Programs

Fried-Booth, D. L. (1986). *Project work*. Oxford: Oxford University Press.

Fried-Booth, D. L. (2002). *Project work* (2nd. ed.). Oxford: Oxford University Press.

Gibbes, M. (2011). *Project-based language learning: An activity theoretical perspective* (Unpublished MPhil thesis). Trinity College, Dublin.

Giddens, A. (1984). *The constitution of society*. Berkley and Los Angles: University of California.

Habók, A., & Nagy, J. (2016). In-service teachers' perceptions of project-based learning. *SpringerPlus*, 5(83). doi:10.1186/s40064-016-1725-4

Halliday, M. A. K. (1994). *An introduction to functional grammar* (2nd ed.). London, UK: Arnold.

Holt, M. (1994). Dewey and the "cult of efficiency": Competing ideologies in collaborative pedagogies of the 1920s. *Journal of Advanced Composition*, 14(I), 73–92.

Kilpatrick, W. H. (1918). The project method. *Teachers College Record*, 19, 319–335. Retrieved from www.tcrecord.org ID Number: 3606

Kilpatrick, W. H. (1925). *Foundations of method: Informal talks on teaching*. New York: Macmillan.

Kraus, H. A. (2009). Generating depth and engagement: The development of a project-based curriculum. *AsiaCALL Online Journal*, 4(1).

Lee, S. (2014). *CALL-infused project-based learning: A case study of adult ESL students learning prepositions* (Unpublished MA thesis). Iowa State University. Retrieved from https://lib.dr.iastate.edu/cgi/viewcontent. cgi?referer=www.google.com/&httpsredir=1&article=5181&context=etd

Legutke, M., & Thomas, H. (1991/1999). *Process and experience in the language classroom.* New York, NY: Longman.

Leont'ev, A. N. (1981). The problem of activity in psychology. In J. V. Wertsch (Ed.), *The concept of activity in Soviet psychology* (pp. 37–71). New York: M. E. Sharpe.

Lewin, C., & McNicol, S. (2015). The impact and potential of iTEC: Evidence from large-scale validation in school classrooms. In F. van Assche, L. Anido-Rifón, D. Griffiths, C. Lewin, & S. McNicol (Eds.), *Re-engineering the uptake of ICT in schools* (pp. 163–186). London, UK: SpringerOpen.

Li, K. (2010). Project-based college English: An approach to teaching non-English majors. *Chinese Journal of Applied Linguistics*, 33(4), 99–112.

McMillan, J. H., & Schumacher, S. (1993). *Research in education: A conceptual introduction* (3rd ed.). New York, NY: HarperCollins Publishers.

Meyer, E., & Forester, L. A. (2015). Implementing student-produced video projects in language courses. *Die Unterrichtspraxis/Teaching German*, 48(2), 192–210. doi:10.1111/tger.10195

Mohan, B. (1986). *Language and content.* Reading, MA: Addison Wesley.

Nishioka, H. (2016). Analyzing language development in a collaborative digital storytelling project: Sociocultural perspectives. *System*, 62, 39–52. doi:10.1016/j.system.2016.07.001

Ochs, E. (1988). *Culture and language development: Language acquisition and language socialization in a Samoan village.* Cambridge: Cambridge University Press.

Ochs, E. (1990). Indexicality and socialization. In J. W. Stigler, R. A. Shweder, & G. Herdt (Eds.), *Cultural psychology: Essays on comparative human development* (pp. 287–308). Cambridge: Cambridge University Press.

Pierce, B. (1995). The theory of methodology in qualitative research. *TESOL Quarterly,* 29, 569–576. doi:https://doi.org/10.2307/3588075

Salpeter, J. (2005). Telling tales with technology. T*echnology and Learning*, 25(7), 18–24.

Schieffelin, B. B., & Ochs, E. (Eds.). (1986). *Language socialization across cultures*. Cambridge, UK: Cambridge University Press.

Slater, T., & Beckett, G. H. (2019). Integrating language, content, technology, and skills development through project-based language learning: Blending frameworks for successful unit planning. *MEXTESOL Journal,* 43(1). Retrieved from www.mextesol.net/journal/index.php?page=journal&id_article=5557

Slater, T., Beckett, G. H., & Aufderhaar, C. (2006). Assessing project-based second language and content learning. In G. H. Beckett & P. C. Miller (Eds.), *Project-based second and foreign language education: Past, present, and future* (pp. 241–262). Greenwich, CT: Information Age Publishing.

Stoller, F. (2006). Establishing a theoretical foundation for project-based learning in second and foreign language contexts. In G. H. Beckett & P. C. Miller (Eds.), *Project-based second and foreign language education: Past, present, and future* (pp. 19–40). Greenwich, CT: Information Age Publishing.

Swain, M. (1985). Communicative competence: Some roles of comprehensible input and comprehensible output in its development. In S. Gass & C. Madden (Eds.), *Input in second language acquisition* (pp. 235–253), Rowley, MA: Newbury House.

Terrazas-Arellanes, F. E., Knox, C., & Walden, E. (2015). Pilot study on the feasibility and indicator effects of collaborative online projects on science learning for English learners. *International Journal of Information and Communication Technology Education,* 11(4), 31–50. doi:10.4018/IJICTE.2015100103

Thomas, M. (2017). *Project-based language learning with technology: Learner collaboration in an EFL classroom in Japan.* Routledge Studies in Applied

Linguistics 1st Edition. New York, NY: Routledge.

van Assche, F., Anido-Rifón, L., Griffiths, D., Lewin, C., & McNicol, S. (Eds.). (2015). *Re-engineering the uptake of ICT in schools.* London, UK: SpringerOpen.

van Lier, L. (2006). Foreword. In G. H. Beckett & P. C. Miller (Eds.), *Project-based second and foreign language education: Past, present, and future* (pp. xi—xvi). Greenwich, CT: Information Age Publishing.

Vygotsky, L. S. (1962). *Thought and language.* Cambridge, MA: MFT Press.

Vygotsky, L. S. (1978). Interaction between learning and development (M. Lopez-Morillas, Trans.). In M. Cole, V. John-Steiner, S. Scribner, & E. Souberman (Eds.), *Mind in society: The development of higher psychological processes* (pp. 79–91). Cambridge, MA: Harvard University Press.

Windschitl, M., & Calabrese Barton, A. (2016). Rigor and equity by design: Seeking a core of practices for the science education community. In D. Gitomer & C. Bell (Eds.), *AERA handbook of research on teaching (*5th ed, pp. 1099–1158). Washington, DC: AERA Press.

Zachoval, F. (2011). *The impact of implementing and interactive reading project in the reading comprehension in the third semester Russian language class* (Unpublished doctoral dissertation). The University of Texas at Austin. Retrieved from https://repositories.lib.utexas.edu/handle/2152/12007

Zhao, J., & Beckett, G. H. (2014). Project-based Chinese as a foreign language instruction: A teacher research approach. *Journal of the Chinese Language Teachers Association*, 49(2), 45–73.

# 第二章　项目式学习研究：写作形式及功能文献的综述与前瞻

吴秋宏[①]，张燕翎[②]，张玮玉[③]，姜海莉[④]
（Chiew Hong Ng, Yin Ling Cheung, Weiyu Zhang, and Hari Jang）

# 引言

　　本章的主要目标是对现有的项目式学习以及融入技术的项目学习与教

---

[①] **吴秋宏**（Chiew Hong Ng）：莫纳什大学博士，新加坡南洋理工大学国家教育学院高级讲师。研究领域为教学法和教师认知。多篇论文发表在 *Changing English*、*International Journal of Bilingual and Multilingual Teachers of English*、*The European Journal of Applied Linguistics*、*TEFL* 等期刊上。

[②] **张燕翎**（Yin Ling Cheung）：新加坡南洋理工大学国家教育学院英语语言与文学副教授。现任研究生学习和专业学习办公室对外联络副主任。研究领域为二语写作。发文期刊包括 *System*、*RELC Journal* 等，编辑 *Advances and Current Trends in Language Teacher Identity Research*（Routledge, 2015），合著 *English Style and Usage*（Prentice Hall, 2011）。

[③] **张玮玉**（Weiyu Zhang）：新加坡南洋理工大学国家教育学院英语语言与文学博士生。其研究兴趣为二语写作。论文发表在 *International Journal of English Studies*、*The Asian ESP Journal*、*The Journal of Language Teaching and Research* 等期刊上。

[④] **姜海莉**（Hari Jang）：新加坡南洋理工大学国家教育学院教育研究办公室研究助理。持有南洋理工大学国家教育学院应用语言学硕士学位。研究兴趣包括二语写作和教师专业发展。在 *Education 3–13: International Journal of Primary*、*Elementary and Early Years Education* 上发表论文。

学进行文献综述，具体研究这些项目如何在写作课程上帮助学生关注语言形式与用法，以期对写作教学具有启发意义。项目式学习"可以同时促进语言习得、内容与技能"（Beckett & Slater, 2005, 108页），将语言和复杂沟通技能结合到一起，既包括"输入性技能（听和读），也包括输出性技能（说和写）和大脑运作技能（分析性以及创造性思维），这些均在真实或者模拟的语境中实现"（Foulger & Jimenez-Silva, 2007, 110页）。斯托勒（Stoller, 1997）指出，项目式学习把语言学习和内容学习完全融合到一起，适用于各种教学情形，比如，综合英语、学术英语、专门用途英语以及各种职业或者专业英语。

项目式学习研究包括传统使用纸、笔、书本的项目式学习，也包括融合了技术的项目式学习（Beckett & Slater, 2018），唐纳利（Donnelly, 2005）指出，这些研究认为，"……（由于技术的互动性质创造了环境），学生可以在实践中学习，得到反馈从而不断地改进理解、吸收新知识，这样，可以提高学生的积极性，支持学生更投入地完成任务"（157页）。融合了技术的项目式语言学习使用包括PPT、WebQuests、数字化和视频项目、学习平台系统，使用文本为基础的工具进行计算机辅助学习或网络辅助学习（例如，维基、博客、论坛、反思性日记）或者社交媒体比如推特或脸书进行写作教学和研究（例如，Miyazoe & Anderson, 2010）。

参与项目式学习的学生需要通过写作或/和口头呈现或反思最终成果和过程（例如，Beckett, 2005; Beckett & Slater, 2005; Lotherington, Holland, Sotoudeh, & Zentena, 2008; Ramirez, 2014），因此本研究探讨了在写作领域通过项目学习英语的挑战和主要益处。项目式学习的研究人员和教育工作者从多个理论视角对写作进行了研究，比如在项目式学习学术写作（例如，Ramachandran, 2004）和写作过程（Li, 2013; Ramirez, 2014; Tessema, 2005）中如何正确地进行文献参考相关学习、分析性思维培养和推理。在此情况下，项目式语言学习（PBLL）的写作方面关注点比较集中，所使用的理论包括认知、社会认知和社会文化相关的写作方法和理论。

如果要通过项目进行写作教学，需要引起学生对形式和功能的注意。埃利斯指出（Ellis, 2016），形式指"语言词汇（包括发音和拼写）、语法以及语用特点"（408—409页）。对形式的关注可以通过"教师和/或学习者在交际环境中使用的一套技巧，以含蓄或者明确的方式引起对有问题语言形式的注意"（411 页）。这些技巧可能是预先计划好的，用于解决预先确定的语言特征，或者是偶然反应，应对教师/同伴对学习者在过程中专注于意义输出或输入时出现的语言问题。本章中，关注写作的形式等同于正确地使用语言，语言是一套具有语法规则的编码，关注形式，作为一种重铸再现，以否定的形式对语言编码的规则提供证据。莫汉和贝克特（Mohan & Beckett, 2003）认为，这种以形式为基础的观点应该理解为学生进行的"改错，是一种进步的表现……因为语言发展意味着学生的语言形式从错误到正确的转变"（423 页）。研究人员强调，任务型计算机辅助教学可以通过观察语言相关片段来增强学生关注语言形式。语言相关片段是指"学生讨论所输出的语言的任何对话，对语言使用的任何质疑，或者对语言输出的任何自我纠正或他人纠正"（Swain & Lapkin, 2001, 104 页）。例如，亚当斯、尼克－默德－艾维和牛顿（Adams, Nik Mohd Alwi & Newton, 2015）认为，虽然在研究聊天文本时对语言形式的明确关注很少，但是如果在任务开始前给予学生语言支持，在任务过程中给予其指导，学生就有可能在语言准确性方面留意语言形式。根据系统功能语法（SFG）（Halliday, 1961, 1985），语言是一种意义生成工具，"所有的语言单位，包括从句、短语等等，都与整体相关，应该从功能出发进行理解"（Halliday, 1994, xiv 页），学生可以使用语法元语言讨论意义是如何产生的。SFG 模型建立在语言的使用是功能性的这一基础上，与人类在其社会环境中使用语言的多种目的相关（Derewianka & Jones, 2010）。麦克罗克林和斯莱特（McCrocklin & Slater, 2017）认为 SFG"是一种语言理论，强调人们如何使用语言建立现实（概念功能），建立（人际功能），反映使用的具体交流方式（语篇功能）"（84 页）。鉴于本章准备综述现有的项目式学习以及融合了技术的项目教学和学习，我们对项目式学习和项目式语言学习进行简短的定义，而且对建立在认知、社会认知和社会文化角度研究写作的语言形式和用法理论进行阐述。

关于项目式学习如何促进知识学习、合作技能以及语言学习中的学术话语社会化，已经有了一些文献综述（例如，Kokotsaki, Menzies, & Wiggins, 2016; Thomas, 2000）。然而，科西茨基等（Kokotsaki et al.,

2016）没有对写作进行评述，虽然托马斯（Thomas, 2000）特别指出了几篇写作相关的研究，这些项目都是在 2000 年以前开展的，且没有专门针对写作的形式或者功能进行研究。

## 研究方法

为了确保全面，本文献综述收集了在过去 15 年（2004—2018）发表在国际期刊、会议论文集以及研究报告上的 60 篇研究论文，集中在二语或外语写作的形式与功能方面。正如贝克特、斯莱特和莫汉（Beckett, Slater, & Mohan, 2020, 第一章）所述，2004 年之前，项目式语言学习论文发表甚少，截止时间设到 2018 年，是因为我们希望尽可能收入最近的新论文。我们在网络上使用关键词搜索，通过新加坡国家教育院的在线图书馆系统进行搜索，搜索数据库包括教育期刊数据库（ProQuest, Education Source）以及开放获取期刊指南（Directory of Open Access Journals）。搜索标准如下：

（1）该文章发表于 2004—2018 年期间。
（2）该文章题目中包含有下列 a 组的一个词，并且有一个 b 组或者 c 组的一个词（例如，项目和学术写作，或者项目式学习和小学学生）：

  a. 项目式学习，项目，技术增强式项目
  b. 写作，学术写作，语法，形式，功能，语言学习，语言教学
  c. 学生，小学，中学，大学，英语作为第二语言（ESL），英语作为外语（EFL）

在搜索过程中，通过阅读论文摘要，我们检索出 100 篇关于项目式学习的实证研究。在综述过程中，我们详细阅读每篇论文的理论和方法描述，总结其主要观点，并根据其研究对象手工把他们分为小学组、中学/中级组以及大学组。我们剔除了 40 篇与写作无关的或是关于中文学习的论文。最终入选的 60 篇论文均符合下列标准：①这些论文总体上与语言教学或

者提高学生写作水平为目的或功能的写作学习和教学有关，②这些论文与下列三个研究问题相关：

1. 小学、中学、大学二语/外语环境下，在语言学习、写作、语言形式与功能的学习过程中，项目式学习与教学主要有哪些好处和挑战？

2. 现有关注写作形式和功能的项目式教学研究，其指导理论和理念基础都有哪些？

3. 在研究融合了技术的项目式语言学习时，这些实证研究都采取了哪些研究方法？

为了回答这些研究问题，数据收集分四个层次：①学生所处的年级以及研究背景；②研究理论和理念基础；③研究方法；④是否采用了项目式方法来提高学习能力和/或功能。我们设计了编码方案并使用15%的数据进行了测试。该编码测试由第一位和第三位作者独立进行，评分员间可信度为83%。两位作者讨论了该编码方案，对其进行了修改并最终定稿，以解决差异。第一位作者继续根据编码方案对所有数据进行编码，第三位作者对数据进行检查，以确保数据的一致性和可靠性。接下来，几位作者根据编码过程中出现的突出主题，对数据进行了分类，之后，作者们通过不断阅读这些研究，细致地分析数据，阐释主题，并与其研究问题相联系。

## 研究发现

研究结果依次论述了三个关键的研究问题，每一个部分在讨论之前有个概览，因为简要展示重要发现。

### 研究问题1：小学、中学、大学二语/外语环境下，在语言学习、写作、语言形式与功能的学习过程中，项目式学习与教学主要有哪些好处和挑战？

为了回答这个问题，所选的60篇论文被分成两组：(1) 中小学组（13, 21.7%），(2) 大学组（47, 78.3%）。大学组的研究占大多数。不过，可以看出，过去的十年中，研究者对中小学的研究兴趣正在增加。下面将分两组讨论项目式教学实施过程中或研究主要好处和挑战：(1) 中小学组，(2) 大学组。

**中小学二语/外语环境下的主要好处和挑战**

中小学二语/外语环境下项目式学习的研究人员和教育工作者认为，通过项目式学习，学生可以通过各种方式获得写作相关的好处。巴斯和伯瀚（Baş & Beyhan, 2010）认为五年级的学生在参加了项目式学习活动（例如，发布信息卡）后，在英语的学业成绩方面收获显著。巴斯（Baş, 2011）表示，九年级的学生在完成并展示项目报告后，英语学业成绩有所提高。普拉巴、阿特尼和瑞曼德拉（Praba, Artini & Ramendra, 2018）讨论了写作考试成绩的提高。

有些研究报告了项目式学习对于学生提高其他语言技能方面的好处。斯皮尔斯、赫维、莫里斯和斯黛普弗朗（Spires, Hervey, Morris & Stelpflug, 2012）发现，在项目式学习的调查中，八年级的学生通过阅读、写作和创建视频，培养了多模态读写能力。洛瑟灵顿等（Lotherington et al., 2008）分析了三位幼儿园教师如何通过故事编写项目培养学生的多元语言能力和多元读写能力。该项目中，家长把同样的故事进行改写，将他们自己的语言和文化融合到故事中,同时与学生再次一起重写了这个故事。福尔格和吉门内斯–斯尔瓦（Foulger & Jimenez-Silva, 2007）研究了 14 位八年级英语教师的反思，发现学生如何"通过写作为主的项目式真实的活动，提高思考层次"（110 页）。多媒体软件通过添加各种图表、音频和视频，实现了写作的起草、修改、编辑和细化。据皮姆（Pim, 2013）报告，五六岁的土耳其儿童成功通过跨学科故事写作项目习得记叙文文体。

在专门关注形式的论文中，麦克和科尼亚姆（Mak & Coniam, 2008）通过使用融入技术的项目式学习研究发现，四名参与研究的香港中学生通过使用维基进行写作后，其中三人写出的字数远超要求的 150 字。学生在写作过程中进行了大量修改：增加思想观点（250 个 T 单位中的 57.65%），扩展思想观点（16%），重新组织思想观点（17.6%），改正错误（0.88%）。兰德（Lund, 2008）描述了 31 个挪威高中生在英语作为外语的维基写作项目中如何参与集体内容开发、同伴写作和互相纠正的。博林、卡斯特克、扎维林斯基、巴顿和尼尔林奇（Boling, Castek, Zawilinski, Barton & Nierlich, 2008）在四、五年级的论说文中实施了合作研究维基项目，发现学生更愿意修改和编辑。12位年龄在9—10岁之间的儿童在完成维基合作写作时，就写作和视频制作过程中的拼写和标点进行了形式上的修改（Pifarré & Fisher, 2011）。常和沙勒特（Chang & Schallert, 2005）描述了一个构建主义英语写作社区系统建议，该系统由一个同伴互评的维基平台和自动检查高中学生论文的语法软件（Link Grammar）平台构成。该语法软件可以发现草稿中的语法拼写等错误，因此该项目可以帮助学生提高写作。科罗斯都和格利瓦（Korosidou & Griva, 2013）开展了一个内容为基础的英语作为外语的项目，后续的测试结果表明学生的语法错误减少，写作技巧有大幅提高。

但是，在实施技术融合的项目式学习时，实际写作形式的改进方面仍旧存在挑战，同时有些学生对此表现出了不认可的态度。

弗拉格里斯和斯普拉克德斯（Fragoulis & Tsiplakides, 2009）认为，他们研究的六年级希腊小学生在听力和口语方面（交际能力）有所提高，但是在"词汇方面的知识和词法、句法、语义以及语音方面的规律……以及社会文化能力"方面提高不大（116-117页），原因可能是在项目期间没有明确关注语言形式。同样，吴、楚、何和李（Woo, Chu, Ho & Li, 2011）认为五年级的学生在完成合作的维基写作项目时，更多地关注内容（增加、重组、替换或者扩展思想）而非关注形式（句法、拼写、标点和格式排版等）。网上研究涉及选择和评估大量的信息，以提取写作需要的主要思想内容，因此，教师的指导也更关注内容而非形式。

瓦尔和欧戴德（Ware & O'Dowd, 2008）发现参与研究的大学生只有在得到明确的指令时，才在远程合作项目中给予形式方面的反馈。据贝克特（Beckett, 2005）称，八到十二年级的英语作为第二语言的学生中，只有18%的学生对以项目作为读写社会化的手段持肯定态度，57%的人持否定态度，而25%的人态度不明朗。

在综述项目式学习的益处时，在英语作为第二语言/外语的学生中，对写作形式和功能的研究表明存在一些挑战。第一个挑战涉及研究的缺乏，这个群体的相关研究只占所选定的 60 篇论文中的 21.7%。在有限的这几篇论文中，研究对象比较分散（学龄前儿童，小学，中学以及教师），研究方向也比较多元，既包括学习英语的总体益处，学习各种语言技能，例如，多模态读写能力，也包括对项目式学习的感受的测量。另外一个挑战是缺乏对形式和功能的明确关注。即使研究者通过分析发现学生在语言形式方面有所收获，例如，麦克和科尼亚姆（Mak & Coniam, 2008）的维基条目变化，普拉巴等（Praba et al., 2018）的写作测试，但是都没有明确的教学或指导来关注语言形式（见 Fragoulis & Tsiplakides, 2009; Woo et al., 2011）。

**大学二语／外语环境下的主要好处和挑战**

首先，五位教育工作者和研究人员强调了二语／外语的大学生群体在参加项目式学习时获得的好处，即提高了对语言学习和写作学习的动力。特萨玛（Tessema, 2005）调查的 45 位二语写作高水平学生表示项目式学习可以大幅提高学习积极性，因为"写作目的真实，与同伴进行合作，而且使用四种技能"（27 页）。欧曼、泰伯和巴斯利（Omar, Taib & Basri, 2012）报告了项目式学习语言游戏是如何提高大学生学习英语的自信心和积极性的。玛万（Marwan, 2015）描述了项目式学习行动研究的积极作用，在此研究中学生给现实生活中的对象写电子邮件，录制对话并进行演讲。玛里（Mali, 2017）研究了 30 位大学生的反思笔记，认为他们整体上对项目式学习持肯定态度。然而，王（Wang, 2009）的研究显示，虽然 62% 的学生认为项目式学习帮助他们更有效通过合作学习英语，只有 52% 的学生认同项目式学习使得他们学习英语更有动力。

第二，在整体性语言学习的背景下，使用项目式学习帮助习得写作技巧的好处也得以证实。有六项研究考察了一系列语言技巧的习得情况。贝克特和斯莱特（Beckett & Slater, 2005）发现，79% 的学生表示，他们同时习得了语言、学科内容和相关技能。麦当劳和卢克斯（McDonald & Rooks, 2009）在描述维基项目、新闻项目、小组视频项目和整体组视频项目时，讨论各种语言技巧的学习（例如，写作和口语）。普邦（Poonpon, 2017）声称，对 47 名本科生的访谈数据表明，项目式学习帮助学生锻炼了阅读、写作和口语的技能，学生通过准备幻灯片和展示脚本提高了写作水平。米勒、哈弗那和吴（Miller, Hafner & Ng, 2012）的调查表明，67名学习学术英语的大学生认为他们提高了以下方面的语言技能：报告展示（73%）、发音（67%）、语法（43%）、阅读（44%）、写作（44%）和听力技巧（51%）。许（Hsu, 2014）发现，参加项目式课程的34名（英语作为外语的）台湾学生表示，他们通过项目日记提高了读写技能。史密斯和汤德赫兰纳（Smith & Thondhlana, 2015）对学术英语小组项目进行了任务分析，得出结论，他们研究的本科生习得了学术英语技巧和学术能力。例如，合作性写作和体裁（学术报告和会议记录）。

　　第三，一系列项目式学习研究从提高对写作中形式的意识这一角度探讨了该方法的好处。在完成小组项目作业时，泰提维萨（Thitivesa, 2014）发现，38名大学生在提交的最终学术写作稿中进行修改，提高了写作形式方面的成绩，包括书写规范（拼写，标点，大小写和段落）以及句子构成用法（句子顺序，动词时态，主谓一致）。阿尔罗瓦伊和阿默克拉菲（Al-Rawahi & Al-Mekhlafi, 2015）研究了中级学术英语的在线合作项目式语言学习，通过学生对语法的应用、组织段落、写作较长的文本以及更广泛词汇的运用，讨论了学生在写作方面的改进。卡瓦尤瓦、索布勒瓦和科里姆库拉夫（Kovalyova, Soboleva & Kerimkulov, 2016）认为，通过项目式学习，学生演讲模式和框架结构更加丰富，在口语和写作的语法方面有所改善。格兰特（Grant, 2017）报告了在项目式学习过程中，由于给予了学生在语言合适性、语法形式和词汇选择等形式上的反馈，学生在语言输出时对语言形式更加重视。拉米雷斯（Ramirez, 2014）通过观察四个学生的草稿（过程写作法）和项目问卷调查，认为学生对语言准确性的意识提高，在结构、长度、思想组织和写作速度上都有提高（虽然缺乏语法熟练度仍然对作文有影响）。阿凡迪和苏亚迪（Affandi & Sukyadi, 2016）发现，通过使用赫顿（Heaton, 1991）的写作标准（涵盖了内容、组织、语言使用、词汇和书写规范），学生的议论文前测和后测结果存在重要差异。

　　有些研究也报告了在线写作项目如在博客或者维基项目中重视语言形式的好处。孙（Sun, 2010）发现，学生最经常的博客写作行为，就是在上传之前继续修改，修改的内容大多与形式相关，关注拼写、词汇和语法方面的问题。孙和常（Sun & Chang, 2012）发现，学生在博客写作时会使用查询策略，提高写作搭配使用的准确度。贝克和伊斯迈尔（Baker & Ismail, 2009）报告，在小组博客项目中，96%的学生写作有了提升，体现在语法的正确使用（91%），写作长度更长（68%），文章组织更优异（91%）。在依托维基的写作项目中，要求学生不断审查和修改自己以及他人的写作思路，这使他们对语言形式更加关注，例如，语法、词汇选择和结构的一致性（Kuteeva, 2011; Lee & Wang, 2013）。在维基写作中，自我检查和改正以及同伴互查互改也使得94%的时间内学生对语法架构的使用更准确（Aydin & Yildiz, 2014）。在李（Li, 2013）的研究中，英语作为外语的中国学生也通过增加、删除、重新描述、重新组织和改错进行编辑。然而，凯斯勒（Kessler, 2009）报告说学生在编辑维基写作内容时没有关注改正语言形式。

写作的功能的好处与概念、人际和语篇意义相关（McCrocklin & Slater, 2017）。在网上小组写作项目中，阿尔尤瑟夫和皮卡德（Alyousef & Picard, 2011）使用海兰德和谢（Hyland & Tse, 2004）、海兰德（Hyland, 2005, 2010）的元话语分析模型，分析了六个英语作为第二语言的学生的元话语标记。与最终报告相比，学生在维基讨论中使用了更多的参与话语标记和自我提及标记。他们发现，学生在正式最终的报告和非正式维基讨论页面中使用了不同的人际和互动元话语特征。库提瓦（Kuteeva, 2011）观察到，在维基上发表议论文时，学生使用与读者互动的语言标记更多，表明学生意识到议论文体的修辞功能（即说服读者）可以通过语言形式实现。宫副和安德森（Miyazoe & Anderson, 2010）发现，学生在博客写作时，与论坛相比，词汇密度更高，说明他们逐渐习得了风格差异，表明学生注意到博客的话语体系（自我表现和反思）与论坛的话语体系（交换观点）存在着功能上的差异。

然而，有些研究人员报告，通过项目式学习，在写作方面的改进不大或没有改进，或对形式的关注存在挑战。柯（Ke, 2010）发现虽然参加项目的小组和未参加项目的小组在成绩上出现了明显差异，但是，在阅读或写作方面却没有什么差异，因为"项目强调的是思想或者内容而没有关注词汇选择、句型、长度和风格"（107页）。伊罗拉和奥斯柯兹（Elola &

Oskoz, 2010）的研究中，学生主要也是关注内容和组织，其次是编辑和语法，可能是因为他们认为讨论语法不合适，因为在维基和讨论中要合作进行写作，这种"批评可能会威胁到建立的良好工作关系"（62页）。

玛玛库和格里戈里亚都（Mamakou & Grigoriadou, 2010）对英语作为专门用途的学习中采用了电子项目方式，43%的学生认为偶然获得了英语的知识和技能，然而"学生的关注点不在语言形式上，而是在语言使用上"（130页）。

尼尔、赫、维斯、胡赛因和辛纳尔（Neal, Ho, Weihs, Hussain & Cinar, 2011）表示，在经过交流技巧的项目培训后，尽管老师对这两种技能都提供了反馈，学生的口头展示有了统计意义上的改善，但是报告写作却没有进步。米勒（Miller, 2016）发现，（参加研究的）大学生通过设备进行交流时，其语言有时不如他们在正式的视频项目和科学报告时那样有深度，语法也相对不够准确。凯斯勒、比科夫斯基和博格思（Kessler, Bikowski & Boggs, 2012）发现，38位参加以网络为基础的合作写作的学者更关注意义而非形式。形式方面的改正包括拼写、标点以及空格，而语法错误方面的改正（例如，复数、代词、词性、动词时态）则相对较少。

在讨论大学生这个群体面临的挑战时，虽然有些研究通过项目式学习关注写作形式与功能，但大多数学者和教育工作者没有着手研究通过项目式学习或者项目式语言学习可以提高形式与功能的哪些方面。研究人员在提及写作或者形式准确性没有改进时，很多这种项目关注的都是接受性、产出性和过程性技能而不是写作本身（参见 Foulger & Jimenez-Silva, 2007）。鉴于对形式的关注需要强调句法结构的准确性（Swain & Lapkin, 2001），另外一个关键挑战就是在学习多种语言技能的同时，试图关注写作的形式和功能之间的平衡。如果学生关心的是完成意义协商任务的项目，那他们可能就会不那么关注形式（参见 Elola & Oskoz, 2010; Mamakou & Grigoriadou, 2010）。这可能时因为项目式学习"具有开放性……[ 激发 ] 语言创造性……[ 而且 ]……随着语言表现的变化越大，准确性也相应地降低"。（Swain & Lapkin, 2001, 111 页）。

另外一个挑战是这些研究的关注点非常多元化，有的报告对项目式学习的态度变化，有的衡量英语整体水平的提高，有的是提高写作整体水平，有的通过项目式学习改善语言形式或提高准确性。还有少数几个研究关注了写作的功能或者在语言形式和功能方面的收获。

总结一下，对英语作为二语 / 外语的中小学生来说，项目式学习的重要好处在于改善了学生的英语学习状况，具体体现在学业成就和测试成绩上。在形式和功能的教学方面，只有巴斯（Baş, 2011）的研究报告了句子结构的改进。对英语作为二语 / 外语的大学生来说，研究人员报告了学习动机的良好效果，根据项目式学习的要求练习了语言技能，从而提高了写作水平，比如为了口头报告而进行写作。一些研究说明了学生对形式和功能的关注，但是研究人员尚未对此进行调查，这也说明了功能方面研究的匮乏。

## 研究问题 2：指导现有研究的理论或者概念基础

考虑到理论在推进项目式语言学习研究领域的重要性，我们需要对写作形式与功能的教学相关方法和理论概念基础进行定义，以便为这 60 篇项目式学习研究分析提供背景。莱格特、卢塞福德、丹斯福德和考斯特罗（Leggette, Rutherford, Dunsford & Costello, 2015）认为，指导写作研究和教学法的理论框架在 20 世纪 80 年代才开始出现。他们指出了三种理论：（1）写作的认知过程理论（Flower & Hayes, 1981），（2）20 世纪 90 年代中期的社会认知理论（Flower, 1994），（3）社会文化理论，即学习与环境相关的理论（Vygotsky, 1978）。根据社会认知理论和社会文化理论，通过同伴和教师的合作学习和对话反馈可以实现最佳写作效果，这样，这种合作写作融合了"写作的社会、历史、政治背景"（Prior, 2006, 54 页）。如果写作教学使用了关注形式的方法，形式的因素是指"文本的语言和修辞惯例"（Raimes, 1991, 238–239 页）。从海兰德（Hyland, 2008）与文本相关的写作理论中可以看到对形式的关注，在其理论中，文本指的是写作的产品 / 物品，写作涉及规则的应用，而且"学习成为一名好的写作者主要是要懂得语法"（第 2 页）。然而，如果文本被视作话语，或者说，如果写作者使用语言是为了沟通或者在某种情形下达成某种目的，或者通过某种体裁达成某种目标和意向，功能就成了关注重点。这种情况下，教学的目的是帮助学生留意、反思，然后使用惯例写出形式良好合适的体裁（Hyland, 2008），基于体裁的写作方式也从系统功能语法角度得到呈现（Halliday, 1985, 1994）。

为了了解、指导现有项目式学习研究的关于写作形式和功能的理论和概念基础，从而对第二个研究问题进行解答，我们将不同研究中使用的不同的写作方法和理论以及写作中的形式和功能，一并总结在表2.1中。

表2.1 理论概念

| 理论概念 | 研究 | 形式相关 | 功能相关 | 形式内容相关 | 形式内容不相关 |
| --- | --- | --- | --- | --- | --- |
| 认知和社会认知写作理论；过程写作法 | 11 | 6 | 1 | 1 | 3 |
| 社会文化理论；建构主义方法；合作写作 | 23 | 12 | 2 | 0 | 9 |
| 项目式学习；概念理解与实施 | 26 | 7 | 3 | 0 | 16 |

共有11个研究与认知和社会认知理论有关。研究人员使用项目式教学方法完成过程性写作，例如，特萨玛（Tessema, 2005）在二语写作中观察了学生的参与情况；洛伊和威廉姆斯（Lowe & Williams, 2004）研究了大学生的网络博客草稿；李（Li, 2013）研究了维基合作写作项目。

在六个形式相关的写作过程研究中，研究人员对维基写作项目中学生语法和写作规范的修改和编辑（同伴或自己）进行了考察（Boling et al., 2008; Elola & Oskoz, 2010; Li, 2013; Ramirez, 2014; Thitivesa, 2014; Ware & O'Dowd, 2008）。瓦尔和欧戴德（Ware & O'Dowd, 2008）考察了远程协作项目中同伴对语言形式的反馈。瑞玛坎德兰（Ramachandran, 2004）研究了过程写作法中，从功能角度学习如何正确引用参考文献。麦克和科尼亚姆（Mak & Coniam, 2008）关注了形式和功能，研究了如何在维基写作中进行修改：增加内容、扩展内容、重新组织以及修改内容。至于其他四项研究，一项研究既关注形式也关注功能，另外三项研究则对形式和内容都没有关注。

关于项目式语言学习中的写作研究，其中 23 项从建构主义社会文化角度出发，通过同伴和老师进行对话式反馈进行合作写作（Hung, 2011; Hunter, 2011; Ke, 2010; Kovacic, Bubas, & Zlatovic, 2007; Praba et al., 2018; Tessema, 2005）。贝克特（Beckett, 2005）的项目涉及读写社会化活动而王（Wang, 2009）在一个信息技术项目中通过社会建构主义支持学习。这些研究许多都是技术增强项目，例如网上合作项目式学习（Al-Rawahi & Al-Mekhlafi, 2015），数字媒体合作学习项目（Miller, 2016）。很多技术增强的项目式学习研究使用了合作式论坛、博客和维基（Aydin & Yildiz, 2014; Alyousef & Picard, 2011; Baker & Ismail, 2009; Hunter, 2011; Kessler, 2009; Kessler et al., 2012; Kuteeva, 2011; Lee & Wang, 2013; Li & Zhu, 2017; Lund, 2008; Miyazoe & Anderson, 2010; Sun & Chang, 2012; Zorko, 2009）。

虽然有 12 项研究从社会文化角度进行了与形式相关的研究，柯（Ke, 2010），凯斯勒（Kessler, 2009）和凯斯勒等（Kessler et al., 2012）报告称他们的研究对象在进行合作项目时，并没有注意到形式。在与社会文化理论进行功能相关的两个研究中，阿尔尤瑟夫和皮卡德（Alyousef & Picard, 2011）涉及了元话语分析，李和朱（Li & Zhu, 2017）研究了修辞特点（功能）和语言准确性（形式）的评估问题。其他九项研究与形式和功能都无关。

然而，该综述中不是所有的实证研究都清楚地阐明了其理论框架，有 26 项研究更关注项目式学习的概念，对项目式学习项目和实施过程进行描述，详细介绍项目式教学（Affandi & Sukyadi, 2016），或者探寻项目式学习的问询过程（Spires et al., 2012）。有九项研究从其他理论视角探讨了写作。项目式学习实施研究中的七项与形式相关，而功能视角则关注了各种各样的体裁，比如跨学科故事写作项目（Pim, 2013），以及议论文写作（Affandi & Sukyadi, 2016）。剩下的 16 项研究与形式和功能都无关。

## 研究问题 3：融入技术的项目式语言学习实证研究的研究方法

为了回答这个研究问题，我们将本综述中的 60 项研究按照研究方法（质性、量化还是混合研究）和年级水平（见表 2.2）进行了分类。对量化研究和质性研究也进行了进一步分类。就研究的类型而言，虽然大多数研究为质性研究或者混合研究，但差异仍然很大。表2.2表明了量化研究方法中主要采用了问卷和成绩测试的方法。

表2.2 研究方法总结

| 研究方法 | 年级水平 | 研究数量 |
| --- | --- | --- |
| 量化研究 | | |
| 问卷 | 大学 | 2 |
| 成绩测试 | 大学 | 4 |
| 问卷和成绩测试 | 大学 | 1 |
| 质性研究 | | |
| 描述性的：项目实施 | 中小学 | 4 |
| 描述性的：项目实施 | 大学 | 8 |
| 描述性的：教学措施 | 大学 | 1 |
| 观察、反思笔记、反思、访谈、文件夹、大纲、讲课计划 | 大学 | 4 |
| 记叙性记录 | 中小学 | 1 |
| 分析写作产品，例如，维基词条 | 大学 | 4 |
| 案例研究 | 中小学 | 4 |
| 案例研究 | 大学 | 9 |
| 混合方法：量化研究方法和质性研究方法 | | |
| 混合方法 | 中小学 | 3 |
| 混合方法 | 大学 | 15 |

量化研究使用学生问卷反馈，来反映他们对项目式学习的观点及其对语言学习的影响，例如，贝克和伊斯迈尔（Baker & Ismail, 2009）的综合性博客项目，卡瓦尤瓦等（Kovalyova et al., 2016）的项目量化问卷，卡瓦斯科等（Kovacic et al., 2007）依托维基活动的评价问卷，李（Li, 2017）

40

的英语学习系统使用者满意度问卷，还有的研究使用了问卷和成绩测试和考试分数（Thitivesa, 2014; Ke, 2010; Praba et al., 2018）。

以质性方法为主的研究也使用了多样的研究工具。贝克特（Beckett, 2005）进行了访谈，收集了学生对项目式学习态度的书面反思，普邦（Poonpon, 2017）进行了半结构式访谈，洛瑟灵顿等（Lotherington et al., 2008）对三位老师进行了记叙性描述，玛里（Mali, 2017）对项目实施做了反思记录，玛万（Marwan, 2015）采用了行动研究法进行观察和访谈，孙和常（Sun & Chang, 2012）进行了内容分析，特萨玛（Tessema, 2005）对项目的实施进行了教师观察。

有些研究采取了案例研究的形式（见表 2.2）。在对大学生的研究中，案例形式采取了混合方法，包括查看讲课计划、师生反思、研究文件夹以及转写的访谈记录（Beckett & Slater, 2005），或者学生相关物品、现场记录、视频录像、问卷、反思和三次草稿中错误的分析（Ramirez, 2014）。其他不是案例研究的混合式研究包括使用了量化工具比如问卷、项目成绩、态度测量工具以及质性工具比如反思、视频博客、访谈、聊天、同伴互评以及重点小组讨论等。

## 对未来研究和教学的启示意义

对现有文献的综述表明，项目式学习（尤其是技术增强的项目式语言学习）通过改善语法、词汇选择、拼写、标点和结构连贯性等方法促进学生习得学术写作中语言形式和功能（参见 Aydin & Yildiz, 2014; Grant, 2017; Kovalyova et al., 2016; Thitivesa, 2014）。技术通过提供真实世界的听众来提供教授人际元话语和参与标记的内容，从而在解决写作的功能方面发挥了作用（Alyousef & Picard, 2011; Kuteeva, 2011）。尽管如此，大多数研究想当然地以为仅实施技术强化的项目式学习就能保证语言形式和功能的习得（例如，Fragoulis & Tsiplakides, 2009; Woo et al., 2011），其实并非如此，因此，"聚焦于语言形式的项目式语言学习方式亟需大力研究"

（Beckett & Slater, 2018, 第5页）。对这种教学和研究方面的空白，我们在本部分讨论针对写作中习得语言形式和功能的潜在因素，以保证技术融合的项目式学习可以最大限度地发挥作用。

## 以理论为基础的学术写作语言与功能教学实践

将写作理论和方法应用于融合了技术的项目式语言学习之中进行学术写作教学，并把语言和形式与写作练习到一起，是一种可行方法。例如，根据认知过程写作理论，维基合作写作可以促进同伴之间更多修改（Aydin & Yildiz, 2014; Kessler, 2009; Kessler et al., 2012; Kuteeva, 2011）并通过进行编辑选择而更加关注形式。在教授大学生学术写作时，通过分析不同草稿间的错误可以提高对形式的关注（Ramírez, 2014），通过使用元话语关注功能（Alyousef & Picard, 2011）。

## 教师主导式教学与独立探索之间的平衡

有些关注形式和功能的教师主导式教学可以融入技术增强的项目式语言学习中（参见 Slater, 2020, 第十章）。教师可以通过树立起一种权威的形象（Sun & Chang, 2012）来教授学生学术写作功能或者在议论性文本中使用参与标记话语（Kuteeva, 2011）。学生可以在写前阶段练习目标语言的形式，从而在开展合作或者独立探索之前就开始积累关于形式与功能的知识。通过教师主导来推动学生学术写作能力的发展，意味着学生有可能在任务前的语言支持和有指导的任务中从语言准确性的角度留意语言形式问题（参见 Adams & Ross-Feldman, 2008）。

## 反馈类型

融合了技术的项目实施可以使学生有机会从更多、更真实的观众那里接收反馈和进行修改（参见 Aydin & Yildiz, 2014; Baker & Ismail, 2009; Kuteeva, 2011; Lee & Wang, 2013; Sun, 2010）。例如，瓦尔和欧戴德（Ware

& O'Dowd, 2008）通过一项远程合作项目研究了同伴对语言形式的反馈。通过对语言的合适性、语法形式、词汇选择的提升进行形式方面的反馈，学生可能对语言产出中的形式进行关注（例如，Grant, 2017）。因为很多学者提倡把反馈作为一种改错的有效方式，改善写作中的语言形式问题（Bitchener & Knoch, 2010; van Beuningen, De Jong, & Fuiken, 2012），因此有必要进一步对项目式语言学习中的写作反馈开展研究。在项目式学习之前或之后进行纠正性的反馈有助于帮助学生改正错误，进而使用正确的语言形式（Mohan & Beckett, 2003）。在项目式语言学习中，如果意义没有受到影响，学生可能会忽视形式相关的问题，因此有必要对学生进行关注形式的反馈训练（Kessler, 2009: Yang & Meng, 2013）。

## 对学生和项目进行测试和评估

项目式语言学习中可以通过写作考试（参见 Affandi & Sukyadi, 2016）或最终的小组项目或口头展示把写作作为终结性测试（参见 Mărculescu, 2015; Smith & Thondhlana, 2015）。如果就写作作业的结构、内容和准确性进行评估，形式就是关注重点（Kuteeva, 2011）。在项目式语言学习中，学习测试可能一直持续，通过各种各样频繁的教师测评、同伴测评以及自我测评来提高学生的写作水平（Mazloomi & Khabiri, 2018; Nguyen, 2011），或通过自我评估或同伴评估的反思来进行（Ke, 2010）。教师可以与学生分享学习目标，并通过反馈表格将评估与学习结合起来，从而加强项目规划和预评估指导（Lee & Coniam, 2013）。

## 在融入技术的项目式学习中使用技术资源

选择合适的学习平台取决于关注点是在形式或是功能，还是两者都不关注，因此，教师需要了解如何将技术应用于项目式学习，使得学生在学术写作中关注形式与功能。在进行写作教学时，教师需要有效选择技术条件带来的便利，谨慎做出选择，利用好学习系统，使用文本为基础的计算机和网络学习工具（例如，维基、博客和论坛等），以及社交媒体平台

（例如，推特等）。

合作式维基写作项目可以鼓励学生写出超过规定的写作要求字数的文章（参见 Mak & Coniam, 2008），或者在关注形式的项目式学习中注重语法、词汇选择和结构顺畅（参见 Kuteeva, 2011; Lee & Wang, 2013）。研究人员也可以开发在线平台，例如，常和沙勒特（Chang & Schallert, 2005）的同伴审稿维基平台以及自动检查书写规范错误的语法平台（Link Grammar）。

我们这里提供的因素并不是全部。在学术写作教学中，设计和实施融入技术的项目式语言学习需要考虑到其他更宏观的因素。这些因素可能包括教学的社会文化环境、技术的普及程度以及制度性政策和要求等。

# 参考文献

Adams, R., Nik Mohd Alwi, N. A., & Newton, J. (2015). Task complexity effects on the complexity and accuracy of writing via text chat. *Journal of Second Language Writing*, 29, 64–81. doi:10.1016/j.jslw.2015.06.002

Adams, R., & Ross-Feldman, L. (2008). Does writing influence learner attention to form? In D. Belcher & A. Hirvela (Eds.), *The oral/literate connection: Perspectives on L2 speaking/writing connections* (pp. 243–267). Ann Arbor, MI: University of Michigan Press.

Affandi, A., & Sukyadi, D. (2016). Project-based learning and problem-based learning for EFL students' writing achievement at the tertiary level. *Rangsit Journal of Educational Studies*, 3(1), 23–40. doi:10.14456/rjes.2016.2

Al-Rawahi, L. S., & Al-Mekhlafi, A. M. (2015). The effect of online collaborative project-based learning on English as a Foreign language learners' language performance and attitudes. *Learning and Teaching in Higher Education: Gulf Perspectives*, 12(2), 1–18. Retrieved from http://lthe.zu.ac.ae

Alyousef, H. S., & Picard, M. Y. (2011). Cooperative or collaborative literacy practices: Mapping metadiscourse in a business students' wiki group project. *Australasian Journal of Educational Technology*, 27(3), 463–480. Retrieved from www.ascilite.org.au/ajet/ajet27/alyousef.html

Aydin, Z., & Yildiz, S. (2014). Using wikis to promote collaborative EFL writing. *Language Learning & Technology,* 18(1), 160–180. Retrieved from http://llt.msu.edu/issues/february2014/aydinyildiz.pdf

Baker, N. A., & Ismail, K. (2009). Using blogs to encourage ESL students to write constructively in English. *ASEAN Journal of Teaching and Learning in Higher Education*, 1(1), 45–57.

Baş, G. (2011). Investigating the effects of project-based learning on students' academic achievement and attitudes towards English lesson. *The Online Journal of New Horizons in Education*, 1(4), 1–15.

Baş, G., & Beyhan, Ö. (2010). Effects of multiple intelligences supported project-based learning on students' achievement levels and attitudes towards English lesson. *International Electronic Journal of Elementary Education,* 2(3), 365–385.

Beckett, G. H. (2005). Academic language and literacy socialization through project-based instruction: ESL student perspectives and issues. *Journal of Asian Pacific Communications,* 15(1), 191–206. doi:10.1075/japc.15.1.12bec

Beckett, G. H., & Slater, T. (2005). The project framework: A tool for language, content and skills integration. *ELT Journal,* 59(2), 108–116. doi:10.1093/eltj/cci024

Beckett, G. H., & Slater, T. (2018). Technology-integrated project-based language learning. In C. A. Chapelle (Ed), *The encyclopedia of applied linguistics* (pp. 1–7). USA: John Wiley & Sons, Ltd. doi:10.1002/9781405198431.wbeal1487

Beckett, G. H., Slater, T., & Mohan, B. (2020). Philosophical foundation, theoretical approaches, and research gaps. In G. H. Beckett & T. Slater (Eds.), *Global perspectives on project-based language learning, teaching, and assessment: Key approaches, technology tools, and frameworks* (pp. 3–22). New York, NY: Routledge.

Bitchener, J., & Knoch, U. (2010). Raising the linguistic accuracy level of advanced L2 writers with written corrective feedback. *Journal of Second Language Writing,* 19(4), 207–217. doi:10.1016/j.jslw.2010.10.002

Boling, E., Castek, J., Zawilinski, L., Barton, K., & Nierlich, T. (2008). Collaborative literacy: Blogs and internet projects. *The Reading Teacher,* 61(6), 504–506. doi:10.1598/RT.61.6.10

Chang, Y. F., & Schallert, D. L. (2005). The design for a collaborative system of English as foreign language: Composition writing of senior high school students in Taiwan. *Proceedings of the fifth IEEE international conference on advanced learning technologies* (pp. 774–775). Washington, DC: IEEE Computer Society. doi:10.1109/ICALT.2005.153

Derewianka, B., & Jones, P. (2010). From traditional grammar to functional grammar: Bridging the divide. *NALDIC Quarterly*, 8(1), 6–17.

Donnelly, R. (2005) Using technology to support project and problem-based learning. In T. Barrett & I. McClelland (Eds.), *Handbook of enquiry and problem-based learning: Irish case studies and international perspectives* (pp. 157–178). Ireland: NUI Galway.

Ellis, R. (2016). Focus on form: A critical review. *Language Teaching Research,* 20(3), 405–428. doi:10.1177/1362168816628627

Elola, I., & Oskoz, A. (2010). Collaborative writing: Fostering foreign language and writing conventions development. *Language Learning & Technology*, 14(3), 51–71. Retrieved from http://llt.msu.edu/vol14num3/elolaoskoz.pdf

Flower, L. (1994). *The construction of negotiated meaning: A social cognitive theory of writing.* Carbondale, IL: Southern Illinois University Press.

Flower, L., & Hayes, J. R. (1981). A cognitive process theory of writing. *College Composition and Communication*, 32(4), 365–387. doi:10.2307/356600

Foss, P., Carney, N., McDonald, K., & Rooks, M. (2009). Project-based learning activities for short-term intensive English programs. *Philippines ESL Journal*, 1, 57–76. Retrieved from http://asian-efl-journal.com/pta_Oct_07_pf.pdf

Foulger, T. S., & Jimenez-Silva, M. (2007). Enhancing the writing development of English language learners: Teacher perceptions of common technology in project-based learning, *Journal of Research in Childhood Education,* 22(2), 109–124. doi:10.1080/02568540709594616

Fragoulis, I., & Tsiplakides, I. (2009). Project-based learning in the teaching of English as a foreign language in Greek primary schools: From theory to practice. *English Language Teaching,* 2(3), 113–119. doi:10.5539/elt.v2n3p113

Grant, S. (2017). Implementing project-based language teaching in an Asian context: A university EAP writing course case study from Macau. *Asian-Pacific Journal of Second and Foreign Language Education,* 2(4), 1–13. doi:10.1186/s40862–017–0027-x

Halliday, M. A. K. (1961). Categories of the theory of grammar. *Word,* 17(2), 241–292. doi:10.1080/00437956.1961.11659756

Halliday, M. A. K. (1985). *Introduction to functional grammar.* New York, NY: Routledge.

Halliday, M. A. K. (1994). *An introduction to functional grammar* (2nd ed.). New York, NY: Oxford University Press.

Heaton, J. B. (1991). *Classroom testing: Longman keys to language teaching.* New York: Longman.

Hsu, L. Y. (2014). Integrating culture with project-based instruction in an EFL classroom. *English Teaching & Learning,* 38(1), 61–90. dx.doi.org/10.6330/ETL.2014.38.1.03

Hung, S. T. (2011). Pedagogical applications of Vlogs: An investigation into ESP learners' perceptions. *British Journal of Educational Technology,* 42(5), 736–746. doi:10.1111/j.1467–8535.2010.01086.x

Hunter, R. (2011). Erasing "property lines": A collaborative notion of authorship and textual ownership on a fan wiki. *Computers and Composition: An International Journal for Teachers of Writing,* 28(1), 40–56. doi:10.1016/j.compcom.2010.12.004

Hyland, K. (2005). *Metadiscourse: Exploring interaction in writing.* London:

Continuum.

Hyland, K. (2008). Writing theories and writing pedagogies. *Indonesian Journal of English Language Teaching,* 4(2), 91–110.

Hyland, K. (2010). Metadiscourse: Mapping interactions in academic writing. N*ordic Journal of English Studies*, Special Issue: Metadiscourse, 9(2), 125–143.

Hyland, K., & Tse, P. (2004). Metadiscourses in academic writing: A reappraisal. *Applied Linguistics*, 25(2), 156–177.

Ke, L. (2010). Project-based college English: An approach to teaching non-English majors. *Chinese Journal of Applied Linguistics*, 33(4), 99–112. Retrieved from www.celea.org.cn/teic/92/10120607.pdf

Kessler, G. (2009). Student-initiated attention to form in wiki-based collaborative writing. *Language Learning & Technology,* 13(1), 79–95. Retrieved from http://dx.doi.org/10125/44169

Kessler, G., Bikowski, D., & Boggs, J. (2012). Collaborative writing among second language learners in academic web-based projects. *Language Learning & Technology*, 16(1), 91–109. Retrieved from http://dx.doi.org/10125/44276

Kokotsaki, D., Menzies, V., & Wiggins, A. (2016). Project-based learning: A review of the literature. *Improving Schools,* 19(3), 267–277. doi:10.1177/1365480216659733

Korosidou, E. I., & Griva, E. A. (2013). "My country in Europe": A content-based project for teaching English as a foreign language to young learners. *Journal of Language Teaching and Research*, 4(2), 229–243. doi:10.4304/jltr.4.2.229-243

Kovacic, A., Bubas, G., & Zlatovic, M. (2007). Evaluation of activities with a wiki system in teaching English as a second language. *International conference on ICT for language learning.* Florence, Italy: Simonelli Editore.

Kovalyova, Y. Y., Soboleva, A. V., & Kerimkulov, A. T. (2016). Project based learning in teaching communication skills in English as a foreign language to engineering students. *International Journal of Emerging Technologies in*

*Learning*, 11(4), 1–4. doi:10.3991/ijet.v11i04.5416

Kuteeva, M. (2011). Wikis and academic writing: Changing the writer-reader relationship. *English for Specific Purposes*, 30(1), 44–57. doi:10.1016/j.esp.2010.04.007

Lee, H. C., & Wang, P. L. (2013). EFL college student perceptions, engagement and writing developments in a wiki-based interuniversity collaborative writing project. *English Teaching & Learning*, 37(2), 77–120. Retrieved from http://dx.doi.org/10.6330/ETL.2013.37.2.03

Lee, I., & Coniam, D. (2013). Introduction assessment for learning for EFL writing in an assessment of learning examination-driven system in Hong Kong. *Journal of Second Language Writing*, 22(1), 34–50. doi:10.1016/j.jslw.2012.11.003

Leggette, H. R., Rutherford, T., Dunsford, D., & Costello, L. (2015). A review and evaluation of prominent theories of writing. *Journal of Applied Communications,* 99(3), 37–53. doi:10.4148/1051-0834.1056

Li, M. (2013). Individual novices and collective experts: Collective scaffolding in wiki-based small group writing. *System,* 41(3), 752–769. Retrieved from http://dx.doi.org/10.1016/j.system.2013.07.021

Li, M., & Zhu, W. (2017). Good or bad collaborative wiki writing: Exploring links between group interaction and writing products. *Journal of Second Language Writing,* 35, 38–53. doi:10.1016/j.jslw.2017.01.003

Li, Q. (2017). Design and realization of project-based computer English learning system. *International Journal of Emerging Technologies in Learning*, 12(8), 128–136. doi:10.3991/ijet.v12.i08.7147

Lotherington, H., Holland. M., Sotoudeh, S., & Zentena, M. (2008). Project-based community language learning: Three narratives of multilingual story-telling in early childhood education. *The Canadian Modern Language Review*, 65(1), 125–145. doi:10.3138/cmlr.65.1.125

Lowe, C., & Williams, T. (2004). Moving to the public: Weblogs in the writing classroom. In L. J. Gurak, S. Antonijevic, L. Johnson, C. Ratliff, & J. Reyman

(Eds.), *Into the Blogosphere: Rhetoric, community, and culture of weblogs* (pp. 1–10). University of Minnesota. Retrieved from https://conservancy.umn.edu/handle/11299/172819

Lund, A. (2008). Wikis: A collective approach to language learning. *ReCALL*, 20(1), 35–54. doi:10.1017/S0958344008000414

Mak, B., & Coniam, D. (2008). Using wikis to enhance and develop writing skills among secondary school students in Hong Kong. *System,* 36(3), 437–455. doi:10.1016/j.system.2008.02.004

Mali, Y. C. G. (2017). EFL Students' experiences in learning "CALL" through project based instructions. *TEFLIN Journal,* 28(2), 170–192. Retrieved from http://dx.doi.org/10.15639/teflinjournal.v28i2/170–192

Mamakou, I., & Grigoriadou, M. (2010). An e-project-based approach to ESP learning in an ICT curriculum in higher education. *Themes in Science and Technology Education,* 3(1), 119–137. Retrieved from http://earthlab.uoi.gr/theste/index.php/theste/article/view/54/36

Mărculescu, C. (2015). Teaching ESP in the digital era: The use of technology in project-based learning and assessment. *Proceedings of the 11th international scientific conference eLearning and software for education*. Bucharest: National Defense University Publishing House.

Marwan, A. (2015). Empowering English through project-based learning with ICT. *The Turkish Online Journal of Educational Technology,* 14(4), 28–37. Retrieved from www.tojet.net/articles/v14i4/1443.pdf

Mazloomi, S., & Khabiri, M. (2018). The impact of self-assessment on language learners' writing skill. *Innovations in Education and Teaching International,* 55(1), 91–100. doi:10.1080/14703297.2016.1214078

McCrocklin, S., & Slater, T. (2017). A model for teaching literary analysis using systemic functional grammar. *Texas Journal of Literacy Education*, 5(1), 81–96.

Miller, L. (2016). Collaborative script writing for a digital media project. *Writing & Pedagogy*, 8(1), 215–228. doi:10.1558/wap.v8i1.27593

Miller, L., Hafner, C. A., & Ng, K. F. C. (2012). Project-based learning in a technologically enhanced learning environment for second language learners: Students' perceptions. *E-Learning and Digital Media*, 9(2), 183–195. doi:10.2304/elea.2012.9.2.183

Miyazoe, T., & Anderson, T. (2010). Learning outcomes and students' perceptions of online writing: Simultaneous implementation of a forum, blog, and wiki in an EFL blended learning setting. *System,* 38(2), 185–199. doi:10.1016/j.system.2010.03.006

Mohan, B., & Beckett, G. H. (2003). Functional approach to content-based language learning: Recasts in causal explanations. *The Modern Language Journal,* 87(3), 421–432.

Neal, P. R., Ho, M., Weihs, G. F., Hussain, F., & Cinar, Y. (2011). Project based learning for first-year students: Design of $CO_2$ sequestration. *Australasian Journal of Engineering Education*, 17(2), 101–117. doi:10.1080/22054952.2011.11464059

Nguyen, T. V. L. (2011). Project-based learning in teaching English as a foreign language. *VNU Journal of Science, Foreign Languages*, 27, 140–146. Retrieved from https://js.vnu.edu.vn/FS/article/view/1476

Omar, A., Taib, N. F., & Basri, I. S. (2012). Project-based learning: English carnival in universiti Kuala Lumpur-Malaysia France institute. *The English Teacher,* 41(1), 27–41. Retrieved from https://journals.melta.org.my/index.php/tet/article/view/243

Pifarré, M., & Fisher, R. (2011). Breaking up the writing process: How wikis can support understanding the composition and revision strategies of young writers. *Language and Education*, 25(50), 451–466. doi:10.1080/09500782.2011.585240

Pim, C. (2013). Emerging technologies, emerging minds: Digital innovations within the primary sector. In G. Motterram (Ed.), *Innovations in learning technologies for English Language teaching* (pp. 15–42). London: British Council.

Poonpon, K. (2017). Enhancing English skills through project-based learning. *The English Teacher,* 40, 1–10. Retrieved from https://pdfs.semanticscholar.org/0f1c/92965fceab2c6d7ab7f46265c79ad55217e8.pdf

Praba, L. T, Artini, L. P., & Ramendra, D. P. (2018). Project-based learning and writing skill in EFL: Are they related? *SHS Web of Conferences*, 42, 00059. doi:10.1051/shsconf/20184200059

Prior, P. (2006). A sociocultural theory of writing. In C. A. MacArthur, S. Graham, & J. Fitzgerald (Eds.), *Handbook of writing research* (pp. 54–66). New York, NY: The Guilford Press.

Raimes, A. (1991). Instructional balance: From theories to practices in the teaching of writing. In J. E. Alatis (Ed.), *Georgetown university round table on; languages and linguistics 1991: Linguistics and language pedagogy: The State of the art* (pp. 238–249). Washington, DC: Georgetown University Press.

Ramachandran, S. (2004). Integrating new technologies into language teaching: Two activities for an EAP classroom. *TESL Canadian Journal,* 22(1), 79–90. doi:10.18806/tesl.v22i1.167

Ramirez, M. D. (2014). The impact of project work and the writing process method on writing production. *HOW,* 21(2), 31–53. Retrieved from http://dx.doi.org/10.19183/how.21.2.3

Slater, T. (2020). The knowledge framework: An organizational tool for highlighting the "LL" in technology-integrated PBLL. In G. H. Beckett & T. Slater (Eds.), *Global perspectives on Project-based language learning, teaching, and assessment: Key approaches, technology tools, and frameworks* (pp. 185–203). New York, NY: Routledge.

Smith, A. F. V., & Thondhlana, J. (2015). The EAP competencies in a group case study project as revealed by a task analysis. *Journal of English for Academic Purposes,* 20, 14–27. Retrieved from http://dx.doi.org/10.1016/j.jeap.2015.03.001

Spires, H. A., Hervey, L. G., Morris, G., & Stelpflug, C. (2012). Energizing project-based inquiry: Middle grade students read, write, and create videos. *Journal of*

*Adolescent & Adult Literacy,* 55(6), 483–493. doi:10.1002/JAAL.00058

Stoller, L. S. (1997). *Project work: A means to promote language content.* **Forum**, 35(4), 2–18.

Sun, Y. C. (2010). Extensive writing in foreign-language classroom: A blogging approach. *Innovations in Educational and Teaching International,* 47(3), 327–339. doi:10.1080/14703297.2010.498184

Sun, Y. C., & Chang, Y. J. (2012). Blogging to learn: Becoming EFL academic writers through collaborative dialogues. *Language Learning & Technology,* 16(1), 43–61. Retrieved from http://llt.msu.edu/issues/february2012/sunchang.pdf

Swain, M., & Lapkin, S. (2001). Focus on form through collaborative dialogue: Exploring task effects. In M. Bygate, P. Skehan, & M. Swain (Eds.), *Researching pedagogic tasks: Second language learning, teaching, and testing* (pp. 99–118). New York: Longman.

Tessema, K. (2005). Stimulating writing through project-based tasks. *English Teaching Forum,* 43(4), 22–28. Retrieved from https://americanenglish.state.gov/files/ae/resource_files/05-43-4-d.pdf

Thitivesa, D. (2014). The academic achievement of writing via project-based learning. *World Academy of Science, Engineering and Technology International Journal of Economics and Management Engineering,* 8(9), 2986–2989. doi:10.5281/zenodo.1096051

Thomas, J. W. (2000). *A review of research on project-based learning.* Retrieved from www.bie.org/images/uploads/general/9d06758fd346969cb63653d00dca55c0.pdf

van Beuningen, C. G., De Jong, N. H., & Fuiken, F. (2012). Evidence on the effectiveness of comprehensive error correction in second language writing. *Language Learning,* 62(1), 1–41. doi:10.1111/j.1467–9922.2011.00674.x

Vygotsky, L. S. (1978). *Mind in society: The development of higher psychological processes,* Cambridge, MA: Harvard University Press.

Wang, M. J. (2009). Web based projects enhancing English language and generic skills development for Asian hospitality industry students. *Australasian Journal of Educational Technology*, 25(5), 611–626. doi:10.14742/ajet.1111

Ware, P. D., & O'Dowd, R. (2008). Peer feedback on language form in telecollaboration. *Language Learning & Technology*, 12(1), 43–63. Retrieved from http://llt.msu.edu/vol12num1/wareodowd/

Woo, M., Chu, S., Ho, A., & Li, X. (2011). Using a wiki to scaffold primary-school students' collaborative writing. *Educational Technology & Society*, 14(1), 43–54. Retrieved from www.j-ets.net/ETS/journals/14_1/5.pdf

Yang, Y. F., & Meng, W. T. (2013). The effects of online feedback on students' text revision. *Language Learning & Technology,* 17(2), 220–238. Retrieved from http://llt.msu.edu/issues/june2013/yangmeng.pdf

Zorko, V. (2009). Factors affecting the way students collaborate in a wiki for English language learning. *Australian Journal of Educational Technology*, 24(5), 645–665. doi:10.14742/ajet.1113

# 第二部分

## 技术支持的项目式语言学习实证研究

# 第三章　项目式语言学习中的超语使用

詹姆斯·卡朋特[①]，松谷佐和子[②]
（James Carpenter and Sawako Matsugu）

## 引言

关于项目式语言学习（PBLL）的好处，文献记录中有很多（Stoller, 2012）。尤其是，人们认为项目式语言学习活动可以促进真实有效的语言练习。因此，有必要考虑"真实"的语言练习到底是什么意思。在讨论其项目式语言学习课程所遇到的挑战时，福特和克鲁格（Ford & Kluge, 2015）认为学生使用母语是最主要的一个制约因素。令人感觉真实的外语练习必须只能用目标语言进行。但是近年来，有很多充分的理由对这一观点提出了挑战（例如，Garcia & Wei, 2014）。首先，世界上所有被界定为英语作为外语（EFL）或者第二语言（ESL）的学生最终的目标是至少成

---

[①] **詹姆斯·卡朋特**（James Carpenter）：美国北亚利桑那大学英语教学文学硕士和教育技术教育博士。研究兴趣包括跨文化交际和会话分析。目前，卡朋特在日本立教大学做讲师，并在坦普尔大学攻读教育博士学位，研究方向为应用语言学。

[②] **松谷佐和子**（Sawako Matsugu）：日本立教大学讲师，北亚利桑那大学应用语言学博士。研究兴趣包括语言评估，尤其是口语评估、课程评估（如 EMI、CBI、PBLL）和项目评估。

为修辞上反复界定的双语者。也就是说，能够熟练掌握英语和另一门语言是把英语教给其他语言的人（TESOL）的最终目标，而不是获得像母语为英语的人那样的英语能力。鉴于此，同时使用母语和第二语言可能更真实地代表了语言实际使用情况。不过，如何培养具有多语能力的语言使用者？这方面的教学实践研究仍然很少。

第二，福斯特（Foster, 2009）做出非常令人信服的论断，认为如果希望在语言学习方法（比如项目式语言学习）的结果和二语习得之间建立显然直接的关系，这种情况存在很多问题，部分原因是在项目式语言学习课上很难把所有参与者的语言使用单独剥离开来。事实上，虽然项目式语言学习因为其灵活性以及学生为中心而深受教师的喜爱（Beckett, 2002），这些同样的特点也使得学习结果难以量化。TESOL 领域的传统想法可能会质疑（可以理解），如果不能只用目标语进行练习，也不能使用已有的二语习得理念工具进行测量，那么开展项目式语言学习教学的意义在哪里呢？要回答这个问题，不仅需要重新界定"真实的语言使用"，还需要重新研究用于评估语言教学方法的分析工具。

## 生态心理学分析工具

认知心理学有一个基本理念，那就是语言学习发生在"大脑里"，但语言学习社会认知理论对此提出了质疑（例如，Thibault, 2011）。与该研究相关的理论视角是生态心理学。大家通常认为利奥·范·利尔（Leo van Lier, 2004）是第一个使用生态心理学来解释二语学习现象的学者。他的理论核心是我们的身体和我们共同的文化历史和环境与大脑一样，也是语言学习和使用的一部分。这个视角假定语言是人与环境关系的一部分。换句话说，影响外语/二语学习的时空因素有很多，不仅仅局限于例如二分法的可理解输入和推动式输出。为此，范·利尔建议用术语"给养（affordance）"来代替"输入"和"输出"。歇莫瑞（Chemero, 2003）把给养界定为机体在环境中的能力与环境特点之间的关系。在这个定义中，能力指的是机体的功能性属性，可以变化。某人可能具有较高的二语水平，但是他/她使用语言的能力仍然取决于具体情形。对比之下，环境特征指个体在某个情形下可以采取的各种可能行动。

我们假设一个日本大学英语课程的情形：某个学生的笔掉到了地上，该生必须当时决定是自己捡回来还是请旁边的朋友帮忙；从椅子上站起来，用自己的母语（日语）请朋友帮忙捡起笔，还是使用课堂目标语言（英语），这两种选择就构成了不同的环境特点。然而，如果该生对自己的英语不够自信，他/她的能力水平可能会受限制，从而可能无法利用英语作为外语的课堂环境的某些特点。

外语语言环境非常特殊，因为学生正在学习使用一个不完全的语言系统做事。在上述日本大学课堂的例子中，比起在一个外语主导的环境，一个全日语的环境自然会提供更多的给养。从社会文化的视角，这种不同代表着外语教学的基本意义。人们带有一种天生的倾向，用自己可以用的语义符号对环境做出反应。根据这种观点，在英语作为外语的教学环境下，其目的就是让英语成为一种语义符号工具，学生可以成功使用，对环境特点做出相应的反应。阿特金森、丘吉尔、西野、冈田（Atkinson, Churchill, Nishino & Okada, 2007）把这一使用环境特点协调外语互动的学习过程称之为顺应调整（alignment）。从这个角度看，学生在外语上受到的指导和练习越多，他们的沟通能力以及使用这种能力作用于其环境的机会就越多。换句话说，给养就越多。

给养理论现在比它最初出现的时候更直接。在社会系统中，机体作用的环境越活跃，给养就越多。这个理论在这里很有用，因为它可以解释两个不同教室之间的差异：一个教室坐满了积极参与的学生，一个教室坐满了被动的学生。但是必须要重申的是，给养不是指个体的行动或者环境的特点，而是个体与环境之间的关系（Chemero, 2003）。如郑（Zheng, 2012）所指出的，给养"不仅是一种获得进入时空物体的物质世界方式，也是进入人的社会世界的方式"（第543页）。例如，一组学生，如果在一起进行一个项目，有些坐着记笔记，有些站在黑板前组织讨论，这种情形揭示的学生和环境之间的关系远比学生坐在自己的桌子前完成讲义材料更为复杂。换句话说，有没有给养的存在，任何一个有经验的教师一眼就可以看出。

## 重新定义真实语言使用

本章认为，项目式语言学习对教师有吸引力，正是因为它可以提供的给养非常多。回到之前阿特金森等人（Atkinson et al., 2007）所描述的顺应调整概念，外语学习可以理解为成功的协调语言能力与环境中可用的特点。只有在学生可以通过项目发展过程进行有意义的合作，项目式语言学习才能实现它的丰富意义（Tuan & Neomy, 2007）。然而，外语教学中常常强调"只能使用目标语"，这使得项目式语言学习课程在很多情况下很难或者无法开展。人们发现，在众多好处之中，项目式学习在总体的教育中可以帮助学生提高思辨技能（Thomas, 2000）。在较长时间内开展的有趣的话题很自然会带来很多给养。然而，本章报告依托于一个前提，即如果项目式语言教学一方面要在内容上深入参与，另外一方面又要练习外语，如果必须在这两者之间选择，福特和克鲁格（Ford and Kluge, 2015）所观察到的问题就会出现：学生会使用母语。换句话说，在限制学生使用母语的情况下，仅用二语或者外语开展的项目式语言课程虽然提供了一系列的给养，但是学生却无力进行相应的调整适应。超语使用可能为这种关键的错配提供了一种解决方案。

## 作为外语教学法的超语使用

超语使用是对外语课堂上"只能使用目标语"的一种挑战。加西亚和魏（Garcia & Wei, 2014）给超语使用的定义是"在被描述为独立的不同系统之间使用、超出系统的一种语言行为"（第42页）。根据超语使用理论，既定学生的肢体动作、母语使用和目的语使用构成了不同但是具有同等地位的对环境特点进行应对的方式。这一理论把给养问题向前推进了一步。该理论首先在威尔士语课堂上使用（Williams, 1996），它要求学生在完成课堂任务时交替使用母语和二语（Garcia & Wei, 2014）。贝拉斯科和加西亚（Velasco & Garcia, 2014）发现，这种对母语有控制的使用提升了学生的二语写作表现。支持双语教育的文献越来越多，也进一步发展了超语使用理论（例如，Khresheh, 2012, Sa'd, Hatam, & Zohre, 2015）。为了在一定程度上回应这种不断增长的兴趣，很多欧洲国家开始了内容语言综合式学习（CLIL）项目（Garcia & Wei, 2014）。柯伊尔、胡德和马什（Coyle, Hood, & Marsh, 2010）强烈建议在内容为基础的学习（CLIL）项目中应用超语使用，理由是这些项目中，要想理解课程内容，很自然需要使用不同的方法与课堂的环境相适应。

项目式语言学习是以内容为基础的学习项目（例如，CLIL 项目）的自然延伸（Stoller, 1997）。本章的研究即假定项目式语言学习课堂是自然的超语使用空间。加西亚和魏（Garcia & Wei, 2014）表示"超语使用空间使得原本在不同地方分开进行的多语的个体在社会空间中聚合（包括语言编码）"（第 24 页）。在谈论项目式语言学习的理论基础时，斯托勒（Stoller, 2006）提出，项目式语言学习为语言使用提供了真实的语境，帮助获得使用该语言的各种良好体验。该研究认为，对将英语作为外语的学生而言，真实的语言使用本身就是多语使用，综合性教学做法比如项目式语言学习，其价值在于考虑了学生的多语能力，这可以最大化的实现环境支撑，从而帮助二语的习得。双语项目式语言学习课堂应当允许学生积极参与课堂所提供的给养。在一篇最近发表的文章中，阿特金森、丘吉尔、西野和冈田（Atkinson, Churchill, Nishino & Okada, 2018）把这种二语学习的理论化方法定义为通过使用给养与语言资源实现相适应。

根据之前的讨论，本章讨论了日本一个项目式语言学习课堂的超语使用，在该课堂上，学生通过短剧创作的方式学习英语。主要的研究问题是关于学生如何在课堂项目中通过超语使用与给养实现匹配。

## 项目和参与者介绍

该研究分析了日本一所大学五组中级水平学生的语言应用情况，这些学生参加了英语作为外语的课程上的一个项目，该项目以学生为中心开展。该课程要求听、说、读、写四项技能同时培养，是该校所有土木工程系的一年级学生的必修课程。该课程每周五天，每天 45 分钟。一共有 19 名学生参加了该研究，其中，女生 11 人，男生 8 人。所有参加人员当时年龄都在 18—19 岁之间。根据欧盟语言能力框架，这些学生水平在 A2 或 B1 之间，或者按照国际交流英语测试（托业）考试标准，在 400—600 分之间。学生被随机分成五组。

该项目主要内容是创作一个六分钟的戏剧，戏剧的话题由小组成员选出。这种类型的项目完整描述可以在卡朋特（Carpenter, 2013）的研究中找到。简单来说，该项目主要包括五步，在三周之内完成：(1) 选择话题，(2) 创作剧本，(3) 修改剧本，(4) 彩排戏剧，(5) 表演戏剧。

在学期开始时该项目就写入了课程大纲，所有参与人员对此有所预期。项目开始后，研究人员告知了学生本研究的性质，并提供一份日语同意书。学生得到告知，这个项目本身是课程的一部分，所以他们必须参加，但是他们可以自由决定是否可以把语言数据作为研究使用。

## 技术的使用

西门子和马西奥斯（Siemens & Matheos, 2010）认为网络技术可以给予学生（1）创造（再创造）学习环境的自由，(2) 更多在校园或教室的物理环境外进行互动的机会。学生可以利用这些机会，创作自己的网络资源：比如参考资料网站，在线工具，或者社交网站，以增强学习过程中的社会性一面和实际方面。屠（Tu, 2012）把这些网络称为个人学习环境（PLE）。虽然诸如屠这样的教育研究者为教师提供了一系列方法，可以把综合使用 PLE 作为正式课程的部分，这个概念深层的含义在于，不论老师是否了解 PLE，这些学生自己会创造 PLE。虽然 PLE 这一概念还没有具体应用到英语作为外语教学的情形，但是很显然，英语作为外语教学的学生使用一系列的计算机应用来支持自己的语言学习。在该研究进行的项目学习中，学生在项目发展过程中使用智能手机得到支持和鼓励。这也包括利用社交应用 LINE 的小组讨论功能来与其他组协调班级项目。虽然分析每个参加者具体的（也应该是非常个性化的）PLE 不属于本章的研究范围，从研究人员的角度来说，技术的使用就跟笔和纸一样随处可见，非常自然。

## 数据收集

数据收集在项目的第二天开始,参与者开始合作进行项目剧本创作(之前描述的项目过程的第二步)。研究人员把数字录音设备放在每个小组工作台的中心位置,并告知学生不要动或者拿走录音设备。

## 任务描述

该项目式语言学习课程中的超语使用方法来自于之前提到的威廉姆斯(Williams, 1996)与加西亚和魏的(Garcia & Wei, 2014)研究,参与者在合作项目时,有意识地循环使用日语(母语)和英语(外语)。老师给每个组 10 分钟,如果参与者在"只能讲英语"的时间讲了日语,他们会丢分。只能讲英语的时间大约 3 分钟,"日语时间"2 分钟。为了进行数据收集,学生在课堂上进行了六轮英语和日语使用的循环。这样,大约收集了 30 分钟的学生合作话语数据。

# 数据分析

为了进行会话分析,英语和日语对话都进行了转写,并使用克里斯和布莱克利奇(Creese & Blackledge, 2010)的理念作为单一持续单元进行分析。这种转写方式与之前提到的超语使用的基本理论立场一致。本研究没有根据语言把数据转写成语块,而是把语言转写成持续单元,这样能更好地突出话语中两种语言的内部连接性。正如克里斯和布莱克利奇(Creese & Blackledge, 2010)所说,该分析方法的目标是强调两种语言为了与任务相适应而使用的不同方法。这些语音数据首先根据麦基和盖斯(Mackey & Gass, 2016)的简单转写规范进行了转写。因为本研究的目的是明确在项目式语言学习课程上如何使用超语策略，通过书写进行强调或重音的规范没有采用。省略号用来表示暂停，学生在提到书面文本时使用了引号，对日语话语的翻译放在了括号里。

然后，根据哈彻（Hatch, 2002）描述的阐释性分析程序进行调整，对这些转写的数据进行了分析。根据这一程序，本章作者撰写研究日志，通过研究备忘录把在转写过程中出现的想法和印象记录下来。然后对这些数据进行分析，以备后续的主要阐释。在阐释时，首先对转写文本进行即时分析，然后再将这些阐释形成更概括的类别。为此，我们需要辨别出学生是否在做与项目任务本身相关的事情（例如，写剧本、编辑、还是聊其他事情）。根据概括的类别对数据进行编码之后，我们开始在英语和日语片段寻找重合的地方。对这些重合的地方重新编码，希望找出参与的重点部分（Duranti, 1997）。接下来，结合之前研究文献和我们自己的职业经历，通过分析这些参与片段，生成下面部分的发现。

## 项目式语言学习课堂的超语使用：研究发现

根据分析，在项目进行过程中，学生以四种方式使用超语来适应项目所提供的给养：（1）创作，（2）阐释，（3）检查，（4）修改。这四个参与环节通过学生使用智能手机利用 PLE 进行。因此，虽然技术使用在该研究中没有定义为参与因素，但是，技术扮演了助推的角色，帮助学生同时使用英语和日语进行解释，从而高效率地与项目所提供的给养所匹配。片段 1 提供了一个例子，展示技术如何在"英语时间"内推动小组项目的进展。

片段 1：英语时间段使用技术的例子

(A) 秒表。
(B) 是的。

(A) 我们……いい？……我们开始吧！（可以吗？）
(C) はいよ。いいよ。いいよ。(Ok！好，好。)
(T) 好的！英语时间。
(D) 好的。
(C) 早上好，B，D在哪里？
(B) 我想，我看见……她在家……
(D) 抱歉，詹姆斯。
(C) 你为什么迟到了？
(D) 我起晚了。
(C) 不要迟到！起早点！
(D) 好的，我下次小心！
(C) 好的，我们开始吧。打开课本，第90页……75页。90、75？
(B) 詹姆斯，不好意思，我把课本落在家里了。
(A) 是吗？A，你给B看一下课本。
(A) 好的。

只看这个转写片段并不是很清楚，学生A提到的"秒表"实际上是她手机上的秒表功能。在老师（T）提醒小组英语时间开始之后，小组所有的学生都把注意力转到自己的手机上显示的戏剧剧本手稿上。该手稿是进行中的文档，因为学生在英语时间和日语时间不断地进行修改。片段2展示了他们是如何使用日语在手机上修改该文档的。

### 片段2：日语时间段使用技术的例子

(A) で5秒後ぐらいにもっかい入って来て(五秒钟后，你又进来了。)
(D) あーオッケーオッケー(明白了，好的，好的。)
(A) で入って来てGood morningから入る。(然后，我进来，开始说"早上好"。)
(B) あ、じゃあ(啊，我明白了。)

(A) 一回（立刻改变。）

(B) この切り替えはめちゃめちゃ早い、意外と？（这个转变很快，没有预料到？）

(A) 一回変わる。（立刻转变。）

(A) 一回外に、（立刻出去。）

(B) 一回出て Good morning,。。Dって。。（立刻出去。说"早上好……D……"）

(A) そっちきて。。。順番に入る入る。（去那边……然后一个一个地进入房间。）

(B) まあまあまあ（是的。）

(A) で、来て、このセリフは適当に言って。数字を。（然后，来这儿。然后说这句台词适当表达出来，说这个数字。）

(B) うん（是。）

(A) それで、あのースマホでチェックして。携帯で。（然后，查看手机，在你手机上。）

(B) あーおれ。（啊，我吗？）

(A) Mリーダーで。（用 Mreader。）

(A) スマホでチェックする動作を入れれば多分なんかそれっぽくなりそう。（如果你做出检查手机的动作，看上去好像……）

(C) Cが大変そう。（看上去对 C 很难。）

(C) 私とかはまだ平気だけど（[其他人] 我没什么问题，但是……）

(C) Dめっちゃ（可能对 [D] 来说很难。）

(A) いや、あーでもそうなんか流れが行ければ（不，只要动作比较流畅没有问题……）

(B) いつもの朝のあのあの流れをやりゃあいいはなし（我们所需要做的就是早上这个顺序。）

虽然从转写文本一下子无法看出来，但这些学生在讲日语的时间段内，通过智能手机复习资料，进行修改。然而，这段分析中尤其重要的不是资料本身，而是学生在该片段语言使用方式是由资料决定的这一点。例如，在该片段开始，A 和 B 讨论如何进入房间，开始戏剧中第一段的对白。这段有点长，学生 A 建议学生 B 尽快进场，向大家问好，这本质上是根据学生手机上的英语草稿描述进行的一系列动作。很有趣的是，这个具体的戏剧本身就是这个课程的一个再现，这个课程经常参考一个在线数据库里的分级读物（例如，Mreader）。因此，B 建议 A（剧中"老师"的扮演者），在剧本中使用手机作为道具。这样，简单的利用学生为这个项目创造的 PLE，不仅帮助学生用英语和日语完成这个项目，我们也非常清晰地看到，技术本身（比如智能手机）也是学生生活经历的一部分。

## 创作

在讲英语时间，参与者轮流主导讨论。主导人的任务包括对其他成员写的剧本增加句子。总的来说，主导人在尽可能地范围内，引导对话持续下去。根据这里的数据，组员主要以两种方式来扩展主导人的话语：（1）主导人在说的时候，把主导人说的话续上，或者（2）在主导人说完后，给出应该如何结束句子的建议。

### 片段 3：英语时间段的创作

(A) 我说停下……停下。不，不，不。首先，C 去驾校。和我一起开车。我说，"不，不，不。"

(B) 停下，对吗？停下，停下，好的。

(C) 噢，我的天。

(A) 好的。

(B) 那然后，我什么时候，什么时候出现？

(D) 呃，在……。

(A) 这个场景。

(C) 呃，在……在……开完车以后。

(D) 开车……然后她（B）出现。

(A) 说……

(B) 你开车开得太差了。是这样吗？是吗？
(D) 太差了。
(B) 太差了。

在该片段，学生 A 起到主导人的作用。这个学生写了该剧的第一幕，讲述的是一个大学生考驾照的故事。学生 A 建议说，假设学生 C 已经去过驾校学习了，但是她的驾驶技术太差了，以至于老师都不干了。在接下来的几句中，没有人主导对话。接着，在第 5 行，作为对 B 问题的回应，D 开始从第 6 行开始接着主导。学生 B 根据 D 在第 9 行的提示，建议了戏剧的下一段应该怎么说，即第 11 行对人物角色的台词（"你开车开得太差了。是这样吗？是吗？"）

在日语时间，虽然互动很类似，但是，对话更自然、更流畅。下面的片段 4 给出了例子，描述了片段 1 中的小组如何继续用日语来推进他们的项目。

**片段 4：日语时间段的创作**

(D) 私は・・ですという感じで始まって（开始就说："我是×××"。）
(C) 突然だけど今教習時間やってるんだ（这可能有些突兀，我正在练车。）
(D) だけど私の運転超ダメなの〜（但是我驾驶技术很差。）
(C) すごい苦手ですごい苦手で仮免が取れないの（我开车技术真的，真的很差，我拿不到驾驶许可证。）
(D) そこから始まって（从这开始。）
(D) AとAとCが座って始まって（A 和 C 坐在一起，对话开始）
(D) でCが超慌てながら（接着，C 感到非常慌……）
(C) キィ〜（发出吱呀声音）
    （大家都）笑い（笑）
(D) それ終わって・・して。。。やばいね（好了，嗯，是挺差的。）

(A) それじゃあ‥できないよ(如果是这样，的确，我们没办法…)
(D) それをそれを横目にフェラーリ乗ってきてぶ〜んつて去っていく(她眼看着她进了法拉利，开走了。)

正如片段4所示，学生在日语时间对剧本进行继续讨论，超过了他们在英语时间的讨论。在片段2，主角已经被她第一个教练放弃了，然后正在对新的驾驶教练介绍情况。主角承认她拿不到驾照，然后希望得到帮助。该组从这里继续往下写故事。

## 互动

正如上述讨论所述，真实的语言使用取决于在不同的时间顺应利用各种给养。在实际操作层面上，这意味着在课堂进行语言学习的任务时，学生可以利用进行语言练习的给养机会很多，不仅仅是任务本身提供给养，还有很多其他给养，有经验的老师可能称之为"课下任务"，或者学生讨论自己的社交生活、讲笑话，或者很多现在的学生在手机上查看社交媒体，也都是一些给养因素。片段5是一个这样"课下任务"的例子。

### 片段5：英语时间段的互动

(B) 母亲:（拍手）好孩子，好孩子。
(A) 好孩子。
(B) 非常好的孩子。
(A) 说的是狗，好孩子，好孩子。
(B) 是，好，好。
(C) 同样的东西（笑）。
(A) 我去（开玩笑）。我，我，我，我不是狗。
(B) 是，但是，同样的级别，同样级别，是吧。
(A) 什么？你什么意思？
(C) 放学之后……

片段 5 给出了一个学生使用目标语言利用社会给养进行表达的例子，这是很多例子中的一个。这个例子中，学生 B 担任了主导人的角色。他们刚讲了该剧的下一幕，妈妈这个角色在表扬儿子，实际上，这个儿子不是个好学生。学生 A 对 B 讲的语言用一个笑话进行回应，说"好孩子"是来形容狗的，不形容人。学生 C 是个女学生，有个弟弟，说狗和男孩属于同类别，所以使用"好孩子"是合适的。虽然这只是个案，不能进行概括（Flyvberg, 2006），但该研究的数据表明这样的社会互动虽然在"日语时间"更多，同样的互动在"英语时间"也存在。

片段 6 是用日语利用社会给养进行表达的例子。

### 片段 6：日语时间段的互动

(C) 風邪っすか？（你感冒了吗？）

(B) のどが。エアコンでやられて。（我嗓子痛，空调的事）

(C) 最近ずっとエアコンでのどがやられて（这些天，我的嗓子痛，空调的原因）

(B) タイマーにしないの？（你【晚上】不设定时器吗？）

(C) タイマーにしなかった。（嗯，我没有设置定时器）

在这个片段里，学生 B 开始咳嗽得厉害，学生 C 问她情况，B 说她整晚空调不关，现在嗓子痛。乍看之下，这个例子似乎违反了外语课堂的最佳做法：首先，学生没有在讨论项目任务；第二，学生也没有在用目标语言。然而，从超语使用的角度，英语和日语都在用，根据具体情况来决定语言的使用。学生 B 开始咳嗽的时候，C 很自然的用母语进行询问。同样，在片段 5 里，学生 C 看到一个讲笑话的机会，她也自然运用英语进行。这样，通过给学生使用日语的机会，可能可以增强英语作为社交工具的作用。

## 检查

在项目期间，所有六个小组都定期使用非正式检查。一般来说，这个过程包括重新阅读所写内容，或者讨论写内容的要点。这种检查通常是在日语时间段进行，但有时也在英语时间段进行，学生们使用了上述以领导为中心的结构来解决他们剧本中的问题。在片段 7 中，学生 A 扮演了主导者的角色，带领小组对他们的戏剧中的最后一幕进行修改。首先，A 建议小组需要改变结局。学生 B 和 C 对 A 的意见作出回应，最后，A 以"好吧"结束对话。

**片段 7：英语时间段的检查**

(A) 把这个句子的结尾部分修改下？
(B) 我们对这个句子有疑问，老师。
(A) 我知道。
(B) 老师说过。
(C) 我现在很开心。
(B) 因为你……
(A) 好的，好的，学生只说"好的"。
(C) 只说好的。老师说……
(B) 老师说我很开心因为……
(A) 啊！好的，好的，好的。
(D) 现在 スキルアップみたいな ……（……你改好了。）
(A) 因为……
(D) 因为……你
(C) 你……
(A) 总是说…… 你…… 改变你的想法。
(D) 坏习惯，坏习惯。
(B) 噢。

(D) 坏习惯，还是改变你的想法。
(A) 你想说因为接下来之后……
(D) 那你应该，你，所以我很开心，因为你应该……你改变……
(C) 所有人都改变了你的想法。

在这个剧里，学生在课上表现很糟糕，这个扮演老师的角色就鼓励他们考虑新的解决办法。在剧终时，老师扮演者告诉学生扮演者他很满意取得的进步。在片段7，学生在决定这个老师扮演者应该如何表达她/他的赞许。学生D举了一个日语短语（スキルアップみたいな……），意思是"看起来你们的技巧进步了"。从第12行到14行，学生想把这个完成。最后，A建议说用"改变你的想法"，D说用"坏习惯"。在这里例子中，最后"坏习惯"被否决了，小组决定用"改变你的想法。"

日语里的检查过程稍有不同，片段8提供了一个例子。

## 片段8：日语时间段的检查

(D) ちょっと足りない?（时间不够？）
(C) 動いたりしたら（我们表演的话 [ 可能要花更长时间 ]）
(C) まあ実際でもそうなんだよね。動いたりしたら（但是实际情况是，[ 时间不够 ]。尤其是如果我们要表演的话）
(A) 。。今めっちゃスムーズじゃないから（现在，事情一点也不顺利。）
(A) 。。されても。。たりない（即使……，时间也不够。）
(A) あでも教科書はとりあえずもってこよう（但是，我们明天把教材带来吧，以防万一。）
(D) 1979 (1979)
　　（大家）笑い（笑）

在这个片段里，这个组意识到他们的剧本太长了。他们一致同意，他们的戏剧表演还不顺畅，再多多练习之后可能表演就会短一些。

# 修改

双语课堂的一个明显优势是总体上来说，母语的使用可以帮助纠正二语造成的误解。在日语和英语时间，学生使用其母语来扩展和澄清想法。回到给养的基本概念，明显的误解是可以确认的社会现象。这也就是说，不止一个人能够意识到这种误解。而这种意识就有机会带来给养的机会。如果课堂只允许目标语，那么基本立场就是，如果给养不能与目标语相适应，就应该通过二语语言来澄清，或根本就不予理会。这个问题导致了外语课堂上常见的一个现象，也就是，学生开始使用目标语展开一个有趣的想法讨论，然后如果出现了误解或者含混不清之处，又无法用目标语来澄清，讨论就结束了。片段9展示了这一点。

## 片段9：英语时间段的修改

(B) 不，动词过去式，动词过去式（past verb）。

(C) パスワード？(密码？password?)

(B) 过去……动词过去式……动词过去式……呃……

(A) 什么？你是什么意思？"past verb"是什么意思？

(C) 啊……

(B) 啊……就是日语里的"過去形"（动词过去式）。能……不能……

(A) 啊……

(D) Could ……

(A) Can ……

(D) もし……（如果）

(C) 呃……如果你可以（if you could）……

(A) Could ……

本片段中，即使很简单的双语技巧也可以很轻易地推动谈话继续。老师们似乎都同意，如果学生在开展项目活动的时候使用目标语，那项目式语言学习是一个很有效的教学方式。采用该章中的超语使用作为教学方式可以帮助学生对误解做出回应，使用母语帮助他们纠正，这样，他们可以继续使用二语继续他们的任务。

在片段 9 中，学生 A 注意到，有一个地方的情态动词"can"应该写成"could"（"不，动词过去式，动词过去式"）。学生 C 误解了，用日语的"password"来回答，因为发音与英语相似，也与英语的动词过去式（past verb）有些相似。学生 B 重复了这个词，但是当 A 没有明白时（第 4 行），B 用了日语的过去式来表达（過去形）。由于超语使用，学生能够继续写这个句子。如果没有这个，之前的讨论可能就白费了，互动可能就完全结束了。

## 片段 10：日语时间段的修改

(C) 私は協力する？それとも (I cooperate 我合作，还是什么其他的)
(D) I cooperate
(D) 動詞，動詞 (动词，动词)
(C) 動詞だよ (这是个动词)
(B) 合作（cooperate）
(B) 我合作（I cooperate），我合作（I cooperate.）
(B) どうどうどういう文章 (什么句子？)
(A) あほんとに？わかった。私も協力するわ。って。（"是吗？我明白了，我来帮你。"）
(D) お母さん to you (妈妈对你说…)
(B) Let's なんとか together にしたら (要不就说"让我们一起……？")
(A) ふん？（嗯？）
(B) そういうわけじゃない？（这不是你的意思吗?)

在本片段中，小组成员在讨论如何用英语说協力する（字面意思"合作"）。首先，学生直译这个词（cooperate），但很快意识到他们戏剧的上下文中，另外一个词或者短语（Help out, support）更合适。他们最后认为这个 cooperate 是一个很难的词，因此应该选择一个更容易记住的单词。

# 讨论

首先，需要指出，该研究分析的 30 分钟课堂片段中，所有学生至少花费了 18 分钟使用英语进行有意义的合作和独立推进项目任务。对从 B2 到 A1 水平的学生来说，这种独立使用外语的水平本身就是一个胜利。然而，该研究的目的是发现学生如何在项目推进过程中通过超语使用来顺应调整给养。初步的分析表明有四个策略：创作、互动、检查和修改。

数据中的"创作"例子可以佐证学生如何在某个层面上通过推进剧本完成课堂任务。然而，在使用英语时，他们能够把自己的生活经历和看法自然融入进去。在某种程度上，这可能与项目本身的特点有关。从头创作一个原创剧不同于就既定的话题进行一个口头展示。但是，似乎项目式语言学习本身给学生提供了自由，尤其是在这个戏剧的场景下，学生得到鼓励，有动力（即使是那些水平居中或者偏低的学生）把个人经历融合到课堂语言任务相关的活动中来。当然，不能否认，水平偏低的学生使用母语更容易建立起信任和融洽关系，分享个人信息。因此，根据该研究的数据，对日语有目的的使用似乎可以帮助学生，对课堂环境中的一些给养条件进行调整利用，比如这个任务本身的灵活性与学生创造性之间的关系，学生的语言水平和其他成员提出的想法之间的关系，以及他们的个人经历与同学发展更亲密关系的机会两者之间的关系。

有可能，如果一个人与另外一个人分享的个人经历越多，那另外一个人也就越有可能分享他们自己的个人经历。这似乎说明，小组在进行项目的时候越有创造力，那么就会创造更多的给养，就会有机会以一种非常积极的方式来利用这些给养。正如阿特金森等人（Atkinson et al., 2007）指出的那样，当学习者在社会认知生态系统中通过社会活动发展自己的参与度和增强自己的知识储备时，语言学习就发生了。能够对提问者提供的给养做出回应（开玩笑或者了解他人的个人生活），可能就是成功增强自己知识储备的一种方式。就本章的数据而言，似乎个人之间"离题"的话题互动程度与目标语的自发使用有关联，片段 3 例证了这一点。

然而，不可否认的是，为了与项目式语言学习课堂环境中不同的给养相适应，也带来对英语和日语同时造成限制的问题。虽然各组在检查时，既使用英语也使用日语，但是很明显，该研究数据显示，某些逻辑性的问题主要仍用日语进行讨论。分析表明，在日语时间，各组学生使用的修改和检查策略层次更为细腻、更有效。一方面，这种使用母语进行协调令人鼓舞，因为这表明学生在认真参与项目、推进项目。但是也可能有些问题。克里斯和布莱克利奇（Creese & Blackledge, 2010）警示其中有些做法可能对学生不利。如果不借助母语就不能使用目标语进行某些语言任务，有人认为对学生非常不利。

不过，所有参与人员都使用两种语言来讨论或者纠正英语项目脚本。外语课堂上的学生学习背景多元化。在一个典型的以英语作为外语的课堂上，无论背景如何，都被规范为使用一本教材，使用固定的教学方式。项目式语言学习作为一种独特的教学方式，给予学生自由，学生可以自行决定如何利用个人的语言经历。这个在日语时间非常明显，学生总体上会更自由地讨论对英语用法不同的、有细微差异的理解。如上的"检查"讨论，如果学生长期使用日语来解释英语单词，这可能存在问题。但是，如果学生使用日语讨论英语语言，在感情上更为顺畅，教学效果也更有效。

当然，这些启示也存在局限。首先，该研究阐述了超语使用策略如何在项目式语言学习情形下起作用，但是具体的项目式语言学习课程常常具有个性化特点，不能用一个班级的学生行为来预测另一个班级的学生行为。而且，给养和顺应调整这两个作为二语习得指标的概念尚未精确为分析概念。例如，顺应调整是否存在，是否是成功学习语言的持续性可观测预测指标，目前来说，对实证研究人员而言，还没有答案。然而，这些概念似乎可以解释传统的认知理论和概念所不能解释的关于像项目式语言学习这样的教学方法的价值所在。因此，采用生态视角继续对项目式语言学习环境进行研究可能会大有裨益。

最后这一点也指出了本研究的另外一个重要的不足，即给养的概念指的是机体能力与环境特点之间的关系。为此，研究给养就需要研究参与者体现出来的经历。该研究仅依赖于音频数据,没有录像,无法对参与者的肢体语言进行编码,因此,这在方法上存在局限性。

# 结论

如前所述,福斯特(Foster, 2009)指出,在项目式语言学习和二语习得的结果之间找到直接的、外显的关系存在固有的难度,这个论断值得重视。然而,采用前面提到的生态模式可以从另外一个角度看这个问题。这样,本来需要把控和测量学生的输入和输出的此类可见困难消失了。取而代之的是,项目式语言学习提供了一个非常有吸引力的语言学习方式,因为它提供了一系列非常丰富的给养,学生可以顺应调整。外语课堂上如果倾向于侧重"只能讲目的语",在很多情况下,这可能使得项目式语言学习很难或无法实施和评估。然而,本章的目的不是说项目式语言学习课程应该代替语言技巧培养课程(强调外显学习)。事实上,如果项目式语言学习能够融入这类课程,可能会收获非常好的效果。本章希望证明:第一,"只能讲目的语"的环境限制了学生从自己的学习经验中寻找意义的能力;第二,项目式语言学习作为一种丰富语言学习的工具,应该在外语课堂上占有一席之地。

最后,应该强调,本章呈现的教学方法,至少部分地展示了其独特之处。之前提到,这里的学生频繁使用智能手机,通过大量使用在线词典、翻译应用、社交媒体等来开展项目活动。此类技术的重要性在超语使用空间怎么强调都不过分。按照本章提到的社会认知理论,能够使用日语对相应的给养调整利用,例如,在小组戏剧项目中如何推进故事进展的想法可以迅速调整为用英语进行,如果没有手头的数码工具,无法如此快速高效地进行。然而,虚拟空间在多大程度上重塑语言和文化相关物品之间的界限(在眼下和学生生活所依赖的整体文化框架),这不属于本章探讨的范围。同样,也可以说,因为学生获得机会,可以对自己的学习进行把控,项目式语言学习这种方式代表了语言学习的民主化。随着时间的推进,这样的学习空间可能会更丰富、更有深度和层次。

# 参考文献

Atkinson, D., Churchill, E., Nishino, T., & Okada, H. (2007). Alignment and interaction in a sociocognitive approach to second language acquisition. *The Modern Language Journal*, 91(2), 170–188. doi:10.1111/j.1540-4781.2007.00539.x

Atkinson, D., Churchill, E., Nishino, T., & Okada, H. (2018). Language learning great and small, environmental support structures and learning opportunities in a sociocognitive approach second language acquisition/teaching. *The Modern Language Journal*, 102(3), 471–493.

Beckett, G. H. (2002). Teacher and student evaluations of project-based instruction. *TESL Canada Journal*, 19(2), 52–66. doi:10.18806/tesl.v19i2.929

Carpenter, J. (2013). Drama in project-based learning. *The Mask and Gavel*, 3, 16–23.

Chemero, A. (2003). An outline of a theory of affordances. *Ecological Psychology*, 15(2), 181–195. doi:10.1207/S15326969ECO1502_5

Coyle, D., Hood, P., & Marsh, D. (2010). *CLIL: Content and language integrated learning*. Cambridge: Cambridge University Press.

Creese, A., & Blackledge, A. (2010). Translanguaging in the bilingual classroom: A pedagogy for learning and teaching? *The Modern Language Journal*, 94(1), 103–115. doi:10.1111/j.1540-4781.2009.00986.x

Duranti, A. (1997). *Linguistic anthropology*. Cambridge: Cambridge University Press.

Flyvberg, B. (2006). Five misunderstandings about case-study research. *Qualitative Inquiry*, 12(2), 219–245. doi:10.1177/1077800405284363

Ford, A., & Kluge, D. (2015). Positive and negative outcomes in creative project-based learning: Two EFL projects. *Academia, Literature, and Language,* 98, 113–154.

Foster, P. (2009). Task-based language learning research: Expecting too much or too little? *International Journal of Applied Linguistics,* 19(3), 247–263. doi:10.1111/j.1473–4192.2009.00242.x

Garcia, O., & Wei, L. (2014). *Translanguaging: Language, Bilingualism, and education.* New York, NY: Palgrave Macmillan.

Hatch, J. A. (2002). *Doing qualitative research in educational settings.* New York, NY: State of New York University Press.

Khresheh, A. (2012). Exploring when and why to use Arabic in the Saudi Arabian EFL classroom: Viewing L1 use as eclectic technique. *English Language Teaching,* 5(6), 78–88. doi:10.5539/elt.v5n6p78

Mackey, A., & Gass, S. (2016). *Second language research: Methodology and design.* New York, NY: Routledge.

Sa'd, T., Hatam, S., & Zohre, Q. (2015). L1 use in EFL classes with English-only policy: Insights from triangulated data. *CEPS Journal,* 5(2), 159–175. Retrieved from https://ojs.cepsj.si/index.php/cepsj/article/view/147

Siemens, G., & Matheos, K. (2010). *Systemic changes in higher education.* Retrieved from http://ineducation.ca/ineducation/article/view/42/503

Stoller, F. L. (2012). Project-based learning: A viable option for second and foreign language classrooms. *KOTESOL Proceedings* 2012, 37–48.

Stoller, F. L. (1997). Project-work: A means to promote language content. *English Teaching Forum,* 35(4), 29–37.

Stoller, F. L. (2006). Establishing a theoretical foundation for project-based learning in second and foreign language contexts. In G. H. Beckett & P. C. Miller (Eds.), *Project-based second and foreign language education: Past, present, and future* (pp. 19–40). Charlotte, NC: Information Age Publishing, Inc.

Thibault, P. J. (2011). First-order languaging dynamics and second-order language: The distributed view. *Ecological Psychology,* 23(3), 210–245. doi:10.1080/10407413.2011.591274

Thomas, J. (2000). *A Review of Research on Project-based Learning.* Retrieved from www.bobpearlman.org/BestPractices/PBL_Research.pdf

Tu, C. (2012). The integration of personal learning environments and open network learning environments. *TechTrends*, 56(3), 13–19.

Tuan, T. A., & Neomy, S. (2007). Investigating group planning in preparing for oral presentations in an EFL class in Vietnam. *RELC Journal*, 38(1), 104–124. doi:10.1177/0033688206076162

van Lier, L. (2004). *The ecology and semiotics of language learning: A sociocultural perspective.* Norwell, MA: Kluwer Academic Publishers.

Velasco, P., & Garcia, O. (2014). Translanguaging and the writing of bilingual learners. *Bilingual Research Journal,* 37(1), 6–23. doi:10.1080/15235882.2014.893270

Williams, C. (1996). Secondary education: Teaching in the bilingual situation. In C. Williams, G. Lewis, & C. Baker (Eds.), *The language policy: Taking stock* (pp. 39–78). Llangefni, UK: CAI.

Zheng, D. (2012). Caring in the dynamics of design and languaging: Exploring second language learning in 3D virtual spaces. *Language Sciences,* 34(5), 543–558. doi:10.1016/j.langsci.2012.03.010

# 第四章 高阶德语课堂项目式学习：内容与语言学习融合

罗斯维塔·德莱斯勒[①]，伯纳黛特·雷德勒[②]，克里斯蒂娜·迪米特洛夫[③]，安雅·德莱斯勒[④]，加勒特·克劳斯[⑤]
（Roswita Dressler, Bernadette Raedler, Kristina Dimitrov, Anja Dressler and Garrett Krause）

## 背景

项目式学习（PBL）是"一种系统的教学方法，通过围绕复杂、真实

---

① 罗斯维塔·德莱斯勒（Roswita Dressler）：博士，沃克兰教育学院教师，曾担任卡尔加里大学德语授课教师。持有德语和法语学士学位和德语硕士学位。研究特长为二语教学，研究探讨教育与文化和语言多样性。
② 伯纳黛特·雷德勒（Bernadette Raedler）：博士，卡尔加里大学语言学院语言学、文学和文化兼职讲师，持有德国慕尼黑大学文学硕士、德国文学博士学位。
③ 克里斯蒂娜·迪米特洛夫（Kristina Dimitrov）：持有卡尔加里大学德语研究和法律与社会学学士学位。目前在卡尔加里大学法学院攻读法学博士学位。
④ 安雅·德莱斯勒（Anja Dressler）：德—英双语项目教师。卡尔加里大学教育学学士、德语和语言学学士。
⑤ 加勒特·克劳斯（Garrett Krause）：加拿大阿尔伯塔省卡尔加里作曲家和音乐家。持有卡尔加里大学文学硕士（作曲）和文学学士（德语）、皇家音乐学院的副学士学位。其作曲在加拿大地方和国家级获得众多奖项和表演，目前在卡尔加里担任伴奏、教师和表演者。

的问题进行长时间的探索，通过精心设计的项目和任务帮助学生学习知识和技巧"（Markham, Larmer, & Ravitz, 2003）。对于以内容为基础的语言教学来说，项目式学习的好处包括真实性和生活中的应用性（Foss, Carney, McDonald, & Rooks, 2007）；提高写作技巧（Calogerakou & Vlachos, 2011; Ünver, 2008）；提高学生积极性（Hsieh, 2012）；提高学生跨文化意识（Eppelsheimer, 2017）；增强团队合作能力（Miller, Hafner, & Ng, 2012）。教师也注意到学生自主能力的增强，教师和学生都更加灵活（Gülbahar & Tinmaz, 2006; Lam & Lawrence, 2002）。项目式学习涉及"个体或者小组活动，比如研究报告、网站开发、数字故事"等，关注"语言、内容和技能有意义综合的发展"（Beckett & Slater, 2018, 第 1 页）。这些因素都指出了项目式学习在二语学习课程设计中可以大有作为。

然而，在大学里，高阶语言学习课程经常人数不多（少于 6 个学生），而项目式学习中学生常会以 2—5 人小组开展活动，所以项目式学习的小组任务在此类课程中不易开展（Apedoe, Ellefson, & Schunn, 2012; Kooloos et al., 2011）。人数少的课程有助于个人学习，古尔巴哈尔和廷马兹（Gülbahar & Tinmaz, 2006）虽然为 8 名学生设计了一个项目式学习课程，但他们仍认为"两、三个人为一组开展这样的项目可能更加合适"（319 页，强调为本文作者所加）。这似乎是说，相对于项目式学习设计的特点而言，班级规模可能是个更大的问题。

而且，很多语言系的老师和学生对这种课程设计不熟悉，因此引入学生自选的项目会为教师带来很大挑战，因为教师常常为了学习文学而把重点放在语言学习机会上（Krsteva & Kukubajska, 2014）。即使如此，认可学生个人的语言学习目标，提供有技术的项目式学习可以给其他课程提供补充，也为任课教师提供教学长进的机会。小型班级如何设计项目式学习课程，目前参考资料很少。因此，我们认为有必要研究这种小型班级的项目式学习课程，来指导教师如何引入和实施学生自选的项目。

本章的目的是研究一个小型的高阶德语课程是否具有项目式课程的特点，以此验证项目式学习的理念是否能涵盖小型课程。这个行动研究项目中有两位教师和三位学生，我们主要观察他们的教学和学习过程。研究的框架是斯托勒（Stoller, 2006）的项目式学习课程的十大特点。结果展示了该课程的设计在多大程度上具备了这些特点。通过扩展项目式学习的理念，使之包含个人项目，对项目式学习的了解有益于高阶语言课程中的二语教学。

# 项目式学习

项目式学习，在德语教学法中被称为 handlungsorientierter Unterricht，包括根据真实的项目设计课程。这种教学法源于扬·夸美纽斯、约翰·裴斯泰洛齐、玛利亚·蒙台梭利和让·皮亚杰（Jan Comenius, Johann Pestalozzi, Maria Montessori & Jean Piaget）的经验和建立在感知基础上的教育工作。约翰·杜威（John Dewey）的学生威廉·赫德·基尔帕特里克（William Heard Kilpatrick）把项目法作为一种以学生为主体的活动引入，来解决杜威提出的教法问题。项目式学习在二十世纪六七十年代被引入到二语教育领域（Legutke & Thomas, 1991）。不过，在该课程所在的语言系，这种教学法仍然不常见。

项目式学习的支持者们列举了该方法在各种规模语言学习课程设计中的诸多好处。莫杰、科拉佐、卡利罗和马克思（Moje, Collazo, Carrillo, & Marx, 2001）指出它在以内容为基础的语言教学中的益处，包括真实性因素（在一个32人的班上，学生个人和小组开展的工作与实际生活有关联）。卡洛杰拉库和弗拉霍斯（Calogerakou & Vlachos, 2011）发现，有个20人的班级，在与海外的另一个20人的班级合作后，学生的写作技巧、学习积极性和跨文化意识均有所提高。另外一个项目式学习班级的学生，通过3人小组制作视频纪录片，提高了团队合作能力（Miller et al., 2012）。而且，任课教师也注意到，在学生和合作伙伴为一个西班牙商业话题设计网页的过程中，学生自主能力和灵活应变能力明显增强（Lam & Lawrence, 2002）。所有这些都表明，在二语习得课程小组活动设计中，项目式学习可以起到很大用处。

项目式学习可以很好地应用学生需要的生活技巧。如果是职业场合，教师可以为学生假设一个职业人员在日常工作生活中的场景（科技人员的例子，可以参考 Eskrootchi & Oskrochi, 2010; Martínez, Herrero, & de Pablo, 2011）。如果不是职业场景，教师也需要设置类似的现实场景。如果这些项目能够让二语学习者学到相应的技巧，那么这些项目就是真实的学习（Beckett & Slater, 2018）。二语学习者希望能在自己感兴趣的领域内运用二语能力工作和学习。在二语学习过程中，学生希望参加能在现实生活中运用的场景。因此，布朗（Brown, 2006）带领学生通过项目探索法国美食，像法语母语者探索自己国家的美食文化一样，学生通过参加包括电影、音乐、美食鉴赏以及互动的网络任务等一系列活动，对法国文化有了更深入的了解。然而，不是所有的学生都对美食感兴趣。在理想情况下，围绕学生兴趣的项目可能最真实，而围绕学生兴趣建设的课程正是项目式学习课程的一个关键特点。

在项目式学习课程设计中融入技术是教师追求真实性、学生积极参与性的一种方式，尤其是大学阶段的语言课程，学生经常以小组为单位进行活动。学习英语的台湾大学生认为只要技术不是太难以至于给他们带来挫折感，通过 voicethread（一种媒体编辑软件）、视频和讲故事等方式，他们的学习热情更高，更愿意合作，语言也有进步（Hsieh, 2012）。学生以小组为单位学习是公认的促进社会交往和合作的方式，"理想来说，项目应该是一种集体体验，两三个人一组"（Hsieh, 2012，第 21 页）。为写一篇维基而开展的合作写作项目对学生（包括二语学习者）来说，可以带来满足感和学习动力，同时可以进行跨学科学习。这里的合作指的是"两个及两个以上的人在某指定项目单独或者一起工作"，表明这种合作可以应用在个人或者小组项目中（Stoddart, Chan, & Liu, 2016，第 144 页）。学习英语的日本大学生在短期的强化课上制作视频，与英语的实际应用相联系，获得了充实且令人骄傲的成果（Foss et al., 2007）。这些研究中的项目都是根据其性质，以两人及以上的小组形式开展。有技术性的语言学习与项目式学习结合地很好，但是很显然，大多数课程都是围绕小组项目进行设计的。

在大学课程使用项目式学习的研究中，很少提到在高阶语言课程上普遍存在的小型班级。有些教师甚至认为大型班级可能会让项目式学习可行性更高（Gülbahar & Tinmaz, 2006）。考虑到小型班级的现实情况，我们认为项目式学习理念假设以小组为单位，但是仍应该继续调整以适用于小型班级的状况。因此，本研究的问题是：斯托勒关于项目式学习课程的10个特点，是否也适用于小型的高阶语言课程？

# 研究方法

该质性研究以行动研究的方式进行。行动研究是"教师研究者开展的一种系统的调查……就一些具体问题收集信息，包括（教学环境）如何运转，如何教学，学生学得如何等"（Mills, 2014, 第8页）。进行项目式学习的教师将该方法作为一种研究方法，调查老师和学生对于项目式学习的看法（参见 Beckett & Zhao, 2014）。行动研究遵循循环式的更迭：观察—思考—行动（Stringer, 2014）。"观察"包括对现有的形式进行了解，收集关于问题的信息；"思考"包括阐释和分析数据；"行动"包括用实际方案解决问题，并不断发展。这三个因素一起构成了行动研究的一轮循环。

在本研究中，"观察"包括收集该课程以前如何上课的信息，然后根据项目式课程开始制定第一轮计划，过程中收集收据以便后续的分析。这些数据包括学生的初稿和最终产品、共同建构的测评工具、教学单元、学期计划的各个版本、学生的反思以及最终的话题展示。"思考"描述分析课程设计的情况。为了强调这部分，我们使用了斯托勒项目式学习课程的10个特点的理论框架，后文会详细介绍。"行动"代表我们通过循环得出的结论和为下一步课程循环所做的计划。在本章，我们只关注第一轮的行动研究，当然结合循环研究的精神，我们也为下一步的研究提供参考。

斯托勒对项目式学习进行研究，并建立理论框架，提出项目式学习课程若要有所成果，应该具有如下的特征：学习动力，积极参与和专业发展等。我们使用这个理念作为理论框架，目的是想确定它是否可以适用于小规模的课程。如果适用，项目式学习的概念就可以扩展到小班教学类课程中。

理论上来说，好的项目式学习课程应该包含以下特点：

1. 兼具过程和结果导向；
2. 至少部分由学生来主导；
3. 延续一段时间（不仅一节课）；
4. 鼓励各种技能的交叉应用：技术和交流技巧；
5. 兼顾语言和内容学习；
6. 学生通过小组和个人学习；
7. 要求学生对自己的学习负责，从目的语资源中收集整理并展示信息；
8. 教师和学生承担新的角色和责任；
9. 为更多受众提供有形的最终产品；
10. 最后以学生对过程和产品的反思结束。

虽然不是所有的项目式学习课程都具有这些特点，以上 10 点代表了在这些课程中加强学习和提高学习参与度的重要因素，这也是我们课程的目标。然而，就我们所知，斯托勒的框架并没有在小型课堂上实证过。因此，除了给我们的数据分析提供一个有价值的框架，我们对该框架的使用也可以让项目式学习的理念扩展到小规模的课程中。

## 研究背景

该研究在北美一个大学的德语系语言课程进行。学生在第一年和第二年进行听、说、读、写训练，为德语打下坚实的基础。第三年，德语课更有针对性，相关课程只专注于读、写或者听、说。第四年，学生上高阶德语语法课和德语"应用"课程，将高阶语言技巧应用到日常生活中。该应用课叫作"语言高级项目"，这门课就是我们研究的对象。

这门课每周三次，每次 50 分钟，共 13 周，以德语授课。课程之初，使用欧盟语言参考框架（CEFR）（欧盟委员会，2001），重点进行学生自我评估和目标设定。越来越多的高阶语言课程设置以 CEFR 为参考标准，课程设置设计人员认识到项目式学习作为一种课程设计，可以对标具体的语言水准（Arslan & Ozenici, 2017）。本课程对标的是 B2（即中高熟练水平），所以学生需要理解语言测评的含义，他们当前所处的水平以及为了提高语言技能需要做的努力。学生在展示初步的项目主题时，我们认为对标 B2 这一水平比较适用于本项目。

最初的技术教学单元集中在 Web 2.0 工具，技术工具可以为今后的学习提供帮助，而且可以激发后期作业的创造性（参见 Casal & Bikowski, 2020, 第九章）。对计算机软件设计的理解意味着学生所学可以在不同平台上转换，那么今后即使需要学习使用电影制作软件，他们也可以利用德语讨论技术使用问题。

稍后，学生提出不同项目的主题：街头艺术、烘焙和音乐。在主题之下，学生还要考虑具体内容（即具体的分项目）。每个分项目要涵盖总项目的不同部分。换句话说，即使内容会有些许交叉，每个分项目的内容必须是新的。根据系里的要求，最终的产品形式必须事先确定。所以这三个学习任务最后的成果呈现形式必须是一个视频、一个网站和一个展览。这些项目鼓励多模态，通过各种方式进行交流（例如，视频、演说、音频等）（Kress, 2010）。这些项目也让学生接触到更多人，学生也觉得真实，有参与积极性（Foss et al., 2007）。这些是有技术性的项目式学习的优势，通过技术，多模态以及与外界的更多接触成为可能。

接下来的课程围绕三个因素展开：为满足学生需求而设置的小型班级授课方式，项目开展与反馈链；展示汇报；课程结束庆祝（像看电影一样，边吃爆米花边回顾课程）。小型班级授课内容包括前面提到的 Web 2.0、CEFR 讲解、翻译研究介绍、漫画背后的理论以及如何确定作业标准和共同建立评分标准。项目过程中，学生会到图书馆媒体制作中心参观，开展个人项目，以及在教师和助教的帮助下完成项目。反馈环节包括学生在规定的期限内相互展示初步成果，师生根据共同制定的评分标准进行口头或书面反馈。制定评分标准的过程能帮助学生了解二语测评，并通过每个项目扩大德语词汇量。教师围绕学生的项目结构给予指导，助教就评分标准里的词汇给予详细的反馈。

学习的亮点部分包括与一个中级德语课进行实时共享进度，在系里的网站上分享在线文章，在学校的语言研究中心进行海报展示。这些方式为学生的最终成果提供了真实的受众。

此章的作者是该课程的两位教师，罗斯维塔和伯纳黛特以及三位学生克里斯蒂娜、安雅和加勒特。罗斯维塔是正式的教师，学过教学法，对项目式学习有些经验，但没有在这类小班教学的经验。伯纳黛特是助教，没有这类教学法方面的经验。三个学生也表示之前在大学里没有经历过这种课程设计。所以，这个课程的循环方式对所有人都是一种相对新的体验。

# 语言高级项目：第一轮循环

为了解课程，首先有必要介绍学生选择的项目主题，以及这三个项目是如何最终以视频、网站文章和汇报展示的方式呈现。在选择项目主题时每个学生都有个人的动机，有时与他们的职业规划有关系，例如，克里斯蒂娜想学习德式烘焙，她的视频内容是如何烘焙法兰克福圈形蛋糕。她的展示是关于德式椒盐蝴蝶饼干，她做了这种饼干，除了用于报告，还拿来分享给大家，她的网站文章记录了她学习烘焙的过程和另一个项目。安雅选择了街头艺术主题，因为她想研究芭芭拉的艺术。芭芭拉是一个在海德尔堡从事街头创作的艺术家。在网站上，安雅记录了每个展示背后的思考和学习。加勒特创作了一个如何学习钢琴的课程视频，把一首流行歌从德语翻译成英文，在网站上分类别列出正式翻译成英文的歌曲库。虽然有些简单，但这个三个项目代表了这些学生希望学习的方向。每位学生都参与到了这三个项目中，因此这也是一个集体学习的过程。

## 观察

以前，"语言高级项目"这门课程也开过，但是课程描述表明这只是以教师为主的传统文学和文化课程。由于信息很少，具体这个课程是如何设计的，人们不得而知。根据课程的大纲和之前教师的经验，现在的任课教师和助教罗斯维塔和伯纳黛特意识到学生习惯于以论文和展示作为考核方式。在设计课程时，罗斯维塔把重点放在她觉得会让这门课程独特的元素上：学生自己决定项目，运用新兴技术做出成果以及教师循环反馈。虽然由于项目主题不可事先预估，因而准备工作受到限制，但一旦学生有什么想法，就可以融入课程中。最初，我们的研究数据仅限于最终成果，但是，随着对教学的反思，我们将共同创建的评分标准、课程整体安排以及学生的反馈都作为了重要的数据来源。为了保证所有数据符合职业规范要求，我们邀请学生作为合作者加入此项研究。

## 思考

在该环节，我们分析了本课程的设计与斯托勒的有理论基础的项目式学习课程的 10 个特点之间的相似度。我们研究了课程计划（例如，教学大纲和最初的学期计划）、过程（例如，学期计划修改稿和对学生初稿的反馈）以及产品（例如，最后的作业、在线文章与展示）。这些都展示了我们如何为一个小型的高阶德语班学生设计和开展项目式教学。基于这些特点，我们在本部分提供了部分例子。

项目式学习课程兼具过程和结果导向。在这门课上，过程导向非常明显，学生需要完成三个子项目，因此要花时间学习技术，例如如何创建一个网站。每个学生在一开始时就要提交书面的项目计划安排，阐述主题以及如何在三个子项目中（即以视频、网站和口头报告的形式）实现该主题。这个计划需要就相关话题进行初步语言学习。学生也需要去调查所选主题背后的词汇和关键概念，并在写作计划的过程中使用合适的文体和风格。他们对此文体的部分因素比较熟悉，但首先他们需要学习与主题相关的词汇。

在随后的反馈节点上，他们继续参与，做好计划，进行语言学习。这些检查节点帮助学生关注课堂学习的重点，不至于偏航。在节点后，学生对之前的工作进行回顾并继续改进。在反馈环节，主要在技术或者语言上进行讨论，但学生必须要用德语说出有建设性的意见。加勒特希望自己的发音准确无误，所以在第一次的视频中，他说得既慢又很小心。小组其他成员认为他说的不自然,然后给他提出建议(例如,Wenn du schneller sprechen könntest, dann würde die Sprache natürlicher vorkommen [ 如果你能说得快一点,那你听上去可能更自然些 ])。根据这个语言反馈,为了更符合油管视频的风格,加勒特对视频独白不断练习,以更自然的语速进行录制。同样对于技术的学习也给出了类似的反馈。克里斯蒂娜删除了因为没关闭 iPad 循环功能而出现的黑块,重新录制了视频。安雅对视频重新编辑,减慢了视频上下滑动的速度,以免让观看者感到眩晕。通过这种有技术含量的项目式学习,学生最后完成了高质量的视频,这些成果归功于全班同学的反馈意见和个人的努力。

项目式学习课程中的项目至少部分由学生决定。梅耶和弗雷斯特(Meyer and Forester, 2015)指出,项目式学习可以提高学生学习德语的动力,帮助他们将学习运用到个人职业发展目标上去。学生汇报时表示,可以自由选择项目燃起了他们的动力,帮助他们推进项目达成目标。学生有动力更精确地用德语表达自己的想法,因为他们的项目对个人来说很有意义。在大型班级上,个人为了在项目上与小组成员达成一致意见,可能需要妥协。然而在这个小班上,学生可以自己选择感兴趣的非常细化的主题。加勒特解释说他"在大学里一直想取得德语和音乐两个学位,所以,只要有可能,他希望能够把将这两个兴趣结合到一起……"(课程后的反思)。这门课上,正如斯托勒(Stoller, 2006)所提倡的那样,几个学生都根据个人兴趣或者职业兴趣选择了主题,他们的语言学习也主要围绕自己感兴趣的话题展开。

项目式学习开展的项目会延续一段时间。当项目式学习在短期课程上开展,研究人员报告说因为时间不足,同伴和教师反馈受到限制,导致项目无法展开(Foss et al., 2007)。这门课上,学生有一个学期的时间展开主题调查,有时间去深入探索主题的几个方面,并进行反思,这样他们的项目才更有意义。当然,不像大型班级上的小组合作,他们个人对自己的项目负全责。这个时间长度也使得教师可以对学生的兴趣进行针对性教学,并适当调整最初的学期计划,同伴和教师也能给予反馈,课外的观众也能参与其中。由于班级规模很小,总的项目很少,所以可以实现这种灵活性。而大型班级的教师,由于小组项目很多,可能无法针对班级成员的需求做出很多调整。

项目式学习鼓励各种技巧的自然融合。本课程中的技巧包括技术和交流技巧。后者包括语言和语用。学生学习了 Web 2.0 工具和网站建构技巧。斯塔克斯–约伯和穆勒（Starks-Yoble and Moeller，2015）表示技术可以帮助学生在德语课堂上提高学习水平，因为技术可能让学生更有创意地用目的语表达自己的想法。而且，他们能够通过在真实的德语环境下通过研究提高自己的语言水平。在本课程中，学生学习使用电影制作软件，制作视频，用德语讲述制作过程。而且，他们通过在真实的德语环境中进行研究，修改草稿，就具体的某一领域进行班级讨论（例如，音乐、烘焙、技术、文学、流行文化和当下事件等），提高了语言水平。他们还锻炼了讲述和现场口头报告的技巧。当问到对课程的反馈时，学生在重点需要说明的部分表达清晰，整个过程非常自然。这一点不是针对小组或者个人项目，而是总体上项目式学习的情况都是如此。

兼顾语言和内容学习是二语领域项目式学习课程的一个关注点。加勒特选择了翻译歌曲作为分项目，他发现要想保持歌曲的体裁文体完整，找到对等的表达非常有挑战性。例如，他对于如何翻译"不要停止考虑明天"（Fleetwood Mac）感到非常纠结。安雅希望通过在校园和她所在的社区张贴海报，以类似的创造性内容再现芭芭拉的机智评论。例如，在一个回收分类站，她张贴了一个心形贴纸，里面写着"垃圾分类"（Mülltrennung），以此来支持学校新的回收体系。这个贴纸让她想到了德国复杂的垃圾管理系统，尤其是家庭垃圾的分类和再回收利用。语言和内容学习对克里斯蒂娜来说很有意义，她说，"毫无疑问，通过这次的体验，我看到了文化研究的更高层面，而且扩大了我在食物和烹饪方面的相关词汇量"（课程结束后的反思）。语言和内容的兼顾，需要这两个方面相结合。对于小型班级，因为项目数量更少，而且定义更清晰，教师可以将内容和语言学习更好地融合。

项目式学习包括小组学习和个人学习。最初，项目式学习被认为是在大型班级将学生分组进行学习的方法。但是，本课程上的个人项目加入了小组反馈环节，他们一起阅读、观看和分享同学的项目进展。这个小组环节让他们相互反馈，因此个人不仅只专注于自己的项目，还对其他人的话

## 第四章·高阶德语课堂项目式学习：内容与语言学习融合

题有所了解，老师和同学们对这三个项目的内容也都有了更好的了解。过程中，学生也需要熟悉其他项目的词汇，从而也促进了他们的语言学习。

斯托勒（Stoller, 2006）注意到二语课堂的项目式学习要求学生对自己的学习负责，从目标语资源中收集、整理和报告相关信息。在进行个人项目时，学生的语言学习量和类型取决于对自己是否负责，因此责任心非常重要。这种语言学习中的自主性提高是项目式学习的一个好处，很多其他研究人员也观察到这一点（例如，Lam & Lawrence, 2002）。罗斯维塔和伯纳黛特也为同学们的项目提供了额外的信息。例如，克里斯蒂娜在寻找德式脆饼干的上糖色方法时，罗斯维塔在德国社区的一个熟人提供了帮助。德国老奶奶的手写上糖色方法是真实的目标语资源，正是克里斯蒂娜需要研究的。安雅的主题更加现代，她需要在德语网站上找到资源。安雅说："我发现，通过 Tumblr，我找到了好多原汁原味的德语资料，通过阅读德国人写的帖子，以及查阅背景资料，大大提高了我的语言技巧，加深了我对德国文化的理解。"（课后反思）。传统的围绕主题开展的课程，学生自己寻找资源是一个挑战。但是在该课程上，学生挑战自身，从而增加了语言学习机会。他们用目标语讨论内容，提高了他们在课程主题相关领域的能力。

在项目式学习中，老师和学生承担了新的角色和责任（Stoller, 2006）。与其他项目式学习研究一样（例如，Lam & Lawrence, 2002），该课程上，罗斯维塔和伯纳黛特在技术、语言方面给学生提出要求，为他们提供学习资源。他们像教练一样，鼓励学生挑战自己，在语言和内容上力争出色表现。同时，他们也是反思性的实践者，总是时刻观察自己的实践以不断改进，不断前进。学生扮演了计划者的角色，而这通常是教师的职责范畴。通过项目式学习，学生学到了如何学习，如何作为自主的学习者提升相关技巧，根据整体的课程安排规划出自己的步骤（Starks-Yoble & Moeller, 2015）。要扮演好这个角色、履行这些职责并不容易。这个课本来有四个学生，但是有一个学生可能因为时间管理问题，错过了提交初稿的截止日期，错失了通过其他同学的反馈而进一步修改的机会，从而中途退出了课程。项目式学习要求教师和学生都要有很强的责任感。如果班级规模很小，需要开展个人项目，对某些学生来说，可能会感到无力或者不愿意承担这种新的、更大的责任。

同时，学生也需要较高的沟通技巧，他们之间需要沟通，也应该与更广大的受众进行沟通，其中包括参加他们报告的德语水平更低的学生。学生参与同伴反馈环节意味着需要互评和自评，对大多数学生来说还是第一次有这样的体验。项目式学习设计设置了这些不同的角色，但未要求他们做到，但项目式学习设计在这些角色成功转换发生时才是最有效的。

斯托勒报告说，项目式学习课程设计可以为更多受众带来有形的最终产品。这些最终产品可以是小组或者个人产品。通过关注受众，学生更有动力关注主题背后的意义和受众的感受（Starks-Yoble & Moeller, 2015）。上传到油管、链接到学生网站的视频，其受众就是整个互联网，也可以说是这些网站的本身。项目式学习融合了技术因素，通过互联网自然能够吸引更多的受众。学生在展示时会分享在线链接观众主要分为两种，在中级德语班进行口头报告时，观众包括该班学生及老师。在学校的语言中心长时间展示的海报，观众则是来往的人们。观众面广量大，激励学生产出更高质量的成果。

具有理论依据的项目式学习课程最后以学生对过程和成果的反思结束。对于小规模的课来说，反思环节最容易，但是任何规模的班级都能做到。罗斯维塔最初并没有设计反思环节，但是她申请报告场地时，系里的秘书向学生提了两个问题，并要求大家提供书面答案：

你的项目想法是如何产生的？

到目前为止，你如何把你从这个项目/班上学到的东西融合到其他学习过程中？这与你整体的教育目标匹配程度如何，有什么帮助？

第二个问题可以看作是个反思性问题。安雅回答："这门课上的项目帮助我进一步了解德国当代文化，我也更深入地探索了。"（课后反思）。她的回答表明了通过这门课，她了解了更多当代文化，而她所上的其他课程无法提供这些。加勒特说："我们通过这门课上的大项目（制作视频、网站以及公开口头报告）学到了一些新技巧，在学校的其他课上或者毕业后工作中都可以用到"（课后反思）。加勒特提到的与生活的相关性是因为这些任务的真实性（Moje et al., 2001）。这种教学法与安雅的职业目标直接相关，她说："我准备做一名老师，如果有机会上课，我很愿意把项目式学习融入我的课堂中"（课后反思）。这些课后反思不仅给我们教师提供了反馈，表明我们对项目式学习的选择和执行都在正确的轨道上，也给学生机会反思，他们对自己在学期过程中的个人进步做出了清晰的阐述。

## 结论

在把这个高阶德语课设计成项目式学习课程时，我们探索了斯托勒（Stoller, 2006）针对项目式学习课程的 10 个特点是否也适用于小班课程。通过观察这些特点，我们也理解了项目式学习设计如何帮助学生体会这门课的吸引力和对他们个人的意义。具体来说，这门课的三个产品融合了技术、内容和语言，而且质量很高，与相应文体契合。课程设计把个人项目和小组活动穿插到一起，增强了个人在项目主题上的学习自主性，小组针对他人和教师反馈进行反思和调整。通过观察项目式学习，我们不禁思考如何在小型的课堂上进一步推进项目式学习。

在对这次的经历进行反思时，我们发现最让我们吃惊的是项目式学习课程教学引起了角色的重新定位。显然，对学生来说，"得到许可"自己选择主题并根据三个分项目合理分配工作是个很大的挑战。对学生而言，小组可以提供帮助，但是自己可以主导个人项目。对老师来说，他们的任务不仅是讲课，这意味着他们无法提前准备好一切，所以必须保持开放心态，根据项目主题的性质调整课程安排，也要帮助学生克服困难。我们发现，有必要说明自主性、时间管理和团队合作是大家共同的责任。优秀教师可能会认为这种项目式学习比传统的课程更有挑战性。刚开始，老师与学生可能都不适应新的角色，但是随着时间的推进，通过合作与帮助，大家就逐渐适应了这些角色。这种思考表明项目式学习的挑战有些不一定是班级人数少造成的，而是因为个人高度自主和小组责任对人数少的班级要求更高，对小组工作要求低一些。在自主学习、时间管理和团队合作上，有的学生可能比其他人更加吃力，例如，我们有个学生就退出了课程。因此，实行项目式学习的教师在设计小型班级的项目式学习课程时需要考虑要求的标准。

此外，有些语言教师感到有必要量化学生在语言知识上取得的进步。

项目式学习的收获可能是领域相关，有些深度的学习不一定能在短时间内显示效果。然而，我们要对我们的同事负责，需要指出学生的进步，例如，通过项目式学习实现语言的进步（Beckett, 1999; Beckett & Slater, 2005）。我们通过整体性的评分标准对此进行测评，评分标准包括展示成果时的发音是否准确、讲述是否流畅及写作水平等。然而我们意识到，在评估过程中缺乏语言目标的测评是本研究的一个不足，下一步的研究应该继续探索。

如果要根据该研究和我们对该研究的不足反思而进一步采取行动，我们认为有必要对项目式学习过程中的教师角色进行研究，对高校教师的反思性教学变化进行研究。我们自行开展了下一轮的研究，了解学生对项目式学习的看法和经验，同时收集关于具体语言进步的相关数据。下一轮将重点关注本轮出现的教师和学生所遇到的挑战。

在高阶德语课程上对于项目式学习设计的研究帮助我们理解在小班情况下如何定义项目式学习。有些小型的项目式学习课程，尤其是融入了技术的项目，可以帮助学生提高参与度与自主学习意识，促进语言进步。但是教师需要注意的问题如下：提出的要求是否过高；如何重新定义老师与学生的角色；如何在项目式学习中量化学生具体的语言进步等。如今高等教育二语课堂都在努力提高教学水平，本研究对课程相关因素进行探讨，为将来小型班级开展项目式学习研究指出方向。

# 参考文献

Arslan, A., & Ozenici, S. (2017). A CEFR-based curriculum design for tertiary education level. *International Journal of Languages' Education and Teaching*, 5(3), 12–36. doi:10.18298/ijlet.1778

Beckett, G. (1999). *Project-based Instruction in a Canadian secondary school's ESL classes: Goals and evaluations* (Unpublished doctoral dissertation). University of British Columbia. Retrieved from https://circle.ubc.ca/bitstream/

id/24487/ubc_1999-463176.pdf

Beckett, G., & Slater, T. (2005). The project framework: A tool for language, content, and skills integration. *ELT Journal,* 59(2), 108–116. doi:10.1093/eltj/cci024

Beckett, G., & Slater, T. (2018). Technology-integrated project-based language learning. In C. Chapelle (Ed.), *The encyclopedia of applied linguistics.* Oxford: Wiley-Blackwell. doi:10.1002/9781405198431.wbeal1487

Beckett, G., & Zhao, J. (2014). Project-based Chinese as a Foreign Language instruction: A teacher research approach. *Journal of the Chinese Language Teachers Association*, 49(2), 45–73. doi:10.4018/978-1-4666-6603-0.ch007

Brown, B. (2006). French gastronomy through project work in college classes. In G. Beckett & P. C. Miller (Eds.), *Project-based second and foreign language education: Past, present, and future* (pp. 215–224). Greenwich, CO: Information Age Publishing.

Calogerakou, C., & Vlachos, K. (2011). Films and blogs: An authentic approach to improve the writing skill—An intercultural project-based framework in the senior high state school. *Research Papers in Language Teaching and Learning*, 2(1), 98–110. Retrieved from http://rpltl.eap.gr

Casal, J. E., & Bikowski, D. (2020). A framework for learning with digital resources: Applications for project-based language learning. In G. H. Beckett & T. Slater (Eds.), *Global perspectives on project-based language learning, teaching, and assessment: Key approaches, technology tools, and frameworks* (pp. 167–184). New York: Routledge.

Council of Europe. (2001). *Common European framework of reference for languages: Learning, teaching, assessment.* Strasbourg: Press Syndicate of the University of Cambridge.

Eppelsheimer, N. (2017). Food for thought: Exotisches und Hausmannskost " zum interkulturellen Lernen. *Die Unterrichtspraxis*, 45(1), 5–19. doi:10.11 11/j.1756–1221.2012.00114.x

Eskrootchi, R., & Oskrochi, G. R. (2010). A study of the efficacy of project-based learning integrated with computer-based simulation—STELLA. *Educational Technology & Society,* 13(1), 236–245. Retrieved from www.jstor.org/stable/jeductechsoci.13.1.236.

Foss, P., Carney, N., McDonald, K., & Rooks, M. (2007). Project-based learning activities for short-term intensive English programs. *Asian EFL Journal,* 23, 1–19. Retrieved from www.asian-efl-journal.com

Gülbahar, Y., & Tinmaz, H. (2006). Implementing project-based learning an e-portfolio assessment in an undergraduate course. *Journal of Research on Technology in Education,* 5191, 309–328. doi:10.1080/15391523.2006.10782462

Hsieh, L. W. K. (2012). *Technology supported PBL in a Taiwanese university oral communication course: A case study* (Unpublished doctoral dissertation). Alliant International University. Retrieved from www.learntechlib.org/p/118029/.

Kooloos, J., Klaassen, T., Vereijken, M., van Kuppeveld, S., Bolhuis, S., & Vorstenbosch, M. (2011). Collaborative group work: Effects of group size and assignment structure on learning gain, student satisfaction and perceived participation. *Medical Teacher,* 33(12), 983–988. doi:10.3109/0142159X.2011.588733

Kress, G. (2010). *Multimodality: A social semiotic approach to contemporary curriculum.* London, UK: Routledge.

Krsteva, M., & Kukubajska, M. E. (2014). The role of literature in foreign language learning. *Procedia—Social and Behavioral Sciences,* 116, 3605–3608. doi:10.1057/9781137443663_16

Lam, Y., & Lawrence, G. (2002). Teacher-student role redefinition during a computer-based second language project: Are computers catalysts for empowering change? *Computer Assisted Language Learning,* 15(3), 295–315. doi:10.1076/call.15.3.295.8185

Legutke, M., & Thomas, H. (1991). *Process and experience in the language classroom.* London, UK: Longman Group.

Markham, T., Larmer, J., & Ravitz, J. (2003). *Project-based learning handbook: A guide to standards-focused Project-based Learning* (2nd ed.). Novato, CA: Buck Institute for Education.

Martínez, F., Herrero, L. C., & de Pablo, S. (2011). Project-based learning and rubrics in the teaching of power supplies and photovoltaic electricity. *IEEE Transactions on Education,* 54(1), 87–96. doi:10.1109/TE.2010.2044506

Meyer, E., & Forester, L. (2015). Implementing student-produced video projects in language courses: Guidelines and lessons learned. *Die Unterrichtspraxis/Teaching German*, 48(2), 192–210. doi:10.1111/tger.10195

Miller, L., Hafner, C. A., & Ng, K. F. C. (2012). Project-based learning in a technologically enhanced learning environment for second language learners: Students' perceptions. *E-Learning and Digital Media*, 9(2), 183–195. doi:10.2304/elea.2012.9.2.183

Mills, G. E. (2014). Action research: A guide for the teacher researcher. Boston, MA: Pearson.

Moje, E. B., Tehanicollazo, R., & Marx, A. (2001). "Maestro, what is 'quality'?": Language, literacy, and discourse in project-based science. *Journal of Research in Science Teaching,* 38(4), 469–498. doi:10.1002/tea.1014

Starks-Yoble, G., & Moeller, A. J. (2015). Learning German with technology: The student perspective. *Die Unterrichtspraxis/Teaching German*, 48(1), 41–58. doi:10.1111/tger.10180

Stoddart, A., Chan, J. Y. Y., & Liu, G. Z. (2016). Enhancing successful outcomes of wiki-based collaborative writing: A state-of-the-art review of facilitation frameworks. *Interactive Learning Environments,* 24(1), 142–157. doi:10.1080/10494820.2013.825810

Stoller, F. (2006). Establishing a theoretical foundation for project-based learning in second and foreign language contexts. In G. H. Beckett & P. C. Miller (Eds.), *Project-based second and foreign language education: Past, present, and future* (pp. 19–40). Greenwich, CO: Information Age Publishing.

Stringer, E. T. (2014). *Action research*. Los Angeles: Sage Publications.

Ünver, Ş. (2008). Förderung der konstruktivistischen Handlungskompetenz türkischer DaF-Lehramtsstudenten durch einen gemeinsam geschriebenen Roman. *Die Unterrichtspraxis*, 41(2), 151–160. doi:10.1111/j.1756-1221.2008.00020.x

# 第五章 疫病之下的医学院：真实游戏促进学习动机、参与度与语言习得案例研究

巴拿巴斯·J. 马丁[①]
（Barnabas J. Martin）

## 引言

本章调查了依托游戏的学习（GBL）作为潜在有效技术手段在项目式语言学习（PBLL）中的作用。尤其是调查了精心挑选的游戏是否可以提高学生参与相关内容和语言学习的积极性。首先，本章限定了技术游戏的种类，讨论了教育者在选择的过程中需要考虑的内容，然后，本章介绍了该研究中使用的游戏、该游戏所在的教育场景、参与者、研究步骤、研究问题和研究发现。

---

[①] **巴拿巴斯·马丁**（Barnabas J. Martin）：日本千叶成田国际医疗福祉大学医学院讲师。辛辛那提大学读写能力和二语研究教育博士。研究探索基于游戏的学习、通过媒体习得语言以及速记。

## 游戏里有什么？

技术类的游戏主要可以分为三种或三类：教育类、严肃类和真实类。教育类游戏的定义这些年有所变化，随着"严肃游戏"的出现，更为如此。这个时代，游戏带来安慰，个人电脑日益普及，圣吉（Senge, 1994）把教育类游戏作为在线执行真实任务、培养解决问题和思辨思维能力的一种方式。这个定义中，有个关键元素可以区分严肃游戏和教育游戏：教育类游戏作为一种安全练习手段，得分、暴力和失败的危险不会影响游戏体验。钢琴模拟练习软件是教育类游戏的一个例子。用户按错音键，也无需担心因为弹错音而受到惩罚。然而从现代视角看，教育类游戏仅限于重复性的操练活动，往往局限于低水平的学习形式，总体上很快就会令人厌倦（Kirriemuir & McFarlane, 2003）。詹金斯、斯夸尔和谭（Jenkins, Squire, and Tan, 2004）把教育类游戏生动地比作"带有菠菜颜色的圣代，不是很健康而且也不怎么好吃"（244 页）。

马什（Marsh, 2011）将严肃游戏与教育游戏区分开来，认为严肃游戏是"数字游戏，通过模拟、虚拟环境和混合现实/媒体，通过响应性的叙事/故事、游戏性或相遇场景提供参与活动的机会，以传播信息、制造影响、令人愉悦、和/或体验来传达意义"（第 63 页）。我们可以从这个定义中看到游戏的重要性，它是响应性的，并传达了一个有吸引力的叙述。此外，为了更清楚地将严肃游戏与教育游戏区分开来，我们必须记住，严肃游戏包含风险、分数、危险或暴力的元素。此外，严肃游戏打算让用户应用他们在现实生活中获得的知识（Djaouti, Alvarez, Jessel, & Rampnoux, 2011）。例如，带有医学叙述的严肃游戏可能包括与用户的表现直接相关的病人死亡或误诊的情况。同样，许多严肃游戏通过反馈对用户的表现进行评分，通过测试、评估和改进假设的循环来帮助用户学习（Malone, 1981）。例如，《预后：你的诊断》（2018 年由 Medical Joyworks 制作），通过一星、二星或三星评级系统来评估用户的表现。这有助于用户内化他们当前的理解和知识水平，反思需要改进的地方，并进一步激励他们超越此前对该场景的尝试（Malone, 1981）。

## 第五章 · 疫病之下的医学院：真实游戏促进学习动机、参与度与语言习得案例研究

目前市场上绝大多数的游戏，包括我们这里使用的，都可以归类为真实游戏。真实游戏这个标签表明开发者并不打算用这些游戏作为教学工具，而是把它们作为本族语言文化使用者的一种娱乐方式。但是，仅把这些游戏描述为"商业化的"，会让人忽视这些游戏独立开发、免费发行、免费下载等方面的特点（虽然可以付费，但是不花钱也可以玩）。这样，把之前描述为教育类和严肃类之外的所有游戏种类归为真实的似乎更合适。

就教育价值而言，这三种类型的电子游戏既有优势，也有劣势。教育类游戏允许用户以自己的节奏与游戏互动，但往往缺乏许多促进持久动力和持续游戏的品质。严肃游戏可能有助于交流现实生活中可转移的技能，并具有如挑战、与游戏进展相关的反馈和幻想等激励因素，但它们也倾向于限制用户控制叙述和游戏。而真实的游戏，虽然并非有意为教育目的而设计，但往往通过自由选择、随机性、控制感、幻想和叙事来吸引用户，而这些特征、进步和成就感会促进重复游戏。反复游戏会转化为持续的努力，这会促进学习（Gee, 2003a）。

尽管通过真实游戏获得的学习可能在现实生活中无法适用，但其真实性可能使它们非常适合语言学习。这些真实游戏设计的目标对象是母语使用者，会帮助非母语者接触到真实的书面和 / 或听觉语言。此外，真实游戏的数量和种类以及它们的受欢迎程度为用户和电子游戏爱好者创造了在游戏之外相互联系的途径（Annetta, 2008; Steinkuehler, 2007）。

## 以技术为基础的游戏和动机

1948 年，小托马斯·戈登史密斯（Thomas T. Goldsmith, Jr.）和埃斯特·雷·曼恩（Estle Ray Mann）提交了第一款互动电子游戏专利申请，他们称该游戏为"阴极射线管娱乐装置"（Goldsmith, Jr. & Mann, 1948）。后来在 20 世纪 70 年代，学者们开始探索使用计算机游戏辅助内容学习（例如，Burton & Brown, 1979; Carr & Goldstein, 1977）。但是，直到 20 世纪 80 年代，学者们才开始探寻人们玩电脑或游戏背后的动机（Malone, 1980）。

虽然马龙（Malone）当时用来确定动机的游戏和电子游戏跟我们如今

在电视或移动设备上看到的很不相同,但是他的分析所揭示的关键因素如今仍然适用。马龙和莱佩尔(Malone and Lepper, 1987)认为游戏中用户合作、竞争以及可以与游戏建立联系的能力可以对人际动机有正面影响。对于个人动机,他们发现电子游戏具有挑战性、令人遐想、可以控制以及令人产生好奇心等特点,对于激励用户非常有效。吉(Gee, 2003b)也强调个人与游戏之间的相关性很重要,他写道:"好的电脑和游戏真正的重要性在于他们允许人们在一个全新的世界中重新创造自己,既享受娱乐又能够深度学习(第3页)。"所以不奇怪,在提到电脑和游戏的吸引力时,很多作者都提到这些游戏最具有吸引力的一个特点就是他们赋予用户的控制感(de Zamaróczy, 2017; Gee, 2003a; Malone & Lepper, 1987; Salter, 2011; Voorhees, 2009)。

电子游戏能够激发用户的幻想感是产生动机的一个重要因素。马龙和莱佩尔(Malone & Lepper, 1987)将幻想定义为一种环境,使用户能够"唤起实际不存在的物质或社会情况的心理图像"(第240页)。叙事为游戏中的故事建立了背景,并帮助用户理解游戏的重要性和意义,所以仍然特别重要。真实性直接关系到用户的社会文化背景,如果没有这种真实性,内在动机会下降(de Freitas et al., 2012)。因为学生来自不同的文化,必须能够与电子游戏建立跨文化的联系,这在语言学习中尤其如此(Kern, 2006)。

尽管与游戏和学习有关的研究还没有显示出二者之间恒定的显著相关性,特别是在严肃游戏和学习之间(Girard, Ecalle, & Magnan, 2012),但游戏的社会性往往会转化为学习。吉拉德等人(Girard et al., 2012)提到,组团游戏始终比个人游戏学习效率更高,许多研究指出,大型多人在线角色扮演游戏(MMORPGs)对接触和发展读写能力有积极影响(例如,Gee, 2003a; Steinkuehler, 2007)。例如,利安德和洛沃恩(Leander & Lovvorn, 2006)详细介绍了一个青少年为了能更好地与他在玩MMORPG时结识的芬兰朋友互动,决心自学芬兰语。苏、金和金(Suh, Kim & Kim, 2010)报告了他们与一群学习英语的五、六年级小学生一起参与一款严肃的在线角色扮演游戏的情况。他们的数据显示,大部分学生通过小组活动和聊天来解决游戏中的问题,从而产生学习和进步。

## 第五章・疫病之下的医学院：真实游戏促进学习动机、参与度与语言习得案例研究

真实的游戏具有自由选择和引人入胜的叙事特点，有可能激励和促进学习，这也是我们决定将依托游戏的学习纳入本研究中项目式语言学习单元的原因。由于学生需要获得语言技能和内容，因此，母语者参与的真实游戏是一个不错的选择。克拉申（Krashen, 1981）和斯维恩（Swain, 1985）强调，在母语和文化输入的环境中接触目标语言很重要，使用真实的游戏似乎可以提供这样的环境。我们选择了游戏"瘟疫公司"（Plague Inc., Ndemic Creations 公司 2012 年出品），是因为它符合真实游戏的标准，要求学生理解特定的内容，以便对流行病学和特定的医疗症状进行批判性思考。这里提出的研究在基于项目的教育背景下，探讨了老师和同学们在使用这个真实的游戏时对内容和语言学习的看法。

## 研究背景

日本政府在近 40 年禁止建立新的医学院之后，批准建立了国际医疗福祉大学（IUHW）（Akatsu, 2017）。该校校长要求，学生在校期间六年中，前两年所有必修课用英语教学，大多数选修课也用英语进行授课。而且，该大学要求所有教工通过积极的小组学习推动学生参与内容学习（IUHW, 2018a）。

除此以外，该大学提供和要求的英语教育课时比其他日本医学院都要多。一般的日本医学院要求学生完成与医学相关的英语学习每年不多于 23 小时（即 15 次 90 分钟的课），共计三年（Chiba University School of Medicine, 2018a, 2018b, 2018c）。相比之下，IUHW 的新生必须完成 240 小时的英语学习，也可以通过选修课程进行英语交流（每节课一个小时），再额外增加 180 小时的英语学习时间（IUHW, 2018b）。

学生通过英语学习相关内容，这种情况下，使用结合内容和语言的教学方法似乎再合适不过了。因此，在开展项目式学习单元时，有一系列因素会影响到此决定。最初开展项目式学习单元的动机主要是希望帮助学生更自在地开展小组合作，希望看到学生为自己的学习承担责任。由于游

戏在日本及日本的大学深受欢迎，学生也提到他们经常玩游戏，尤其是在手机上玩，所以，我们决定把项目式语言学习与依托游戏的教学相结合（"Famitsu Whitepaper on Video Games 2018"）。

## 该项目使用的电子游戏

"瘟疫公司"是一款真实的电子游戏，要求用户先选择一个起始国家，在所选的国家中有个秘密公司制造疾病并感染了一个病人。该公司的目标是通过不断改造该疾病，包括增加症状表现，改进传播方式，以及增强抗药性等防御能力，从而杀死所有人类。研发者詹姆斯·沃恩（James Vaughn）声称该游戏的"瘟疫模式"建立在广泛研究和算法之上（Khan, 2013）。因此，该游戏可以作为课堂上非常出色的手段，学生们可以通过该游戏学习包括社会经济和环境方面的流行病学、游戏中提到的医学症状，尤其是学习该游戏引擎通过使用现实细致的变量来模仿疾病在现实世界中的传播（Mitchell & Hamilton, 2017）。

使用该游戏的单元主要目标包括：（1）学习并记住与流行病学和基础医学相关的词汇，（2）培养思辨能力，（3）小组合作，（4）对具体的医学症状有一个总体的了解，（5）探索流行病学领域。有几个外在的因素影响了该"瘟疫公司"教学单元的设计。学生需要每周参加六个小时的医学科目课程，而该选修课每周只有一个小时，所以不能要求太高。虽然该课程每天上课，但每次都由不同的老师授课；因此，学生每周只在课堂上与"瘟疫公司"单元互动一次。鉴于学生必修课的工作量和该课程教学时间较短，该单元包括三节以项目为导向的课、三周小组准备报告，以及在最后一节课，各小组进行口头报告展示。作者设立了评分标准、开展单元末的调查来衡量学生的进展程度，同时，大学也进行调查，由学生在每节课后完成。最后，由一位具有医学学位的大学教师评估与基础医学和流行病学有关的进展。表 5.1 列出了"瘟疫公司"单元七周的流程安排。

第五章・疫病之下的医学院：真实游戏促进学习动机、参与度与语言习得案例研究

## 参与者

该研究包括 28 名大一的医学生，通过方便抽样将其分为两组（Dörnyei, 2007）。第一组包括 8 名男性和 6 名女性，平均年龄为 24.8 岁。TOEFL-ITP 分数从 477 到 540 不等，平均分数为 518。第二组有 11 名男性，但只有 3 名女性，男女比例更不平衡，而且平均年龄更小，为 20.9 岁。第二组的 TOEFL-ITP 分数在 487 至 540 之间，平均分数为 512。尽管参与项目的两组学生在英语交流框架中代表了不同的能力水平，学生的平均 TOEFL-ITP 总分却相对一致。根据平均分，两组学生都处于 CEFR 的 B1 级别。两组都各有 14 名学生，除参与本项目外，每节课都参加。

本研究的作者是一名教师，38 岁，母语为英语，拥有美国院校的教学硕士学位，把英语作为第二语言或其他语言进行教授。他从 2017 年 4 月医学院开设起就在此任教，但由于没有受过医学训练，便邀请了一位专门从事耳鼻喉科（ENT）手术的教师在旁协助。该医师在医学动物学、药理学和内科方面具有研究和教学经验，可以协助提供医学术语和解释，并为学生的口头报告提供指导。虽然这位医生是孟加拉人，他的高级医学培训、教学和研究却是在日本进行，而且始终用英语进行教学和互动。他具备医学背景，且英语水平不低，是协助上课的合适人选。

## 程序

该单元一共进行七周，其中前三周展开与项目相关的研究，中间三周学生在课堂外自行开展活动，最后一周在课堂上进行口头报告。与海特曼（Heitmann, 1996）所描述的各种项目式学习一致，前三周教师组织一系列项目相关的教学，既有教师主导的学习，也有一些小的相关项目参与，目的是帮助学生准备好最后的项目。

表 5.1 "瘟疫公司"单元为期七周的单元计划

| 学生任务 | 具体的语言技巧 | 跨学科活动以及能力 |
| --- | --- | --- |
| **第一周:"瘟疫公司"介绍和互动** | | |
| 组成团队<br>以小组为单位讨论,辩论和思考<br>听取其他小组对"瘟疫公司"的假设 | 因果讨论,介绍自己<br>提出观点、想法和假设<br>达成一致意见<br>提出辩论,反对方意见 | 人际能力:小组活动<br>流行病学:理解疾病如何因气候、环境、地理、人口、社会经济状况而传播<br>政治地理学:在地图上寻找辨识国家 |
| **第二周:掌握某系统独特的症状知识** | | |
| 学习某系统独特的症状<br>对该系统独特的症状进行分类,按重要性排序<br>总结该系统独特的症状 | 日英双语阅读理解、翻译<br>对小组做口头报告<br>确定并对重要的信息分类<br>组织材料,书面交流 | 人际能力:报告<br>医学知识:<br>了解身体某一系统相应的独特症状,其严重性以及可传染性。 |
| **第三周:报告和听取系统独特症状的报告** | | |
| 以小组的形式向同伴传授关于系统独特症状的信息<br>听取并理解关于系统独特症状的信息 | 以合适的语域进行口头交流<br>听力理解<br>做笔记 | 人际能力:教学<br>医学知识:<br>解释和理解身体某一系统相应的独特症状,其严重性以及可传染性。 |
| **第四–六周:与游戏展开互动并准备口头报告** | | |
| 独立工作<br>小组工作<br>玩"瘟疫公司"游戏<br>开始准备口头报告 | | 视觉艺术:口头报告的设计<br>网络信息技术:数字化游戏,截屏,口头报告制作 |

（续表）

| 学生任务 | 具体的语言技巧 | 跨学科活动以及能力 |
|---|---|---|
| 第七周：对"瘟疫公司"做口头报告和听取报告 | | |
| 总结并报告团队所开展的模拟病毒制造、发展执行以及结果<br>听取并分析其他各队研发的模拟病毒<br>对其他小组开发的模拟病毒进行开发研究，建议有效解决方案。 | 即席讲话<br>以合适的语域进行口头交流<br>听力理解<br>做笔记<br>提出观点，想法和假设<br>达成一致意见 | 人际能力：公共演讲，团队合作<br>政治地理学：在地图上寻找、辨识国家<br>流行病学：理解疾病如何因气候、环境、地理、人口、社会经济状况而传播<br>微生物学：预测如何预防病菌的传播和繁衍<br>医学知识：确定如何预防和治疗某些症状 |

在上一课结束后、"瘟疫公司"单元开始前，学生了解了"瘟疫公司"的背景及其优点，学习到它不仅模拟疾病的传播过程，还模拟不同症状对人体的影响。课上还介绍了项目式学习的概念和对该单元的期望，学生也有机会提问题。最后，学生可就"瘟疫公司"及其在课堂上应用表达看法。每个学生都同意参与这个单元和这项研究，并在课堂上使用"瘟疫公司"。学生在日记中表达了学习这个单元的好处；一个学生写道："我对这个游戏很满意。玩这个游戏也能帮助我们治疗疾病。"另外五名学生表示，玩一个旨在传播疾病的游戏也能帮助他们学习如何阻止和治愈疾病。

"瘟疫公司"单元的第一节课主要是介绍游戏，学生可以三人或四人组成团队来玩游戏，利用他们掌握的关于流行病学和基础医学的知识制定策略，并由各队代表向全班解释他们的策略。最后，各队有时间进行辩论，讨论这些策略的优点，然后投票决定应该实施哪种策略。游戏介绍帮助学生批判性地思考和分析把他们的疾病首先放在哪个国家以及原因。还让学生有机会思考流行病学知识、哪种传播方式对最初的人群最有效以及原因。这一课也让老师和耳鼻喉科医生通过听取团队讨论，评估学生对游戏中涉及的医学症状的知识水平。

第二节课重点是帮助学生更深层次地了解"瘟疫公司"提到的症状。在这系列课上，小组针对身体某一具体系统的一系列症状进行研究，并讲给同学们。小组用日语解释这些症状名称、每个症状是否会合理地促进疾病传播、每个症状对病人健康影响的严重程度，以及每个症状应该被判定为轻微还是严重。为了给各小组示范如何讲述信息种类，任课教师和耳鼻喉外科医生经过事先准备，讲解了与肠胃系统相关的信息。肠胃系统用于示范最佳，因为学生已经在医学课上学过其中的一些症状。学生以小组为单位，在第二次课剩下的时间里研究身体系统、各种症状，以及他们在"瘟疫公司"扮演的角色。外科医生在场指导和解释，如果有人需要，他会提供一些帮助。这项工作一直持续到第三节课。

在第三节课上，各小组在全班面前发言，并使用白板向同学们介绍他们所关注的身体系统的医学症状。学生明白了记下其他小组所讲的信息，这对他们至关重要，因为他们在课外玩"瘟疫公司"时将会用到这些信息，而且也为他们在医学课程中学习同样的材料内容提供了背景。耳鼻喉科医生评估了每个小组提供的信息，他肯定了内容的准确性，这也证实了学生在此前没有接触过任何学习材料。

在第三节课结束时，任课教师回顾了"瘟疫公司"单元最后一部分内容，即让每个小组准备五分钟的口头报告，报告在游戏中创造的疾病。为了确保每个学生完成"瘟疫公司"单元的学习目标，每个小组都收到了一份评分表，以指导他们的游戏和准备口头报告。根据评分标准，每组的口头报告需要介绍疾病、学生选择疾病起始国的原因，并概述该疾病的症状构成及其传播方式。此外，为了衡量学生对游戏中的疾病症状及其流行病学要素的理解程度，各小组还需要确定如何治疗这些症状并防止其他小组创造疾病的传播。虽然口头报告不需要大量的准备或游戏，但由于学生学业繁忙，各组有整整三周的时间来准备。这三周中，每周结束时老师的分别检查了各组的进度。

三周后，各小组进行口头报告，其形式类似。学生站在全班面前，使用事先准备的幻灯片进行报告。这些幻灯片包括一些诸如疾病名称、起始国家、传播方法、选择的症状和受感染的人数等细节。报告结束时，各小组提出了阻断或治疗其他小组创造的疾病的计划。参加这些课程的耳鼻喉科医生确认了各组推理的可行性。

每节课后，学生都会填写一份英日双语的匿名在线调查。该调查是由大学发起的，虽然不针对这个班级，但会涉及一些与项目式学习单元相关的问题，例如：

SQ2："老师是否通过讲课或其过程对你的学习有帮助？"
SQ3："这门课是否提高了你的积极性？"
SQ4："这堂课是否让你觉得学习很有趣？"

六个回答选项分别为："我非常同意""我同意""我有点同意""我不太同意""我不同意""我完全不同意"。学校的政策规定，所有学生都应该在课堂的最后几分钟填写调查问卷，但没有任何机制来确保每个学生都按时完成并提交调查问卷。再加上出勤率的波动，导致了问卷回收率不稳定。

最后，为了更清楚地了解该游戏单元是否成功，研究人员准备了一份日英双语的匿名调查，以衡量学生是否认为在项目期间玩游戏有助于他们实现既定的单元目标。学生思考三个问题，并可以在最后留下评论。

Q1：玩"瘟疫公司"是否有助于你学习新的英语词汇？
Q2：玩"瘟疫公司"是否帮助你了解更多关于疾病传播的知识？
Q3：玩"瘟疫公司"是否帮助你进一步了解某些医疗状况？

除了在课堂上对各小组的口头报告进行评估外，学生对这些问题的回答也有助于更清楚地了解本单元在实现促进词汇学习、深入了解"瘟疫公司"中的医疗症状和一般流行病学的目标方面的效果。

# 结果

大学调查的问题旨在了解学生对课程的反应、课程如何增强他们的学习，以及课程对学生动机有何影响（如果有的话）。"瘟疫公司"单元前四节课的结果似乎表明，学生发现项目式学习和游戏式学习有效且具有激励性（见表 5.2 至表 5.5）。从"瘟疫公司"单元的第一课到第四课，学生给出了最肯定的选项"我非常同意"，这一肯定回复率在 SQ2、SQ3 和 SQ4 分别增加了 10.1%、20.4% 和 9.9%。数据表明，学生越来越觉得"瘟疫公司"单元学习提高了学习动机（SQ3），他们认为学习很有趣（SQ4）。然而，从第二课到第三课，那些强烈认识到课程安排会促进学习的学生（SQ）减少了 6.3%。这种下降可能是因为第三节课的活动安排不如前两节课。同样，学生可能更喜欢从权威机构、耳鼻喉科外科医生那里了解症状，而不是相互学习。第四节课还包括小组在全班同学面前演讲、展示口头报告；然而，这节课包括许多额外的元素，如演示过程中的视觉提示、有机会将他们与"瘟疫公司"的个人经历与其同学的经历联系起来、治疗和预防其他团队制造的疾病的挑战，以及教师和耳鼻喉科外科医生对他们学习成绩的肯定。最有可能的是，这些额外的因素导致"瘟疫公司"学习单元从第三课到第四课的 SQ2 增加了 14.3%。除了通过调查获得积极反馈外，本单元每堂课后的参与问卷人数（平均 29.5 名参与问卷）也表明了学习单元与动机之间的联系。来自同一组学生对其他英语交流课程的参与问卷率平均为每班 7.59 人。

表 5.2　第一次课调查结果

|  | 我非常同意 | 我同意 | 我有点同意 | 总计 |
|---|---|---|---|---|
| SQ2 | 24 (82.7%) | 3 (10.3%) | 2 (6.8%) | 29(99.8%) |
| SQ3 | 21 (72.4%) | 5 (17.2%) | 3 (10.3%) | 29 (99.9%) |
| SQ4 | 22 (75.8%) | 4 (13.7%) | 3 (10.3%) | 29 (99.8%) |
| （百分比没有进位） | | | | |

表 5.3　第二次课调查结果

|  | 我非常同意 | 我同意 | 我有点同意 | 总计 |
|---|---|---|---|---|
| SQ2 | 28 (84.8%) | 5 (15.1%) | 0 (0%) | 33 (99.9%) |
| SQ3 | 27 (81.8%) | 6 (18.1%) | 0 (0%) | 33 (99.9%) |

(续表)

|  | 我非常同意 | 我同意 | 我有点同意 | 总计 |
|---|---|---|---|---|
| SQ4 | 28 (84.8%) | 5 (15.1%) | 0 (0%) | 33 (99.9%) |
| （百分比没有进位） | | | | |

表5.4 第三次课调查结果

|  | 我非常同意 | 我同意 | 我有点同意 | 总计 |
|---|---|---|---|---|
| SQ2 | 22 (78.5%) | 6 (21.4%) | 0 (0%) | 28 (99.9%) |
| SQ3 | 25 (89.2%) | 3 (10.7%) | 0 (0%) | 28 (99.9%) |
| SQ4 | 24 (85.7%) | 4 (14.2%) | 0 (0%) | 28 (99.9%) |
| （百分比没有进位） | | | | |

表5.5 项目口头报告课调查结果

|  | 我非常同意 | 我同意 | 我有点同意 | 总计 |
|---|---|---|---|---|
| SQ2 | 26 (92.8%) | 2 (7.1%) | 0 (0%) | 28 (99.9%) |
| SQ3 | 26 (92.8%) | 2 (7.1%) | 0 (0%) | 28 (99.9%) |
| SQ4 | 24 (85.7%) | 4 (14.2%) | 0 (0%) | 28 (99.9%) |
| （百分比没有进位） | | | | |

总的来说，尽管这些数据表明使用"瘟疫公司"游戏与动机的提高之间可能存在关联，但动机本身仍然是一个多层面的结构（Malone, 1981），因此需要进一步验证来揭示联系的重要性。

关于在流行病学和普通医学领域的学习，各小组的口头报告充分展示了基于单元的新学内容。每个团队都学习了流行病学的环境和社会经济方面，因为每种疾病都是从一个不发达国家开始，而该国又与其他国家接壤，人口众多，并拥有海港和机场。此外，选择在热带气候下开始传播流行病的团队倾向于使用昆虫作为传播手段，而且所有团队都了解到在不发达地区通过血液和针头传播是有效的手段。

各组还展示了对游戏中出现的症状的理解。每个小组都报告说,他们利用咳嗽和打喷嚏来促进疾病的传播。没有一个小组提及任何皮肤病症状,当被问及原因时,小组成员解释说,这些症状会使被感染者感到恐慌,反而促使他们更有可能去看医生,从而提醒医学界注意新疾病的存在。第二组中的一个团队整合了他们从临床病史课程中学习到的信息,并模拟了一名医生和患有该团队疾病的患者之间的检查。在该"角色扮演"中,"医生"检查症状时,向"患者"询问与主诉无直接关系的其他身体部位,并询问患者可能出现相关症状来验证其理解。此外,在应对一个团队的水传播疾病时,学生建议把水煮开后再饮用,这种治疗方法得到了在场协助的耳鼻喉科外科医生的确认。由于疾病通过咳嗽和打喷嚏传播,学生提议分发口罩,但外科医生解释说,大多数日本人使用的口罩在几个小时后就会失去防护效力,这一事实让学生感到惊讶,因为在日本,许多人生病或为了避免生病而戴口罩(Rodriguez, 2018)。

单元结束后调查的结果进一步证实了教师和耳鼻喉科外科医生对口头报告和游戏学习潜力的观察。当被问到"玩'瘟疫公司'有助于你更加了解疾病的传播吗?(流行病学)"时,26 名学生(92.8%)回答"我非常同意",只有 2 名学生(7.1%)回答"我有点同意"。当被问到"玩'瘟疫公司'有助于你更加了解某些疾病吗?"时,20 名学生(71.4%)回答,"我非常同意",8 人(28.5%)回答为"我同意"。此外,学生还写了关于内容学习的评论,比如"我可以学习医学知识,让我受益匪浅"。

尽管"瘟疫公司"单元的课程似乎有助于学生打下了流行病学和"瘟疫公司"中的症状的基础,可以指导学习和未来的医生工作,但仍然很难评估学生们的语言发展,至少在关注形式(语法)方面是如此。例如,有些学生口头报告时仍然会忘记定语,在主谓一致上犯错。然而,当学生被问及玩"瘟疫公司"是否有助于他们学习新的英语词汇,22 名(78.5%)学生选择了"我认为非常有助于",6 名(21.4%)选择了"我认为有助于"。此外,学生似乎很欣赏该单元给予的学习英语的机会。例如,一名学生写道:"这门课给我们提供了很多使用英语的机会,比如讨论时间和口头报告。也让我意识到,我不必纠结是否要使用英语,我也对英语产生了兴趣。"另一个学生认为,小组合作减轻了说英语的焦虑感。"我可

## 第五章·疫病之下的医学院：真实游戏促进学习动机、参与度与语言习得案例研究

以在每堂课上练习口语，我认为确实有效。我觉得说英语都不那么害羞了"。一位学生在具体谈到"瘟疫公司"时写道："对于像我这样的英语学习者来说，这属实不错。当我还是个初学者的时候，曾经看英语动画片，认为很有效。现在我刚刚开始学习医学，所以这个'瘟疫公司'真的很有帮助"。最后，另一名学生谈到了"瘟疫公司"单元的所有方面。"像 Plaque（原文如此）这样的游戏是很好的学习工具，不仅适用于英语学习，也适用于（我们的教育）其他方面，因为每个人都可以轻松加入并自发学习。我还喜欢小组中的所有成员都能共同参与到游戏当中。"学生偶尔也会在大学的调查中留下评论。虽然评论的数量平均比选修课程中的其他班级要多，但不足以准确预测"瘟疫公司"单元中每个学生的普遍感受。然而，有一条评论注意到在大学阶段使用项目式语言学习的潜在困难之一。"准备口头报告文稿耗费很多时间，虽然有趣，但在化学期末考试前负担不小。"在这个例子中，学生需要复习即将到来的考试，可以理解这门课会优先于选修课的口头报告，但除此之外，这也指出了在繁忙的大学课程中使用项目式语言学习，特别是依托游戏的学习时存在的另一个潜在问题。

## 讨论与结论

这项研究表明，真实的游戏具有叙述范围广、游戏引人入胜、玩家基础广泛的特点，这在项目式语言学习中可以产生巨大的潜力。越来越多的学生对于把"瘟疫公司"单元内依托游戏的学习和项目式语言学习相结合表现出强烈的喜爱，教师在单元后的调查评论似乎也证明，大多数学生认为此基于单元的学习可以增强动机、提升学习过程参与度、有助于内容和语言学习。教师和耳鼻喉科专家的观察也证实，学生用英语积极参与到了课程内容以及学习流行病学知识。

为什么"瘟疫公司"能有这么好的效果，特别是在内容方面？虽然学生刚开启医学院的第一年，有些还不到 20 岁，但"瘟疫公司"可能把他

们自己作为医生的认知联系起来。该游戏允许学生创建一个带有医学症状的虚拟疾病，并让他们直观地展示疾病如何从爆发、流行到大流行传播。该游戏为学生提供了基础医学和流行病学的交互式接触，以代替从历史中研究病例或推测未来。虽然课后的匿名调查不利于了解学生对"瘟疫公司"单元感兴趣的原因，但调查和观察结果表明该游戏激发了学生的积极性，也使学生有兴趣了解流行病学和医疗症状的叙述。

但语言学习的情况如何？毫无疑问，学生学到了目标领域的词汇，然而，他们在口头报告过程中出现的语言错误让人对项目式语言学习形式提出质疑。如果学生以小组开展学习，他们怎么能自己认识和纠正错误？对于短期项目，教师可以很容易地发现错误，并在今后的课程中加以解决，但对于较长的项目来说，这一过程可能极其困难，特别是在课程结束时进行正式的口头报告来展示他们的语言学习。学生对其自身语言发展的认识和最终产品出现的错误之间的差异可以通过建立评估标准来解决，这些评估标准可以在学生完成项目的过程中就对他们表达清楚（例如，Beckett & Slater, 2005）。无论如何，下一步的研究需要把关注形式纳入依托游戏的学习方法项目中。

自然，不是所有类型的游戏都能吸引每个人，也不是所有类型的电子游戏都能吸引每个学生。因此，教育者在课堂上使用电子游戏时必须谨慎行事。安妮塔（Annetta, 2008）明确指出，电子游戏不能主宰课堂经验，也不能取代教师。相反，本研究指出，电子游戏可以帮助学生在更舒适的环境中获取内容并学习现实世界难以理解的概念（Annetta, 2008）。吉拉德等人（Girard et al., 2012）的元分析表明，如果游戏与其他教学方法相辅相成，比作为唯一的教学方法更有效，这也许是由于人们在玩游戏时经常会获取直观（难以阐述）的知识，而与其他小组成员或教师的互动会鼓励用户用语言表达他们不断增长的知识。因此，在围绕电子游戏设计项目时，好的课程应该允许学生按兴趣和游戏进行分组。

国际关系学者德·扎马罗克兹（de Zamaróczy, 2017）认为，真实的游戏在课堂和研究中应该有一席之地。他认为，参与国际关系研究的人应该在电子游戏上花些时间，因为"电子游戏为我们对全球政治现状的规范性批评提供了一种资源……因为从经验上探索它们的构成效应可以帮助我们更好地理解全球政治的普遍共识是如何扎根和再现的"(第5页)。

由于严肃游戏和教育游戏主要用于教授特定内容或技能，当然值得考虑是否在课堂上使用。然而，真实的游戏通常会让玩家有更大的选择自由，可能会提供更好的契合度，正如吉（Gee, 2006）浪漫地指出的那样，"玩家积极主动地创作故事元素、视觉—运动—听觉决策交响乐以及独特真实的虚拟故事，产生了一种由玩家和游戏设计师共同创作的全新形式的表演艺术"（第61页）。

这些也为项目式学习提供了可行的条件。随着人们逐渐会玩电子游戏，其中一些结果是在玩游戏上投入的精力更大，思考和学习更加深入。正如这项研究所指出的，电子游戏具有动手性，确保了初始投入，游戏通过各种各样困难来维持玩家的内在动机，以及具有叙述令人信服、具有真实性的特点将继续得到玩家的支持和投入。

随着虚拟现实游戏和系统变得更加商业化并投入使用，依托游戏的学习与项目式语言学习的关联可能更密切。截至2017年，11%的美国家庭已经拥有使用虚拟现实的设备，33%的狂热玩家计划在一年内购置设备（娱乐软件协会，2017）。可以想象，学生可以通过虚拟现实技术积极参与到任何学科领域。

项目式语言学习经常在科学、技术、工程和数学类课程中开展，而在社会科学中参与度较低（Duke, Halvorsen & Strachan, 2016）。英语语言学习者需要在所有内容领域提高能力，而电子游戏，不论风格和体裁，都可以作为桥梁，将项目式语言学习融入各科课程。此外，学生可以以小组或个人的形式参与项目，这让他们找到自己喜欢的电子游戏，同时降低了不得不参与不感兴趣活动的风险。最后，正如本研究所指出的，在项目式语言学习中使用真实的电子游戏不仅可以帮助学生加强内容知识，还可以促进非印刷品的新的读写能力的发展，培养学生的创作者概念，并从多文化、多模态的学习环境的沉浸中获益。

# 参考文献

Akatsu, H. (2017, August). *Reinventing Japanese medical education, one school at a time: An international association for medical education.* Helsinki, Finland: An International Association for Medical Education (AMEE). Retrieved from https://amee.org/getattachment/Conferences/AMEE-Past-Conferences/AMEE-2017/AMEE-2017-Conference-Programme.pdf

Annetta, L. A. (2008). Video games in education: Why they should be used and how they are being used. *Theory Into Practice, 47*(3), 229–239.

Beckett, G. H., & Slater, T. (2005). The project framework: A tool for language, content, and skills integration. *ELT Journal, 59*(2), 108–116. doi:10.1093/eltj/cci024

Burton, R. R., & Brown, J. S. (1979). An investigation of computer coaching for informal learning activities. *International Journal of Man-Machine Studies, 11*(1), 5–24.

Carr, B., & Goldstein, I. P. (1977). Overlays: A theory of modeling for computer-aided instruction. *Artificial Intelligence Laboratory Memo,* 495.

Chiba University School of Medicine. (2018a). *Shirabasu Heisei 30 nendo 1 nenji [Syllabus for Heisei 30, first-year students]* [PDF file]. Retrieved from www.m.chiba-u.ac.jp/files/8715/2057/7605/301_web.pdf

Chiba University School of Medicine. (2018b). *Shirabasu Heisei 30 nendo 2 nenji [Syllabus for Heisei 30, second-year students]* [PDF file]. Retrieved from www.m.chiba-u.ac.jp/files/7315/3076/8195/30_2.pdf

Chiba University School of Medicine. (2018c). *Shirabasu Heisei 30 nendo 1 nenji [Syllabus for Heisei 30, third-year students]* [PDF file]. Retrieved from www.m.chiba-u.ac.jp/files/1215/2057/7634/303_web.pdf

de Freitas, S., Earp, J., Ott, M., Kiili, K., Ney, M., Popescu, M., Romero, M.,

Usart, M., & Stanescu, I. (2012). Hot issues in game enhanced learning: The GEL viewpoint. *Procedia Computer Science*, 15, 25–31. doi:10.1016/j.procs.2012.10.054

de Zamaróczy, N. (2017). Are we what we play? Global politics in historical strategy computer games. *International Studies Perspectives,* 18(2), 155–174. doi:10.1093/isp/ekv010

Djaouti, D., Alvarez, J., Jessel, J. P., & Rampnoux, O. (2011). Origins of serious games. In M. Minhua, A. Oikonomou, & L. C. Jain (Eds.), *Serious games and edutainment applications* (pp. 25–43). New York, NY: Springer Publishing Company.

Dörnyei, Z. (2007). Research methods in applied linguistics. New York: Oxford University Press.

Duke, N. K., Halvorsen, A. L., & Strachan, S. L. (2016). Project-based learning not just for STEM anymore. *Phi Delta Kappa*n, 98(1), 14–19. Retrieved from www.jstor.org/stable/24893301

Entertainment Software Association. (2017). *2017 sales, demographics, and usage data: Essential facts about the computer and video game industry* [PDF file]. Retrieved from www.theesa.com/wp-content/uploads/2017/04/EF2017_FinalDigital.pdf

"Famitsu geemu hakusho 2018" ga hakkan ⋯ Sekai no gēmu ichiba wa 2 warimashi no 10.89 chō en ni [Official release of "Famitsu Whitepaper on Video Games 2018" ⋯ Global gaming market increased by 20% to 10.89 trillion yen]. (2018, 11 June). In *Social Game Info*. Retrieved from https://gamebiz.jp/?p=212901

Gee, J. P. (2003a). *What videogames have to teach us about learning and literacy*. New York: Palgrave Macmillan.

Gee, J. P. (2003b). What video games have to teach us about learning and literacy. *Computers in Entertainment* (CIE), 1(1), 20–20.

Gee, J. P. (2006). Why game studies now? Video games: A new art form. *Games and Culture,* 1(1), 58–61.

Girard, C., Ecalle, J., & Magnan, A. (2012). Serious games as new educational tools: How effective are they? A meta-analysis of recent studies. *Journal of Computer Assisted Learning,* 29, 207–219. doi:10.1111/j.1365–2729.2012.00489.x

Goldsmith, T. T., Jr., & Mann, E. R. (1948). *U.S. Patent No. 2,455,992.* Washington, DC: U.S. Patent and Trademark Office.

Heitmann, G. (1996). Project-oriented study and project-organized curricula: A brief review of intentions and solutions. *European Journal of Engineering Education*, 21(2), 121–131. doi:10.1080/03043799608923395

International University of Health and Welfare. (2018a). *International university of health and welfare school of medicine guide book 2019* [pamphlet]. Retrieved from https://narita.iuhw.ac.jp/en/pdf/narita_pamphlet.pdf

International University of Health and Welfare. (2018b). *Kakushintekina igaku eigo kyōiku* [*Innovative medical English curriculum*] [*pamphlet*]. Retrieved from https://narita.iuhw.ac.jp/media/igakubu/curriculum01.pdf

Jenkins, H., Squire, K., & Tan, P. (2004). You can't bring that game to school! Designing supercharged. In B. Laurel (Ed.), *Design research: Methods and perspectives* (pp. 244–252). Cambridge, MA: The MIT Press.

Kern, R. (2006). Perspectives on technology in learning and teaching languages. *TESOL Quarterly,* 40(1), 183–210. doi:10.2307/40264516

Khan, A. S. (2013, 16 April). Plague Inc. [*blog post*]. Retrieved from: https://blogs.cdc.gov/publichealthmatters/2013/04/plague-inc/

Kirriemuir, J., & McFarlane, A. (2003). *Nesta future lab series report 8: Literature review in games and learning.* Retrieved from www.nfer.ac.uk/media/2755/futl27literaturereview.pdf

Krashen, S. (1981). *Second language acquisition and second language learning.* Oxford, UK: Pergamon Press.

Leander, K., & Lovvorn, J. (2006). Literacy networks: Following the circulation of texts, bodies, and objects in the schooling and online gaming of one youth. *Cognition and Instruction,* 24(3), 291–340. doi:10.1207/s1532690xci2403-1

Malone, T. M. (1980). *What makes things fun to learn? A study of intrinsically motivating computer games* (Unpublished doctoral dissertation). Stanford, California. Retrieved from: www.hcs64.com/files/tm%20study%20144.pdf

Malone, T. W. (1981). What makes computer games fun? *Byte*, 6, 258–277.

Malone, T. W., & Lepper, M. R. (1987). Making learning fun: A taxonomy of intrinsic motivations for learning. In R. E. Snow & M. J. Farr (Eds.), *Aptitude, learning, and instruction: Volume 3: Cognitive and affective process analysis* (pp. 223–253). Hillsdale, NJ: Lawrence Erlbaum Associates, Publishers.

Marsh, T. (2011). Serious games continuum: Between games for purpose and experiential environments for purpose. *Entertainment Computing*, 2, 61–68. doi:10.1016/j.entcom.2010.12.004

Mitchell, S., & Hamilton, S. N. (2017). Playing at apocalypse: Reading Plague Inc. in pandemic culture. *Convergence,* 1–20. doi:10.1177/1354856516687235

Plague Inc. [Computer game]. (2012). *Ndemic Creations.*

Prognosis: Your Diagnosis [Mobile application software]. (2018). *Medical Joyworks.*

Rodriguez, A. (2018, 5 January). Should you wear a surgical mask when sick? *HuffPost*. Retrieved from www.huffingtonpost.com/entry/should-you-wear-a-surgical-mask-when-sick_us_5a4fc85fe4b0ee59d41c0a63

Salter, M. B. (2011). The geographical imaginations of video games: diplomacy, civilization, America's army and grand theft auto IV. *Geopolitics,* 16(2), 359–388. doi:10.1080/14650045.2010.538875

Senge, P. (1994). *The fifth discipline fieldbook: Strategies and tools for building a learning organization*. New York: Doubleday.

Steinkuehler, C. (2007). Massively multiplayer online gaming as a constellation of literacy practices. *E-learning and Digital Media*, 4(3), 297–318. doi:10.2304/elea.2007.4.3.297

Suh, S., Kim, S. W., & Kim, N. J. (2010). Effectiveness of MMORPG-based instruction in elementary English education in Korea. *Journal of Computer Assisted Learning*, 26, 370–378. doi:10.1111/j.1365–2729.2010.00353.x

Swain, M. (1985). Communicative competence: Some roles of comprehensible input and comprehensible output in its development. In S. Gass & C. Madden (Eds.), I*nput in second language acquisition* (pp. 235–253). Rowley, MA: Newbury House.

Voorhees, G. A. (2009). I play therefore I am: Sid Meier's Civilization, turn-based strategy games and the cogito. *Games and Culture,* 4(3), 254–275. doi:10.1177/1555412009339728

# 第六章 通过项目学习:语言学跨文化远程协作

伊赛尔·萨曹奥卢[①],乔·格鲁索[②]
(Aysel Sarıcaoğlu and Joe Geluso)

## 引言

项目式学习(PBL)在不同层次、不同情境的学生已经普及(Beckett, 2005)。从理论角度来看,项目式学习与学习的社会文化和生态框架非常契合。根据兰道夫和贝克特(Lantolf & Beckett, 2009)的著作,社会文化理论(SCT)指的是"人类心理活动通过文化介质参与社会活动的而形成的思想"(第459页)。SCT承认社会活动在学习中的中心地位;活动理论

---

[①] 伊赛尔·萨曹奥卢(Aysel Sarıcaoğlu):美国爱荷华州立大学应用语言学与技术博士,安卡拉社会科学大学英语语言与文学系助理教授。研究兴趣包括学术写作、自动形成性评估、二语写作复杂性和远程协作学习。其学术论文发表在 ReCALL、CALL、CALICO 等期刊上。
[②] 乔·格鲁索(Joe Geluso):美国爱荷华州立大学应用语言学和技术专业博士生。研究兴趣包括语料库语言学、二语习得和学习认知和功能理论以及计算机辅助语言学习。曾在二语研究论坛和美国语料库语言学协会等多个会议上介绍研究成果,并在 Computer Assisted Language Learning、Register Studies 等期刊上发表论文。

（SCT 的分支理论），认为目标导向和社会组织行为是学习的核心（Lantolf & Beckett, 2009）。SCT 的这些核心原则得到了生态学习框架的认可。学习的生态学观点认为，有意义的学习应该在有意义的环境中进行，且具有目标导向。也许最独特的是，生态学的观点意识到学习环境的重要性，该环境包括物理环境和物理环境提供的给养（affordances）。范·利尔（van Lier, 2004）将"给养"定义为"人在做事的时候可用的东西或条件"（第91页）。例如，教室里的计算机为学生和教师带来了一系列新的给养或机会，他们可以用计算机做一些之前他们没有计算机时无法做的事情。给养的概念至关重要，因为生态学学习观点试图回答环境"如何使事情以当下的方式发生？学习是如何发生的？"等问题（第11页）。

本研究将项目式学习与给养的概念相结合，以跨文化和远程协作的方式实施项目式学习。我们的目标是检验学生对目标导向的跨文化项目式学习的认知，这种认知是通过技术提供的给养而实现的，重点是自我和同伴评估。本章首先将简要回顾相关文献，然后介绍项目以及收集和分析数据的方法，接着讨论调查结果并给出结论。

## 项目式学习和远程协作机会

最近，许多对项目式学习的定义都围绕着如何使学生通过包括问题、任务和产品的结构化过程来学习知识和技能（Buck Institute of Education, 2003），通过解决问题或开发产品活动来实现学习的情境化（Moss & van Duzer, 1998），整合语言、内容和技能（Beckett & Slater, 2005），加强学生之间的合作，并鼓励对学习的过程和产品进行反思（Stoller, 2006）。一些研究的结果似乎支持项目式学习的激励作用（例如，Breunig, 2017; Zhang, Peng, & Hung, 2009）。然而，也有研究认为，学生持负面或不同的观点（例如，Beckett, 2005）。贝克特和斯莱特（Beckett & Slater, 2005）将学生对项目式学习的负面评价归因于没有发现项目式学习的价值，并认为项目式学习只有在"学生……能够看到通过项目学习的价值"（第

108 页）时才有价值。为了让学生积极看待项目式学习，贝克特和斯莱特（Beckett & Slater, 2005）强调"各个组成部分明晰化"的重要性（第 115 页）。楚等人（Chu et al., 2017）的研究结果支持这一策略，该研究中，大多数学生认识到了项目式学习的好处，对项目式学习持正面的看法。

项目式学习活动的性质可以根据具体的情况而有所不同。从项目时长来说，项目式学习活动可能持续几天（例如，Lee, 2014），四到六周（例如，Biasutti & EL-Deghaidy, 2015; Zhang et al., 2009），或一个学期（例如，Sadler & Dooly, 2016; Zachoval, 2013）。就实际项目而言，项目式学习可以根据具体情况和学习目标以不同的方式实施。有些情况下，学生自己合作设计项目（例如，Biasutti & EL-Deghaidy, 2015），而在其他情况下，项目是结构化的，已经设计好了，需要学生完成（例如，Lee, 2014; Zhang et al.,2009）。本研究采用后一种方法。

关于学习者协作的方式，免费或低成本、可访问的远程协作计算机应用程序（apps）的出现，如 Skype 或 Messenger，带来了前所未有的新机会和交流方式。项目式学习环境中计算机和日常互联网接入等技术司空见惯，这提供了新的给养和学习选择。使用在线讨论区调查和报告流行的社会现象（Zhang et al., 2009），ESL 学习者使用热土豆（Hot Potatoes）学习介词（Lee, 2014），以及利用"第二人生"虚拟世界为医疗管理和护理人员培训创建场景（Beaumont, Savin Badenb, Conradic, & Poulton, 2014）都属于基于技术的项目式学习实施的例子。其他例子包括使用维基开发小学跨学科项目（Biasutti & EL Deghaidy, 2015）、了解良好和不良日常生活习惯的视频会议和视频剪辑（Dooly & Sadler, 2016），编写关于语言和身份的研究报告，对知识管理实践进行案例研究分析以及开发 Windows 程序的技术（Chu et al., 2017）。本研究与上述这些不同之处在于，它没有强制使用某种特定的应用程序或技术，而是允许学生自行选择。

项目式学习文献中关于开展实施的较多，但关于项目式学习过程中的评估，我们仍知之甚少。现有的研究主要通过关注单个方面来解决评估问题，如学生和/或教师对项目式学习的看法或项目式学习带来的学习收益（见 Chen & Hirch, 2020, 第十二章）。正如斯莱特、贝克特和奥夫德哈尔（Slater, Beckett,& Aufderhaar, 2006）所指出的，需要解决的问题包括评估项目式学习所涉及的语言、内容和技能的发展。他们认为，这可以通过形成性评估来实现，形成性评估可以把项目式学习的各个组成部分明晰化，并帮助学生认识到其价值（参见 Beckett & Slater, 2005，项目框架作为项目式学习形成性评估工具）。弗兰克和巴尔齐莱（Frank & Barzilai, 2004）使用项目式学习形成性评估来评估职前教师的项目（例如，利用太阳能驱动汽车来解决空气污染问题），并报告说形成性评估促进了学生的学习。 范登伯格等（van den Bergh et al., 2006）还指出，传统方法不足以进行项目式学习评估。相反，项目式学习需要各种评估方法，包括自我评估和同行评估、基于绩效的评估和组合评估（van den Bergh et al., 2006）。李和林（Lee & Lim, 2012）在其项目式学习研究中使用了同伴评估：学生团队从参与会议、对项目贡献的数量和质量等方面评估了其他团队的项目。李和林（Lee & Lim, 2012）的同伴评估结果显示，同伴在项目式学习过程中相互评估，而专注于评估项目式学习产品的教师不容易观察到这一点。我们的研究通过在学习过程中进行自我评估和同伴评估，弥补了项目式学习文献中的这一具体空白。

## 研究介绍

本研究源于我们作为语言学教师给学生提供一次有意义的学习机会。我们相信，通过小组项目，项目式学习的效果与学习过程的社会性质相一致。不同国家、不同语言的学生（即英语和土耳其语）为了共同的语言习得这样一个共同话题而合作，这是一个进行跨文化远程合作非常成熟的机会。具体来说，我们感兴趣的是小组成员是如何合作的，如何在合作中把包括小组讨论、使用实例对比个人学习经历，开展需要对真实的语言数据进行分析的小组任务以及个人反思等同母语和二语习得相关的观点或者方法呈现出来的。该研究的两位作者都是《语言学概论》的任课教师，使用同一本含有第一语言习得和第二语言习得内容的教材，所以很适合实施这样的远程跨文化项目式学习。我们的情况，其性质非常契合莫汉（Mohan,

1986）知识框架模式中谈到的语言和内容融合模式。该研究提供了把英语当作通用语来学习语言学知识的一种途径，同时学生还可以提高语言和远程协作技巧。这个项目给土耳其学生提供了学习英语的机会，给美国学生提供通过内容学习教授英语的机会。一句话，该项目提供了一个理想机会，参与者可以通过语言来学习语言学的内容（Slater & Mohan, 2010）。

本研究中，我们把项目式学习描述为一系列社会的、跨文化的、远程协作活动，这些活动旨在学习语言学相关内容，解决语言学问题，同时培养语言和远程协作技巧。我们对于项目式学习的理解建立在两个定义之上："学生通过一系列个人或小组活动，同时学习语言内容和技能等社会化活动"（Slater, Beckett, & Aufderhaar, 2006, 第 242 页），项目式学习"是一种教学方法，通过给学习者提供问题来解决或者开发产品这样的情形提供学习场景"（Moss & van Duzer, 1998, 第 1 页）。具体来说，我们希望就以下研究问题寻找答案：

1. 学生如何看待这次跨文化远程合作项目式学习的经历？
2. 学生如何自我评估和相互评估自己的跨文化远程协作项目式学习的表现和过程？

## 研究背景和参与者

一共有 64 名学生参加了这项研究。参与者是来自两所大学语言学概论课程的学生：美国中西部的一所州立大学（共 32 人，26 名女生和 6 名男生）和土耳其的一所私立大学（共 32 人，29 名女生和 3 名男生）。前者标记为"US"，后者标记为"TR"。这两个班级的任课教师即是本研究的两位作者，因此参与者属于便利样本。美国班和土耳其班在教科书、学习目标、内容和评估方面都很相似。美国班的学生由大二至大四年级的学生组成，专业不同，但大多数是小学教育或英语专业。对小学教育专业的学生来说，学习这门课程是他们英语作为第二语言教学（TESL）认证的一部分。所有美国学生都以英语为母语或英语高度熟练；两名学生在美国讲西班牙语的家庭长大。所有土耳其学生都是主修英语教育的大二学生，并将该课程作为一项要求。他们的英语语言能力在中级到高级之间，母语是土耳其语，年龄在 18 至 25 岁之间。

# 项目具体情况

两位任课教师围绕教科书内容设计了两个小项目：第一语言习得项目（FLAP）和二语言习得项目（SLAP）。该项目被作为美国和土耳其各自课程教学大纲中的一项主要任务，占课程成绩的 25%。为了完成这两个项目，学生需要搭档进行远程协作，并对真实的语言数据进行批判性的书面分析。书面内容的评估基于四个标准，涉及语言、内容和技能：分析内容（40%）、分析组织架构（10%）、风格/清晰度（10%）和协作情况（40%，由两人在反思中报告）。

### 第一语言习得项目（FLAP）

该项目要求学生根据对儿童真实语言的分析，结合与第一语言习得章节内容相关的数据分析和讨论中的示例，描述英语作为第一语言的习得情况。为此，学生首先需要理解第一语言习得章节，教师为各组对的学生提供了一份问题讨论清单。两人首先在线讨论本章的问题，然后进行语言分析并描述第一语言习得情况。在 FLAP 讨论会上，学生讨论教师提出的一系列问题，这些问题涉及内容和语言，旨在通过让搭档分享他们自己与章节主题相关的知识和背景来促进互动。FLAP 讨论包括的问题诸如"与搭档分享你母语中照料者讲话的五个典型单词或短语。它们是什么？"或"土耳其语语素的习得顺序与英语语素的习得顺序相比如何？"通过这个过程，学生学习关于语言的知识（土耳其语和英语），这是学习第一语言习得章节内容的核心，从而完成 FLAP。

在 FLAP 语言学分析会面上，学生就利用第一次见面时建立的知识进行真实语言数据的分析，将语言学知识应用于真实语言数据。组成对子的同学研究儿童和其照顾者对话时产生的自然语言数据。目的是让学生将真实语言数据的观察结果与教科书中的概念联系起来，同时通过视频会议与在另一个国家的搭档讨论这些内容。这些自然语言数据的转写资料在 2017 年秋天从 CHILDES 语料库（MacWhinney, 2000）下载。这些资料记录了一名儿童与照料者的互动，在四个不同的时间点录制，反映了该儿童在四个不同年龄段的对话特点：1岁9个月大，2岁3个月大，2岁11个月大，3岁3个月大。根据对语音数据的分析，学生讨论了有关语言主题的知识，如儿童与照料者的语言产出比例以及儿童语言特征的发展，如形态、句法和语义发展。学生将他们的观察和讨论与第一语言习得章节的主题联系起来。在分析的最后，他们对英语作为第一语言的习得进行了描述，利用数据分析中的例子，将他们的讨论与第一语言习得章节的内容联系起来。

## 第二语言习得项目（SLAP）

该项目要求学生分析一个学生所产生的真实语料，写出关于第一语言到第二语言迁移的论证分析，并结合数据分析和与第二语言习得相关章节内容举例说明。为此，学生首先需要理解第二语言习得这一章的内容，为此，指导教师为两人提供了一份问题讨论清单。两人首先在网上讨论该章的问题，其次进行语言学分析并描述第一语言的迁移。在SLAP讨论会议上，学生讨论诸如"从你或你的搭档的第二语言习得经历中，举出一个积极转移的例子和一个消极转移的例子"或"你的搭档对她/他的第二语言有何感受？她/他的产生这种感受的具体原因是什么？"在SLAP语言学分析会面上，结成对子的同学对英语作为外语的土耳其人产生的真实书面语言数据进行研究，要求他们从五个段落中选择一个段落进行分析。首先，学生需要关注语言的形式，找出文本中的语言错误，并将其归类为形态、句法或语义错误。我们希望通过对SLAP的形式的关注，培养学生的语言知识。然后，学生讨论语言错误与跨语言影响的关系，并举例说明从土耳其语到英语的积极或消极迁移的证据或反证。最后，他们以书面讨论的方式结束分析，即他们是否同意这个说法："第二语言中的大多数错误缘于母语的干扰。"

## 研究步骤

在2017年秋季学期，上述项目实施了四周。由于美国和土耳其秋季学期开始日期不一，美国方面大约提前四周，因此这项研究在各自学期内分为几周分别进行：美国学生为第10—14周，土耳其学生为第6—10周。我们选择的是第一语言和第二语言习得的教科书章节，我们认为，这些章节与学生希望成为二语教师的共同目标相关，因而会更吸引学生。

学生按照姓氏字母顺序排列结成对子。两边学生都按照相同的顺序配对。在整个项目期间，包括 FLAP 和 SLAP，组对不变。由于两国之间时差为8小时，所有组对在课下时间通过视频会议在线会面，并在整个项目中保持沟通。我们也注意了如何在项目中提高学生自主性，增加学生在项目式学习中的动机和参与度（Blumenfeld et al., 1991），在见面的频率和时间以及具体视频会议应用程序选择方面，学生可以自由选择，比较灵活。

为了完成 FLAP 和 SLAP，配对小组一共在线见面五次。第一次会议结成对子的双方相互介绍。除了第一次"见面打招呼"，学生还分别为 FLAP 和 SLAP 进行两次见面。在第一次 FLAP 会议上，学生主要使用 Skype（27%）、FaceTime（23%）和 WhatsApp（23%）。有些学生使用 Messenger（13%），少数学生报告使用多个应用程序（10%）或仅使用手机（3%）。在第二次 FLAP 会议上，Skype（29%）再次成为首选应用，其次是 FaceTime（25%）、Messenger（17%）、多个应用（17%）和 WhatsApp（13%）。学生在 SLAP 会议中也做出了类似的选择：第一次 SLAP 会议中，Skype（32%）、FaceTime（29%）、WhatsApp（21%）、多应用程序（11%）和 Messenger（7%），第二次 SLAP 会议中，Skype（28%）、FaceTime（28%）、WhatsApp（24%）、Messenger（17%）和多应用程序（3%）。

学生每次在线见面时长也各不相同。对于 FLAP，大多数学生交流时间在一小时之内（第一次会议52%，第二次会议44%）。有一些人交流一小时（第一次会议占26%，第二次会议占41%）或更长时间（第一次会议占23%，第二次会议占16%）。对于 SLAP，大多数学生交流也不超过一小时（第一次会议为46%，第二次会议为53%）。有些人交流了一个小时（第一次会议占14%，第二次会议占23%）或以上（第一次会议占39%，第二次会议占23%）。

## 数据收集与分析

本研究的数据包括学生对 FLAP 和 SLAP 反思问题的书面回答：每次见面都有一份反思。结果是 64 名学生每人四份反思。这些反思有 11 个引导问题，旨在收集学生对在 FLAP 和 SLAP 项目中的表现和过程看法的信息。问题包括："你能回答 FLAP/SLAP 的所有讨论问题吗？你能回答 FLAP/SLAP 的所有提示吗？你／你的搭档在讨论中的参与情况如何？你认为你／你的搭档为见面做了充分的准备吗？你对 FLAP/SLAP 的总体印象如何？或者你认为通过自我评估表进行的自我评估对你的 FLAP/SLAP 表现有什么影响？解释一下。"所有的反思问题通过在线学习管理系统 Moodle 的论坛功能呈现给学生，由学生在每次见面后完成。

对学生的反思使用内容分析法进行了分析，包括以确定预定的主题对定性数据进行编码，并计算每个主题中的编码项目的频率（Riazi, 2016）。学生的回答围绕着四个有关某些反思的主题进行编码，这些回答由每个主题中学生回答的问题概述而得。

1. 工作量（例如，这个项目的工作量与这个班级的常规工作量，以时间计算，哪个更高？）
2. 感知（例如，在整个小项目中，你是否能够处理所有的提示问题？）
3. 自我评估（例如，你认为你为这个项目做了充分准备了吗？）
4. 同伴评估（例如，你认为你的搭档为这个项目做了充分准备了吗？）

为了区分各组的回答，所有学生的反思均按类别代码编码为 U. S.（美国）或 TR（土耳其），学生的认知被编码为积极、消极或混合状态，包括几种：(1) 他们对项目式学习方法的总体认知；(2) 每次见面前和见面期间的沟通；(3) 在每次讨论中的表现；(4) 在每种语言分析中的表现。学生自我评估被编码为积极、消极或混合状态，包括（1）参与和（2）准备每次见面。学生的同伴评估被编码为积极、消极或混合，包括（1）他们的同伴参与和（2）每次见面的准备。一些示例代码及其含义如下：

• TR_workload_less 表示土耳其学生认为项目式学习活动的工作量小于课堂通常需要的工作量

• TR_peer_assessment_positive 表示土耳其学生对其搭档为项目工作做出贡献的能力有积极的看法

创建编码模式后，两位作者对四分之一的学生的反思进行编码，并通过百分比一致性计算编码者之间的可靠性。所有编码的总体一致性百分比为91%（即444个编码的回答中，406个一致和38个不一致）；关于母语习得的数据分析反思，一致性百分比为92%（即26名学生的223个编码的回答中，206个一致，17个不一致，28名学生的221个回答中，200个一致，21个不一致）。作者对所有分歧重新讨论，并达成一致意见。

# 研究发现

### 学生如何看待他们这次跨文化远程合作项目式学习的经历？

首先，通过评估学生对FLAP和SLAP反思问题的回答，探讨了学生对跨文化远程协作项目式学习经历的看法。图6.1总结了学生的总体看法。可以看出，在项目的每个阶段，土耳其学生对本研究中实施的项目式学习方法比美国学生持更正面的看法。特别是在FLAP的语言分析之后，只有33%的美国学生对该项目持正面的看法，而土耳其学生有89%。下面这个学生的评论反映了美国学生在完成FLAP的语言分析后的"混合"看法："要在短时间内完成大量的工作。这很有趣，但非常耗费时间。"

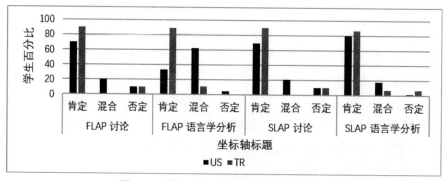

图6.1 学生对FLAP和SLAP的整体看法

## 第六章 · 通过项目学习：语言学跨文化远程协作

然而，在 SLAP 的语言分析之后，我们看到，在后期阶段，双方对整个项目的看法转为正面，每个小组都有 80% 以上的人报告了正面的看法。从 FLAP 的第一次见面到 SLAP 的第二次见面，美国学生对整个项目的正面看法从 69% 上升到 80%，而土耳其学生对整个项目的正面看法在每次见面后都徘徊在 86% 至 90% 之间。

图 6.2 专门关注了学生与同伴沟通的感受。美国学生和土耳其学生在 FLAP 讨论会后对沟通的正面看法最低，分别为 74% 和 68%。下面的学生评论反映了一些土耳其学生反思中明显的焦虑："在开始讨论第 13 章之前，我感到非常紧张，因为我觉得我无法解释和讨论学术问题。但是，我们讨论得很顺利，相互都能明白对方的观点。"在第一次 FLAP 会面后，土耳其学生的这种焦虑似乎有所缓解，因为他们对交流的正面看法随着每次会面而增加，96% 的土耳其学生在 SLAP 语言分析会面后报告了对交流的正面看法。这一发现阐明了项目式学习如何积极促进学生语言技能的发展。

以下是对跨文化远程协作项目式学习的正面、负面和混合看法的说明：

学生正面评价：
这个项目让我对以前从未想过的话题有了一个真实的视角——我认为与国际学生一起学习这个单元会大大增加我从每个单元学到的东西。
（美国学生，第一次会面）

我觉得非常棒。我把英语和土耳其语作为一种语言习得进行比较，我可以看到它们的异同。有时我意识到，当我把英语作为第二语言习得时，我与那些把英语作为第一语言习得的孩子们经历了一些类似的步骤。
（土耳其学生，第一次会面）

与我的搭档一起做这个项目是一个很好的机会，因为能够分析到目前为止所学到的例子。分析这些数据并与 Maddie（化名）讨论，对双方都非常有益。我相信我们做得很好，我们都为此感到高兴。
（土耳其学生，第二次会面）

我喜欢这个项目。它帮助我更有效地学习语言学。当我做会前准备时，我阅读了这一章，通过寻找关于这个主题的例子，我可以评估我的学习过程。找到具体的例子对我的学习很有帮助。然后我和我的搭档讨论这些问题，这有助于我从她作为母语人士的角度来看待这个问题。与同龄人一起学习更有效。

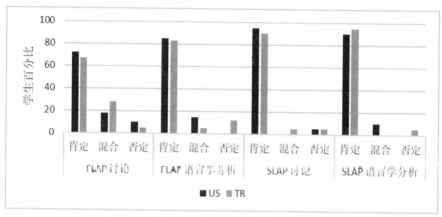

图6.2 学生在FLAP和SLAP期间交流的感受

（土耳其学生，SLAP第一次会面）

学生负面的评论：

有时候因为网络太慢，我们联系不上，但过会儿，又联系上了……我觉得我的搭档网络有问题。

（土耳其学生，SLAP第一次会面）

这个比其他作业更难，但是为了理解母语习得来分析数据，这个还是很有用的。

（土耳其学生，SLAP第二次会面）

学生混合式的评论：

我喜欢这个项目，尤其是我看到我的搭档和我一样努力，也都理解了这一章的内容。我唯一的问题是时间安排，日程安排太紧了，所以要见缝插针，但是我们还是做到了！

（美国学生，FLAP第一次会面）

通过这样的评论，我们可以看到，学生似乎很愿意了解他们搭档的观点。虽然负面和混合的评论较少，但最普遍的意见之一是，与正常的课堂工作量相比，这个项目太耗时了。

图 6.3 总结了学生对项目式学习方法的工作量的看法，与整个学期的常规课程相比，项目式学习方法的工作量更大。我们只介绍了 FLAP 和 SLAP 中语言学分析的学生看法，因为我们发现章节讨论的工作量与常规课堂作业的工作量相似。图 6.3 显示，学生明显发现项目式学习工作比整个学期其余时间采用的更传统的教学方法更耗时。

学生评论

我认为这非常耗费时间，我希望可以在上课的时候讨论一些文本文件［包含语言学分析的数据］，或者在课堂上分组进行研究。

（美国学生，FLAP 第二次会面）

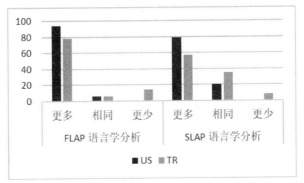

图 6.3 学生对项目式学习的工作量与常规课程相比的感受

与这个课的常规比，我在这个项目上多花了三到四小时。但是，这个项目与语言学和语言习得有关，帮助我更好地理解学习的内容。

（土耳其学生，FLAP 第二次会面）

总之，第一个研究问题的结果显示，尽管项目式学习的工作量比课程中通常的学习方法要重，但学生对项目式学习的看法是正面的。学生的评论清楚地表明，他们认识到一起学习第一语言和第二语言习得的话题并完成两个相关项目的价值。

## 学生如何自我评估和相互评估自己的跨文化远程协作项目式学习的表现和过程？

通过评估学生对 FLAP 和 SLAP 问题的反思，探讨了学生对其跨文化远程协作项目式学习表现和过程的自我评估和同伴评估的看法。图 6.4 总结了学生对 FLAP 和 SLAP 中的自我评估。土耳其的学生对他们在每次会面的总体表现的自我评估各不相同。例如，在 FLAP 讨论会议后，只有 47% 的土耳其学生对自己的表现持正面看法，而 24% 和 28% 的学生对自己的表现持混合和负面看法。这与 100% 的美国学生对 FLAP 讨论持正面看法形成了鲜明的对比。然而，我们看到，在随后的会面中，土耳其学生对自己表现的正面看法有所增加。例如，在第二次 SLAP 会面上，土耳其学生的正面认知率最高，达到 96%。

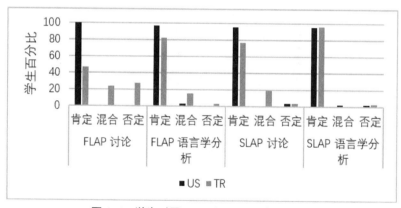

**图 6.4　学生对于 FLAP 和 SLAP 的自我评价**

总体而言，美国学生对他们在整个项目中与搭档一起完成活动的能力有非常正面的看法，这些有正面看法的学生所占比例从未低于 92%。美国和土耳其学生对他们合作的一些回答包括：

有些问题很难回答，但我们可以回答第十三章 [FLAP] 的所有问题。我可以讨论所有的问题，因为我读了这一章，在重要的部分划线并做了笔记。我准备充分，所以我可以参与讨论。

（土耳其学生，FLAP 第一次会面）

我们可以在会面前回答所有问题，并在会面时讨论其中涵盖的大部分问题。

（美国学生，FLAP 第一次会面）

我们甚至讨论了超过提示要求的内容。

（美国学生，FLAP 第二次会面）

我们回答了所有的问题，但她在土耳其语的单词方面有一些问题，而且没有视频电话，所以我无法展示我们是如何写作的。我把文字和 IPA 格式寄给了她。

（土耳其学生，FLAP 第一次会面）

我们差点就解决了。然而，在语义部分我们遇到了一些困难。

（土耳其学生，FLAP 第二次会面）

图 6.5 显示了四次 FLAP 和 SLAP 会面的平均百分比。可以看出，所有学生总体上都对自己搭档的参与给予肯定。然而，土耳其学生对美国学生参与项目的平均"正面"感受较低。

图 6.6 显示了学生对自己和搭档在四次 FLAP 和 SLAP 会面中参与情况的平均看法。与美国学生相比，土耳其学生的自我参与感和搭档参与感略低。约 96% 的美国学生表示，在项目式学习参与方面，他们对土耳其搭档持肯定的看法，相比之下，约 86% 的土耳其学生对美国学生持有相同的看法。

土耳其和美国学生在搭档参与性评估方面有差异，这些对搭档准备工作的评估差异在先前的报告中有反映，图 6.6 也有所揭示。事实上，一些土耳其学生的评论反映了这种差异：

在项目完成时也许我比我的搭档参与更多，因为我准备得更充分一些。

（土耳其学生，FLAP 第二次会面）

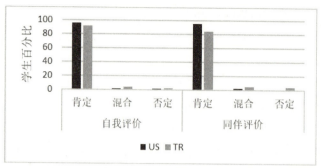

图 6.5 学生对 FLAP 和 SLAP 准备的自我评价和对搭档的评价

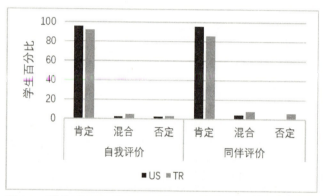

图 6.6 学生对 FLAP 和 SLAP 参与的自我评价和对搭档的评价

我的搭档在周二没有准备好,因为她没有足够的时间来学习这个项目,但这对我来说不是问题。我帮助她把问题和第十三章内容结合起来。虽然她一开始没有很好地参与,但我的搭档对另一次会面做出了同样重要的贡献。

(土耳其学生,FLAP 第二次会议)

我认为我的搭档为这个项目做了很好的准备。

(美国学生,SLAP 第二次会议)

总的来说,学生的积极看法表明,最终他们对自己和搭档为 FLAP 和 SLAP 项目所做的准备和参与普遍感到满意,美国学生只比土耳其学生稍微积极一些。美国学生从第一次项目式学习会面到最后一次会面都对自己的土耳其搭档持肯定态度,而土耳其学生在第一次会面时对自己的美国搭档持消极态度，但在其余会面时则持肯定态度。

## 讨论和总结

总的来说，尽管有少数学生有负面或混合的看法，但整体上土耳其和美国学生都对跨文化远程协作项目式学习有正面的看法。这些发现与以前的项目式学习研究结果形成对比，之前的研究发现尽管项目式学习被认为是一种有效的教学方式，但在一些项目式学习实施中，不是所有的学生都青睐通过项目进行学习。在莫尔顿和霍姆斯（Moulton & Holmes, 2000）的研究中，大量学生退出了语言课，"对被要求完成非语言性任务感到反感"（第28页）。在另一项研究中（Beckett, 1999），一半学生只想专注于语法和词汇，认为项目式学习分散注意力。与这些研究相比，关于这些项目与课程内容无关或分散注意力，我们没有收到任何来自学生的负面反应。我们设计了FLAP和SLAP来促进语言、内容和技能的同步学习，这可能解释了学生对我们的研究普遍反应积极。以往的研究中，学生开展项目的主要目的是学习语言，而我们的研究有所不同，我们的研究中，学生专注于语言学教科书中第一语言习得和第二语言习得章节的内容，同时用语言来扩充他们的语言知识，解决基于真实语言数据的语言学问题。贝克特和斯莱特（Beckett & Slater, 2005）将这种同时学习语言、内容和技能的方式描述为帮助学生"看到基于项目教学的价值"（第115页）。我们的研究结果支持他们的框架，证明了项目式学习中语言、内容和技能的价值和内在的整合。

在实施项目式学习时，参与学生的语言能力水平和实践目标（即语言、内容或技能）也可能对学生如何看待项目式学习产生影响。在我们的研究中，美国学生英语是母语，土耳其学生是主修英语教育的本科二年级学生。我们明确的重点是完成FLAP和SLAP，而语言和远程协作技能的发展则被整合到项目中。在对本科生的项目式学习研究中，普邦（Poonpon, 2011）使用项目式学习来提高泰国大学生的语言技能，并报告说他们发现项目式学习适合于他们的课程。在另一项基于技能的项目式学习研究中，孔敬大学的本科生也对项目式学习持肯定态度，并认识到其价值和好处（Srikrai, 2008）。与这些研究相反，其他针对通过项目学习语言的研究结果比较消极（例如，Beckett, 1999）。与贝克特和斯莱特（Beckett & Slater, 2005）在他们的项目框架中所提出的一致，当项目式学习作为一种语言、内容和技能的综合方法实施时，似乎效果更好。也就是说，项目式学习本质上提供了促进语言发展的机会，因为语言是学生理解项目中培养知识和技能的工具。

我们的学生对跨文化远程协作项目式学习肯定看法的另一个可能解释也许是他们觉得项目式学习的目标很明确。在项目框架中，贝克特和斯莱特（Beckett & Slater, 2005）认为学生应该认识到"通过项目工作产生的语言、内容和技能发展"（第110页）。我们的学生知道，项目式学习活动的目标是掌握第一语言和第二语言习得章节的内容，并将这些知识应用于真实的语言数据分析，同时与同龄人互动，这可能有助于他们了解项目式学习的价值。

正如马林诺夫斯基和克拉姆契（Malinowski & Kramsch, 2014）所指出的，在线跨文化会面存在技术困难。我们学生的主要意见是他们与搭档之间的时差。据报道，时区差异是对在线跨文化学习体验产生负面影响的一个因素（例如，Liu, Liu, Lee, & Magjuka, 2010），对于来自时差超过四到五个小时的国家的学生来说，这是一个特别重要的问题。一位美国学生的一条评论也引起了人们的注意，即远程合作项目式学习应该选择提供面对面交流的工具，特别是当母语和非母语人士互动时："看不到她的嘴在动实际上让我更难理解她，我相信她也会这么认为。如果看到她说话有助于我理解她在说什么。"

由于项目式学习让学生积极参与教育过程，给予他们学习者的全部责任，因此该过程比通常的课堂开展需要时间更多。早期研究发现，项目式学习的工作量和难度导致学生产生消极态度（例如，Beckett, 1999; Moulton & Holmes, 2000）。虽然我们的学生也报告说，项目式学习的工作量超过了常规课堂的工作量，但这并没有导致负面认知。正如戈麦斯-帕洛斯、德尔波佐和穆诺兹–雷皮索（Gómez-Pablos, del Pozo, & Muñoz-Repiso,

2017）恰当地指出，"创新实践需要额外的时间"（第510页），非常令人高兴的是，这种教学方法所需的额外时间并未在学生中造成总体挫折感。

关于项目式学习已有大量研究，但多利和赛德勒（Dooly & Sadler, 2016）指出远程协作项目式学习研究很少。虽然远程协作项目式学习是一种教学实践创新，但如何围绕远程协作为积极的学习体验和结果设计最佳的项目式学习仍然是一个相对需要探索的问题。本研究作为一个案例，通过目标为导向和结构化的远程协作项目式学习引导学生正面认知。后续的研究可以通过对语言学习和技能发展进行分析，补充基于认知的远程合作项目式学习研究，这将对该领域的研究做出重要贡献。

# 参考文献

Beaumont, C., Savin-Badenb, M., Conradic, E., & Poulton, T. (2014). Evaluating a second life problem-based learning (PBL) demonstrator project: What can we learn? *Interactive Learning Environments*, 22(1), 125–141. doi:10.1080/10494820.201

Beckett, G. H. (1999). *Project-based instruction in a Canadian secondary school's ESL Classes: Goals and evaluations* (Unpublished doctoral dissertation) University of British Columbia. Retrieved from https://circle.ubc.ca/bitstream/id/24487/ubc_1999-463176.pdf

Beckett, G. H. (2005). Academic language and literacy socialization through project-based instruction: ESL student perspectives and issues. *Journal of Asian Pacific Communication,* 15(1), 101–206. doi:10.1075/japc:15.1.12bec

Beckett, G. H., & Slater, T. (2005). The project framework: A tool for language, content, and skills integration. *ELT Journal*, 59(2), 108–116. doi:10.1093/eltj/cci024

Biasutti, M., & EL-Deghaidy, H. (2015). Interdisciplinary project-based learning: An online wiki experience in teacher education. *Technology, Pedagogy and*

*Education,* 24(3), 339–355. doi:10.1080/1475939X.2014.899510

Blumenfeld, P. C., Soloway, E., Marx, R. W., Krajcik, J. S., Guzdial, M., & Palincsar, A. (1991). Motivating project-based learning: Sustaining the doing, supporting the learning. *Educational Psychologist*, 26(3), 369–398. doi:10.1080/ 00461520.1991.9653139

Breunig, M. (2017). Experientially learning and teaching in a student-directed classroom. *Journal of Experiential Education*, 40(3), 213–230. doi:10.1177/1053825917690870

Buck Institute of Education (2003). *Project based learning handbook: A guide to standards-focused project based learning for middle and high school teachers.* (2nd ed.). Hong Kong: QuinnEssentials.

Chen, M., & Hirch, R. (2020). A research-based framework for assessing technology-infused PBLL. In G. H. Beckett & T. Slater (Eds.), *Global perspectives on project-based language learning, teaching, and assessment: Key approaches, technology tools, and frameworks* (pp. 224–243). New York, NY: Routledge.

Chu, S. K. W., Zhang, Y., Chen, K., Chan, C. K., Lee, C. W. Y., Zou, E., & Lau, W. (2017). The effectiveness of wikis for project-based learning in different disciplines in higher education. *Internet and Higher Education*, 33, 49–60. doi:10.1016/j.iheduc.2017.01.005

Dooly, M., & Sadler, R. (2016). Becoming little scientists: Technology enhanced project-based language learning. *Language Learning & Technology*, 20(1), 54–78. Retrieved from http://llt.msu.edu/issues/february2016/doolysadler.pdf

Frank, M., & Barzilai, A. (2004). Integrating alternative assessment in a project-based learning course for pre-service science and technology teachers. *Assessment & Evaluation in Higher Education*, 29(1), 41–61. doi:10.1080/0260293042000160401

Gómez-Pablos, V. B., del Pozo, M. M., & Muñoz-Repiso, A. G. (2017). Project-based learning (PBL) through the incorporation of digital technologies: An evaluation based on the experience of serving teachers. *Computers in Human*

*Behavior*, 68, 501–512. doi:10.1016/j.chb.2016.11.056

Lantolf, J. P., & Beckett, T. (2009). Research timeline for sociocultural theory and second language acquisition. *Language Teaching*, 42(4), 459–475. doi:10.1017/S0261444809990048

Lee, S. (2014). CALL-infused project-based learning: *A case study of adult ESL students learning prepositions* (Unpublished master's thesis). Iowa State University. Retrieved from https://lib.dr.iastate.edu/cgi/viewcontent. cgi?referer=www.google.com/&httpsredir=1&article=5181&context=etd

Lee, H. Y., & Lim, C. (2012). Peer evaluation in blended team project-based learning: What do students find important? *Educational Technology & Society*, 15(4), 214–224.

Liu, X., Liu, S., Lee, S., & Magjuka, R. J. (2010). Cultural differences in online learning: International student perceptions. *Educational Technology & Society,* 13(3), 177–188.

MacWhinney, B. (2000). *The CHILDES project: Tools for analyzing talk* (3rd ed.). Mahwah, NJ: Lawrence Erlbaum Associates.

Malinowski, D., & Kramsch, C. (2014). The ambiguous world of heteroglossic computer-mediated language learning. In A. Blackledge & A. Creese (Eds.), *Heteroglossia as practice and pedagogy* (pp. 155–178). Dordrecht: Springer.

Mohan, B. (1986). *Language and content.* Reading, MA: Addison Wesley.

Moss, D., & van Duzer, C. (1998). *Project-based learning for adult English learners.* Washington, DC: National Center for ESL Literacy Education. Retrieved from www.cal.org/caela/esl_resources/digests/ProjBase.html

Moulton, M. R., & Holmes, V. L. (2000). An ESL capstone course: Integrating research tools, techniques, and technology. *TESOL Journal,* 9(2), 23–9. doi:10.1002/j.1949–3533.2000.tb00242.x

Poonpon, K. (2011). Enhancing English skills through project-based learning. *The English Teacher,* 40, 1–10. Retrieved from https://journals.melta.org.my/index. php/tet/article/view/258/155

Riazi, A. M. (2016). *The Routledge encyclopedia of research methods in applied* linguistics: Quantitative, qualitative, and mixed-methods research. New York, NY: Routledge.

Sadler, R., & Dooly, M. (2016). Twelve years of telecollaboration: What we have learnt. *ELT Journal*, 70(4), 401–413. doi:10.1093/elt/ccw041

Slater, T., Beckett, G. H., & Aufderhaar, C. (2006). Assessing projects as second language and content learning. In G. H. Beckett & P. Chamness Miller (Eds.), *Project-based second and foreign language education: Past, present, and future* (pp. 241–260). Greenwich, CT: Information Age Publishing.

Slater, T., & Mohan, B. (2010). Cooperation between science teachers and ESL teachers: A register perspective. *Theory into Practice*, 49(2), 91–98. doi:10.1080/00405841003626478

Srikrai, P. (2008). Project-based learning in an EFL classroom. *Journal of Humanities and Social Sciences, Khon Kean University*, 25, 85–111.

Stoller, F. (2006). Establishing a theoretical foundation for project based learning in second and foreign language contexts. In G. H. Beckett & P. C. Miller (Eds.), *Project-based second and foreign language education: Past, present, and future* (pp. 19–40). Greenwich, CT: Information Age.

van den Bergh, V., Mortelmans, D., Spooren, P., van Petegem, P., Gijbels, D., & Vanthournout, G. (2006). New assessment modes within project-based education—The stakeholders. *Studies in Educational Evaluation*, 32, 345–368. doi:10.1016/j.stueduc.2006.10.005

van Lier, L. (2004). *The ecology and semiotics of language learning: A sociocultural perspective.* Boston: Springer.

Zachoval, F. (2013). Individualized project-based reading and its effect on students' reading habits and beliefs. *Russian Language Journal,* 63, 113–133. Retrieved from www.jstor.org/stable/43669233

Zhang, K., Peng, S. W., & Hung, J. (2009). Online collaborative learning in a project-based learning environment in Taiwan: A case study on undergraduate students' perspectives. *Educational Media International*, 46(2), 123–135. doi:10.1080/09523980902933425

# 第七章 "你觉得这个项目怎么样？" 技术增强型项目式语言教学案例研究

梅琳达·多利[①]，多勒斯·马萨茨[②]
（Melinda Dooly and Dolors Masats）

## 引言

在过去几年中，人们公开质疑技术在当今这样一个全球化的世界中的作用。然而，与此同时，教师和学生使用多种方式在课堂内外交流，为了促进学生与世界各地更广泛的受众互动而广泛使用技术（Dooly, 2010, 2015, 2017; Dooly & O'Dowd, 2018），这些又让人们越来越认识到技术资源对学习环境的影响（Jones & Binhui, 2011; Masats, Dooly, & Costa, 2009; Norman, 2014）。

正如马萨特等人（Masats et al., 2009）所言，如今，孩子们在"联网"

---

[①] 梅琳达·多利（Melinda Dooly）：巴塞罗那自治大学语言文学和社会科学教育系研究员和高级讲师，研究方向包括技术增强的项目式语言教学。

[②] 多勒斯·马萨茨（Dolors Masats）：巴塞罗那自治大学教师培训师和研究员，安道尔教育文化部项目式跨学科课程设计顾问。作为GREIP（多语言教学与互动研究中心）的成员，主持或参与了许多基于课堂的国内和国际研究项目。

社会中长大，很快成长为技术熟练、希望使用技术的用户。然而，正如兰伯特和库珀（Lambert & Cuper, 2008）指出的那样，技术不仅仅只是作为重复教师所主导的学习任务时进行的"有趣噱头"，只有学生们在课堂上习惯性和明智地使用技术时才有可能培养21世纪所需的技能。现在，教师面临的挑战是教授新技能，而不仅是更好地教授旧技能（Chen et al., 2000; Dooly, 2018）。这无疑需要深刻反思，在学习过程中，应该如何设计把交际技术（Dooly, 2018）充分融入交际性目标语言学习活动中。学习任务应围绕技术资源进行规划和实施，模仿"现实世界"中可能的情况，以便学生创造性地使用这些任务，包括使用多种技术工具与他人互动，以解决问题、共享知识、协作思考，并把这些想法表达出来（Dooly, 2010, 2017）。

这一状况在语言教育领域也存在。通过思考技术在我们生活中扮演的角色，特别是在课堂实践中的应用，我们很快认识到学习必须定位且植根于学生参与的所有社会实践，包括他们对技术资源的日常使用。将项目工作场景（见Beckett, 1999; Beckett & Slater, 2005）引入语言教育，结合丰富的技术资源，可以通过多利和赛德勒（Dooly & Sadler, 2016, 第54页）所称的"技术增强型项目式语言教学"（以下简写为TEPBLL）来响应号召，创新和提升21世纪所需的技能。

随着教学实践中数字通信的逐步普及，我们应当对这些做法的结果进行研究。在这方面，多利和赛德勒（Dooly & Sadler, 2016）主张对TEPBLL进行更多元化的研究，重点关注"通过应用产品的个体结果来验证方法"和"对过程进行广泛调查"（第54页）。他们认为，这样的研究将有助于更好地理解"项目内容、材料、资源、技术、教学策略和人际互动的整合如何有助于TEPBLL成功实施"（第54页）。他们提出了一种通过远程协作将技术、语言学习和项目式学习相结合的典型做法。多利（Dooly, 2017）将远程协作定义为：

> 通过在线或数字通信工具（如计算机、平板电脑、手机）与来自不同地区的个人或团体进行沟通和合作，共同产生大家期望的工作成果的过程。
>
> （169-170页）

## 第七章·"你觉得这个项目怎么样？"技术增强型项目式语言教学案例研究

多利（Dooly, 2017）认为，远程协作可以在教室、家庭、工作场所或实验室同步或异步进行。在教育领域，远程协作可以专注于学习、社会互动、对话、跨文化交流和沟通，这对语言教育很重要。虽然高等教育远程协作的研究（参见 O'Dowd, 2016; Sarıcaoğlu & Geluso, 2020, 本书第六章）越来越多，但关于未成年语言学习远程协作的研究却很少。不可避免的是，未成年学生外语教学有其固有的复杂性。最重要的是，与年龄大些的学生所需的技术技能相比，未成年学生更需要简短的材料和活动。此外，在外语学习课堂上使用技术来设计情境时，应符合以下条件：所有的学生，无论年龄大小，都能以现实的、有意义的和可交流的方式使用其拥有的（外语）语言知识（Dooly & Sadler, 2016）。本章希望为此做出些贡献。

首先，我们将简要追溯 TEPBLL 的根源，然后分析两组课堂（6 至 7 岁和 12 至 13 岁）的师生所参与的技术支持项目式语言教学。作为远程协作大项目的一部分，我们将重点关注基于技术的课堂互动为学习提供背景和指导的那些任务。我们对第一组课堂的讨论集中在教师话语，教师如何通过技术这一中介，向年龄较小的学生展示吸引和调动他们的任务，以此来复习或学习新的语言形式。我们对第二组课堂的讨论集中在技术是如何影响三个少年之间的同伴互动并引发语言意识的。

# 技术增强型项目式语言学习（TEPBLL）

项目式学习（PBL）可以追溯到整整一个世纪前杜威（Dewey, 1916）的假设，即"边做边学"是通往成功的唯一可能途径。如本书第一章所述，项目式学习在所有课程科目中都得到支持，包括二语和外语学习（见 Beckett & Slater, 2005; Fried Booth, 2002; Stoller, 2006）和技术增强型项目式语言学习（Dooly, 2011, 2013, 2015, 2017; Dooly & Sadler, 2016; Mont & Masats, 2018）。多利（Dooly, 2013）认为，人们经常混淆任务型语言教学（TBLT）和项目式语言教学，因为这两种方法都提议课堂以目标为导向、注重意义、并有明确的结果（Bygate, Skehan & Swain, 2001; Ellis, 2003）。这两种方法的区别在于，在项目式语言教学中，项目的目标是真实的，项目结果的接收者是真实的（适用于课堂以外的情况），而在任务型语言教学中，任务的原因通常只与"世界上"的某个事物间接相关；任务通常是教师设计的、对"真实"情境事件进行的模拟，以引出特定的语言练习。因此，项目式语言教学和 TEPBLL 基于类似的一种信念，即当课堂上采用的教学方法将内容和目标语言与学生课堂外的现实联系起来时，可以促进语言学习。这种设计通常与其他学科的教师合作进行（González, Llobet, Masats, Nussbaum & Unamuno, 2008; Masats & Noguerol, 2016; Moore & Nussbaum, 2011）。

顺序性综合循环是项目式语言教学和 TEPBLL 的特色。这些方法提出一些在认知、人际关系和沟通方面要求较高、具有挑战性的任务，学生如果完成这些任务，最终结果会对学校以外的受众产生影响，并成为社区的一部分。在 TEPBLL 中，确保学生有机会将目标语言用于真实目的，因为他们可能比在课堂上的同伴面向更广泛的受众。理想情况下，他们在学习目标语言的同时，与世界各地的合作伙伴讨论、辩论、分享和共同构建知识。这种方法，不仅仅是让语言学习者在课堂外与他人"交谈"（Dupuy, 2006），也指经常与世界另一端的伙伴进行合作，共同构建项目的最终产品。

# 研究方法

本研究的主要方法是对话分析法（CA）。该方法源于社会学家哈维·塞克斯和伊曼纽尔·谢格洛夫（Harvey Sacks & Emanuel Schegloff）在 20 世纪 60 年代早期的工作，该方法侧重于社会互动的"自然"数据，通过特别关注"谈话—互动"，追溯意义建构共享的组织和顺序（Hutchby & Wooffitt, 2008）。对话分析法在语言课堂研究中已经得到证实（例如，Barraja-Rohan, 2011; Markee, 2015; Markee & Kasper, 2004; Masats,2008;

Seedhouse, 2013），最近，对话分析法开始用于在线和远程协作语言学习环境的研究（参见 Balaman & Sert, 2017a, 2017b; Dooly, 2018; Dooly & Tudini, 2016; Jenks & Firth, 2013; Tudini, 2010, 2013）。

本研究的第一组数据来自两个学校的儿童通过互联网进行的交流。其中，一所学校位于西班牙巴塞罗那附近，参与者为六岁儿童，另外一所学校位于加拿大安大略省，参与者为七岁儿童。这个名为"艺术之旅"的项目，在设计时涉及跨学科和多语言（加泰罗尼亚语、西班牙语和英语），从而使多种能力得到发挥。研究旨在了解各种能力的发展情况，如语言能力（如互动能力）、数字能力、艺术能力和跨文化能力。在这个项目中，这些儿童接触了两位艺术家的作品和艺术方法，这两位艺术家在学校各自的社区里都很有名。在研究这些艺术作品时，也引入了不同的学科主题，例如，地理（作品中描述的地点）和社会科学：交通类型（例如，讨论艺术家如何前往这些地点）以及空间和时间概念（全球的距离，到达所需的时间，等等）。

本研究的第二组数据来自一个跨文化的远程合作项目，名为"如何有作所为"。该项目是瑞典和西班牙两所中学之间远程协作交流的一部分。在这些活动中，学生以英语作为通用语言，通过一系列共享活动和创造性任务，共同研究欧洲的叙利亚难民这一社会政治话题。该项目旨在通过一系列的研究和讨论活动来引导学生，帮助他们理解政治难民的含义，并更好地理解当前欧盟（EU）安置叙利亚难民的政策。最后的成果会以博客形式呈现出来，旨在提高公众对局势的认识，并就欧盟公民如何积极促进解决难民和地方政府面临的一些挑战提出建议。第二组数据中两组学生的英语水平都处于中下和中等水平。这两项研究都通过研究伦理的批准。对于未成年的参与者，我们获得了家长许可，并使用假名以保证匿名性。

# 技术作为学习的空间

"学习空间"的概念由沃尔什（Walsh, 2011）提出，指的是学生和教师为加强课堂交流（特别是目标语言）而采取的行动。它也指参与者根据所进行的课堂任务特点和要求，调整语言形式和互动模式，以达到教学目标的方式。我们认为，在 TEPBLL 实施过程中，技术有助于创造学习空间。例如，在摘录 1 中，几个六岁的学生正在玩一个由教师和研究人员设计的在线匹配游戏，以帮助学生回顾迄今为止在"艺术之旅"项目中所学到的内容知识。学生必须将一位加泰罗尼亚艺术家琼·阿贝洛（Joan Abelló）的作品中所描绘的地标与它们所在的城市联系起来（例如，阿贝洛的红磨坊画作应该与巴黎相匹配）。我们可以观察到匹配游戏如何帮助建立这个学习空间的微观背景。在这个空间里，教师通过技术促进学习，从而使互动模式激发学生已经拥有的语言和内容知识。

摘录 1."艺术之旅"。描述在线匹配游戏的第一个屏幕画面（文字转录标识见本章末的附录）。

参与者：TR（教师），PA（Pau），学生 3（ST3），学生 11（ST11），学生 12（ST12），学生一起回答（SS）

138. TR：Pau/ 这里你看到什么？你看到了什么？这是什么？

备注：[把学生带到黑板前，在屏幕上可以看到配对游戏。指向画]

(0.02)

139. PA：四角形

（翻译）绘画

140. TR：是的 (.) 英语里面 quadres 怎么说？[转向全班]

(2.09)

141. ST11：ph- ph- PA:nt-

142. TR：[PA:int-]

143. ST11：[ppp° PA:inting° ]

备注：[TR 指向学生]

144. ST11: PA:INTING

145. TR: 击个掌 (1)[伸出手来；击掌声] 非常棒！ pa:intings: 跟我读。

146. SS：PA:INTINGS

147. TR：我们有多少个？［举起手指，似乎在数数］一个［指着第一幅画］

148. SS：两个（.）三个（.）［四］（.）五［教师在数数时移动手指指向每一幅画］。

149. ST12：［五］

150. TR：很棒\五张不同的画（.）fro:m［举起五个手指］(0.44) 罗布 - 冈萨雷斯？［学生举手］我们这里有什么？

151. SS：琼·阿贝洛（JOAN ABELLÓ）

152. TR：我不知道\请你读一下，这里是法国的哪里？

153. ST3：PA:ris (.) 法国

备注：［学生起身指着一幅画下的字，上面写着'巴黎'］

154. TR: ahh:: 好记性\

在话轮138，教师说了一连串的句子，要求小组中的一个学生Pau（PA）描述他在游戏的第一个屏幕上看到的内容（"你看到了什么？这是什么？"）。Pau用加泰罗尼亚语说出答案（quadres；话轮139），然后教师要求其他同学翻译Pau使用的加泰罗尼亚语单词（话轮140）。当她观察到试图回答的学生（ST11）在发音上有问题时（话轮141），她就念出了第一个音节（话轮142），并让全班（SS）一起说出完整的形式（话轮143）。紧接着，她向首先尝试回答的学生（ST11）发出信号，让他重复全班说出的单词，该生成功地再现了所强调的词汇形式（话轮144），教师表扬了他（话轮145），然后要求班上的其他同学（SS）一起朗读，学生一起朗读（话轮146）。

教师在所有学生都理解了"绘画"这个词的含义并知道如何发音后，她利用这些知识从学生那里获得新的信息。为了做到这一点，她利用学生已经熟悉的语言形式（在这里是用英语表达10以内的数字单位）。首先，她用手指鼓励学生数屏幕上的图片（话轮147和148），然后总结了他们的答案。"很棒\五幅不同的画"，最后抓住这个答案来提出一个新的问题，使用"from"的拉长发音。她故意把画家的名字说错："是罗布 - 冈萨雷斯（Rob Gonçalves）的"（话轮150），以引起他们对绘画内容的了解。通过给出（实际创作了屏幕上的艺术品的）画家的名字（（"琼·阿贝洛"，话轮151），学生证明他们已经理解了她的意思。在整个简短的互动过程中，教师将学生的注意力集中在突出的目标词"绘画"上。因此，利用技术，教师成功地让学生注意到并练习了一个目标词的形式（绘画），同时将互动情境嵌入其中，让他们回顾了以前学过的内容知识（例如，地理位置、艺术家的作品），这些都是这个项目中的内容。

然后，教师继续开展活动，想让学生明白为什么图片下面有文字。这里需要重点说一下，这些学生刚开始学习母语阅读，所以他们的英语识字能力很有限。这就解释了为什么教师要确保他们认识画中所描绘的单词（也就是城市的名称）。在该项目的前几节课中，学生在世界地图上寻找城市的位置时遇到了困难，教师没有明确指示他们阅读这些单词；相反，她询问了其中一幅画所描绘的国家名称（"这是法国的哪里"，话轮152），希望学生只阅读屏幕上的一个名字来提供正确答案。

摘录1展示了课堂互动中的一个时刻，教师还没有要求学生使用现有的技术（游戏包括点击屏幕来匹配图片和单词）。乍看之下，在这个特定时刻的学习空间里，技术似乎没有对创造起到关键作用。然而，实际上，技术的存在提供了"适当的语言使用（互动方式）[所以]教师[增加]学生的学习机会"（Walsh & Li, 2013, 248页），因为教师让学生对匹配游戏中涉及的口头和书面目标语言形式进行了初步讨论。此外，这种持续使用与个人和全体学生的口语互动扩大了该学习空间内的交流机会，特别是考虑到所使用的技术可以在更"传统模式"的课堂IRF1中使用（Sinclair & Coulthard, 1975）。也许更重要的是，技术还被用作一种支持工具（作为达到目的的手段，而不是目的本身），帮助学生获得继续进行项目所需的内容和语言知识，这涉及根据两位艺术家的画作和画作地点创建电子书。

技术有时也作为一种工具，在真实的使用环境中为引入新的语言形式提供支持。如前所述，在"艺术之旅"项目中，学生必须熟悉两位画家的作品。作为该过程的一部分，学生受邀参观第二人生中的一个虚拟画廊2，里面有这两位艺术家的画作以及其他知名艺术家的作品，如梵·高和伦勃朗。参观这个虚拟艺术馆会有几个活动，其中最后一个是引导学生在听完加拿大远程协作伙伴在课前发给他们对画作描述的录音信息后，找到加拿大艺术家的画作（该画家的作品还没有向他们介绍）。史努比（由坐在房间后面的研究人员操纵）是学生探索该艺术馆时的虚拟向导。这意味着这些小语言学习者必须与史努比互动，给他简单的指示，告诉他该去哪里，以便让他移动并观看虚拟艺术馆中的不同绘画。

摘录 2 记录了教师向学生展示画廊的时刻。接下来的分析中，我们可以观察到技术的作用，在这种情况下，"第二人生"平台在这种情况下发挥了作用。

摘录 2."艺术之旅"。向孩子们展示虚拟画廊。
参与者：TR（教师），学生 1 （ST1），MC（马塞尔），RO（罗兰多）
15. TR: 来一个自愿回答问题的 \
16. ST1: yo （（举手））
trans: 我
(0.02)
17. ST2: yo
trans: 我
(0.44)
18. TR: 马塞尔 \ 你能告诉史努比向左走吗？
Notes: ((Marcel 站了起来))
19. MC: 史努比 \ (.) 向左走
20. TR: 啊 (( 张大嘴巴 )) (0.05) (( 看着屏幕上的虚拟史努比向左转，开始走 ))
Notes: (( 假装惊奇，然后看向学生 ))
(0.76)
21. TR: 看 (.) STOP 停 (( 史努比停下来 )) 史努比停下来了 (.) 你们看 STOP 是个很重要的词，因为史努比会 [stop]
22.ST1: [mola]
trans: 酷
23.TR: 马上 (( 在黑板上写 stop)) (1.11) 啊 \ 现在我们来看看这些

不同的画 \ (0.34) (( 指着史努比前面的四幅画 )) 这儿 /(( 发出铃响的声音；指着虚拟艺术画廊左边的画 )) 你们记得这幅画吗？(1.01) (( 指着阿贝洛的特拉法加广场 ))

24. RO: que es el trafalgo
trans: 噢，这是特拉法加（广场）

学生在教室屏幕前围成一圈坐着，这时教师指定一名志愿者马塞尔，重复她示范的指令（话轮18：告诉史努比向左走）。马塞尔站起来重复指令（话轮19）。此时，坐在房间后面拿着电脑的研究人员移动电脑中的左箭头，虚拟史努比开始动并转向左边。教师假装惊讶（话轮20），保持沉默几秒钟，观察学生的反应，然后示范新的指令（话轮21），向孩子们指示他们应该如何命令史努比停止移动。

在这段摘录中，技术的作用至关重要，因为它为学习提供了丰富的空间：一个真实输入的环境，在这个环境中，学生有机会首先推断英语中使用的命令（停止、向左走）的含义，然后重现这些词汇，为另一个人（虚拟）提供方向。在这篇简短的数据摘录中，学生有机会注意到目标形式（教师解释说："告诉史努比向左走""停止是一个非常重要的词"），也有机会通过发现导向的任务专注于意义（Nunan, 2003），他们还体验到目标语言的真实使用，因为他们看到自己的命令具有人们所谓的交际影响：孩子们让史努比移动，这个虚拟影像就执行他们的命令。

当然，人们认识到"真实"的定义可能会有问题。吉尔摩（Gilmore, 2007）在其关于语言教学真实性的评论中指出，"真实性的概念可以体现在文本本身、参与者、社会或文化情境和交际行为目的当中，或者这些的组合"（第98页）。可以说，虚拟世界不是真实的，学生实际上并没有与教室外的任何人进行互动（研究人员在操纵虚拟影像）。然而，我们认为，这项技术使得学生以真实和有目的的方式与另一个有知觉的生物互动成为可能，对他们来说，这样做是有意义的。正如学生1在话轮22所说的那样，当他意识到史努比在对他们的话做出反应时，大声喊"酷！"显示出这些小学生非常激动。学生参与到与技术的互动，并看到他们在目标语言中使用的词语引发了另一方的反应。

第七章·"你觉得这个项目怎么样?"技术增强型项目式语言教学案例研究

# 通过 TEPBLL 关注语言形式

如前所述,社会建构主义的观点是我们理解语言学习过程的基础。语言学习是一种情境性的社会实践(Masats, Nussbaum, & Unamuno, 2007),原因是

> 学习在互动过程中进行,这不仅因为学生产生了语言输入和输出,还因为他们使用了尚未掌握的语言代码,这迫使他们反思语言形式和使用,以保持对话的流畅性。
> (Masats & Unamuno, 2001, 240 页)

事实上,TEPBLL 任务的任何片段都可以融入现实生活中,在这种情况下,如果学生感觉需要用项目的目标语言与他人交流,这会让他们专注于如何保持对话的流畅性,并帮助他们意识到准确传达信息的重要性。这在非同步通信中尤其重要,因为他们的对话者在地理和时间上都相距遥远(Vinagre & Muñoz, 2011)。技术增强型非同步计算机通信可以提供更多的机会,因为可以计划、练习、审查和修改语言产出,直到对话者对信息内容感到满意为止(Hirotani & Lyddon, 2013)。在接下来介绍的案例中,情境既不同步(三个男孩正在为他们的瑞典伙伴准备信息),也同步(与教师和同龄人面对面讨论),从维果茨基(Vygotsky)的社会文化角度来看,这提供了在学习空间中的纠正反馈(协作对话)的机会。

在该摘录中,三名青少年学生马库斯、詹米、安东尼(Marcus, Jaime & Antoni)使用智能手机作为录音设备,录制了一条简短的语音信息,发送给他们的瑞典合作伙伴,这些数据来自"如何有作所为"项目。

摘录 3 "如何有作所为":马库斯第一次修复了詹米的论述。
参与者:MA(马库斯),JA(詹米),AN(安东尼),SA(Sabrina:

萨布丽娜，研究员／教师）

备注：((学生在用手机录信息))

71. MA：我是马库斯 \

(0.17)

72. JA：嗨：我是詹米 \

73. AN：嗨 \ 我是安东尼 \

74. JA：你们交得（zinc）((误发音，应该是 think, 觉得))这个项目怎么样 /

75. MA：关于叙利亚难民：你们学到了什么 /

76. AN：= 你们在学校要学习多长时间 /

77. JA：= 瑞典天气怎么样 (.) /

(0.41)

78. MA：我们喜欢这个项目我们很开心（pleased）((发成了 please-ed))和你们一起做 \

备注：((孩子们在录音期间很合作))

79. MA：谢谢，再见 \

80. JA：[# 再见 #]

81. AN：[ 再见 ]

82. JA：[ 再见 ::]

备注：((所有的人都挥手))

备注：((马库斯停止了录音))

(1.0)

83. SA：嗨：(.) 你们应该笑一下 \ (.) 你们太严肃了 \

备注：((孩子们看着她))

备注 s：((马库斯戳了詹米一下；抓住他的胳膊))

84. MA：不，\ (.) has de dir (.)> 天气 <((很小心、很慢地发出这个单词读音))

Trans 你得说

85. AN：呵呵

86. JA：((微笑，转移了视线，稍微有点尴尬))

第七章·"你觉得这个项目怎么样?"技术增强型项目式语言教学案例研究

87. MA: [ 天气怎么 ]
88. SA: [ 让 - 让我们看看 \ 让我们看看 \]
89. MA: # 天气怎么样 #\
备注:((马库斯一边重复詹米的句子,一边伸手去拿手机))

正如我们在摘录3中看到的,其中一个男孩,詹米,在动词"think"(话轮75)的发音和用英语询问天气(话轮74)方面有问题,但男孩们继续录。他们三个人讲完后,马库斯关掉了手机录音机。教师为了让他们放松,告诉他们"笑一笑"(话轮83)。然而,马库斯并没有认可这位"成人专家",而是让詹米注意目标词的形式(你得说'天气',话轮84)而且把整个句子(话轮95)作为例子(话轮87和89)来修复他的话语。詹米似乎很尴尬(话轮86),所以教师建议他们播放录音并检查(话轮88)。马库斯拿起电话,同时重复了更正后的句子(话轮89)。在这个"合作协商"进行修复的例子中,小组中没有人注意到詹米把"think"读错的事实。相反,马库斯扮演着"语言专家"的角色(Masats, 2008, 2017),明确地引导詹米关注"天气"这个词的发音和正确使用。

在下一段摘录中,在马库斯的促使下,他们决定重新录音,马库斯之前告诉教师要再次录音,那个话轮在这里没有显示。

摘录 4."如何有所作为"马库斯第二次修改詹米的话语。
参与者:MA(Marcus 马库斯),JA(Jaime 詹米),AN(Antoni 安东尼),SA(Sabrina 萨布丽娜)
104. SA: 詹米 \ (.) 你能告诉我你的部分吗? \ 就你的那部分?
备注:((马库斯的手放在詹米的胳膊上;拿走了))
备注:((安东尼跳着接近手机))
105. JA: 呃:::
106. MA: la segunda
翻译:第二个
107. JA: ° si si si°
翻译:是,是,是

155

108. JA: ((低头看地板，好像在思考))

109. AN: ((从手机上抬起头来，用手示意马库斯，好像要给他看什么东西))

110. JA: 瑞典的 (.) 天气怎么样 \

111. MA: =WHAT'S the weather #like#

112. JA: °what the weath-°

113. SA: 来 \ (.) 瑞典的天气怎么样？\

备注：((马库斯斜过身看安东尼在拿手机做什么，两个人都咯咯笑起来))

114. SA: 你说得很快 \ (.) 是吧 /

115. SA: 是吧 \ (.) 就是 <慢一些 >\

备注：((马库斯露出了迷惑的表情))

116. JA: 瑞典的 (.)/ 天气怎么样 \ ((发音好些了))

117. SA: = 完美 \

118. SA: 谢谢你 \

在录音之前，教师提示詹米，可以在录音停止时练习句子。当教师对他讲话时，詹米似乎感到疑惑（eh:: 话轮105），马库斯立即再次干预（话轮106 '第二个'），以澄清他需要再说一遍的信息是哪一部分。詹米表示他已经理解了教师的意思（话轮107，'是，是，是'），尽管他花了一些时间来回答，但回答的时候，他仍然无法准确地演绎出目标句（话轮110），这引发了马库斯的再一次修复（话轮111）。马库斯明确地提示，请詹米注意这个词的形式和用法，他提高语调，提示问句代词后面需要使用动词 [是：WHAT'S]。詹米低声再次尝试，想正确地说出这个句子，当他失败时（话轮112），教师介入，让他冷静下来，并亲自示范目标形式（话轮113），同时进行嵌入式纠正（为他提供借口，说他说得太快了；话轮114），并提示詹米再次说出那句话（话轮115）。马库斯似乎对教师的干预感到惊讶，但詹米终于能够正确地说出句子（话轮116），随后教师对他进行了积极的强化（话轮117）。然而，马库斯对输出结果仍然不满意，他们最终进行了第三次记录（摘录5）。

# 第七章 · "你觉得这个项目怎么样？"技术增强型项目式语言教学案例研究

摘录 5 如何有所作为：马库斯仍然对詹米的表现不满意。

参与者:MA（马库斯）,JA（詹米）,AN（安东尼）,SA（萨布丽娜）,VRD（语音录制设备）

125. JA: 你们觉得这个项目怎么样？

126. MA: 你们对 > 叙利亚难民 < 学到了什么？

127. AN: 你们在学校要学几个小时？

128. JA: 天气 - (.) (( 微微笑 )) 瑞典的天气怎么样？

129. MA: 我们喜欢这个项目 \ 而且我们很开心 (( 发成了 please-ed)) 和你们一起做 \ 谢谢：　(.) 再见 \ (( 开始对这手机挥手 ))

备注 :(( 所有人都对着手机挥手 ))

130. AN: [ 再见 ::]

131. JA: [ 再见 ]

备注 :(( 马库斯伸出手，关掉了录音软件 ))

132. SA: 我们要看一看吗？还是发送？

备注 :(( 马库斯按了手机上的键 ))

133. MA: # 呃呃 # (.) # 等一 -#

134. VRD: 嗨 \ 我是马库斯 \ (.) 嗨 \ 我是詹米 \

备注 :(( 詹米转过头去，朝着衣袖打喷嚏 ))

135. VRD: (.) 嗨 \ 我是安东尼 \ (.) 你们觉得这个项目怎么样？(.)

136. VRD: 关于 > 叙利亚难民 >: 你们学到了什么？(.)

备注 :(( 孩子们整个时间都在盯着手机 ))

137. VRD (.) 你们在学校 \ 要学习几个小时？

备注 :(( 马库斯看看安东尼，拍拍他的额头，开始笑，安东尼往后靠，微笑，詹米看着马库斯，微笑 ))

138. VRD: (.) 天气 - 瑞典的 \ 天气怎么样？

备注 :(( 马库斯开始用他的手画圆圈，揉了揉头，微笑 ))

139. MA: 再来一次 \ (( 继续用手画圆圈，微笑 ))

詹米一开始就使用了错误的词汇形式，但他能够自我纠正并正确地说出他的词（话轮 128）。当他们讲完后，教师问他们是否想听听信息（尽管她使用"观看（watch）"这个词，但只是一种音频格式），还是直接发送给瑞典伙伴（话轮 132）。马库斯迫不及待地想再次播放他们的录音（备注），并立即开始行动。这三个男孩盯着智能手机，聚精会神地听他们录的片段（话轮 134 开始），而马库斯微笑着拍拍安东尼的额头（备注 137），也许是为了表示他不赞成安东尼刚刚说的台词；詹米似乎对此心照不宣。然而，当马库斯听到詹米的讲话时，他伸手拿电话，用双手做圆周运动和口头表示（"再来一次"，话轮 139）他想再录一遍。

正如我们所看到的，马库斯是三人中唯一表现出来担心联合制作准确性的成员。然而，安东尼和詹米都不反对多次重复录音，这表明制作准确的信息对他们来说同样重要。摘要 3、4 和 5 说明技术在监控学生对话、将他们的注意力集中在信息形式上以及帮助他们合作为目标（外部）受众生产可接受的产品三方面的潜力。

# 结束语

三十年前，华沙（Warschauer, 1997）认为技术可以作为一种"认知放大器"，通过对输入和输出的反思来促进互动和关注形式。同样，奥尔特加（Ortega, 1997）提出，不同的技术增强型任务的类型可以对如何关注形式产生影响。多年来，对技术增强型任务语言教学的研究取得了进展，证明两位作者的观点都很有说服力。在这里讨论的少儿语言学习者项目中，第一个技术增强型任务（匹配游戏，摘录 1）触发了对单个词汇项目形式的关注，在教师和学生之间进行协商，而后一个任务（通过虚拟艺术画廊引导虚拟导游，摘录 2）引发了更多的语言产出以及对形式的关注。虚拟导游为学习空间做出了贡献，参与者根据任务的特点调整语言形式和互动模式。教师使用针对虚拟导游的口头指示来引起注意，并让学生关注语言元素（DeKeyser, Doughty & Williams, 1998），同时利用学习空间促进"以意义为中心"的互动（Willis & Willis, 2007）。

## 第七章 · "你觉得这个项目怎么样？"技术增强型项目式语言教学案例研究

在摘录 3、4 和 5 中，基于项目的语言学习与技术相结合，为少年们提供了充分的机会来关注形式和意义。在这个特殊的学习空间里，技术（录音设备）帮助教师让三个男孩专注于形式。特别令人感兴趣的是孩子们反复练习目标语言的方式——这是所有语言课程的追求目标。此外，在任务的远程协作中，瑞典伙伴提供了真实的受众，从而确保目标语言的使用对他们来说是有意义的。

根据李（Lee, 2008）的说法，"协作对话的中心是学生如何相互帮助重建语言形式，而不是参与沟通中断导致的意义协商"（第 54 页）。在支持协作对话上，TEPBLL 似乎非常有效。如这些摘录所示，项目中的技术增强活动确保了使用目标语言的真实需求。它们还提供大量的机会，通过与教师、同学和语言学习者的互动和协作，在语言课堂之外，观察、反思和修复目标形式。更重要的是，TEPBLL 适用于所有学生，从非常小的、早期的初学者到级别更高的语言使用者。TEPBLL 让学生通过激动人心的新方式来实验、游戏和探索目标语言。正如马库斯所展示的，这种方法似乎会鼓励学生一次又一次地操练语言。

## 注释

1. IRF：启动－反应－反馈。辛克莱和库特哈德（Sinclair & Coulthard, 1975）首次讨论了这个被广泛认可的课堂口语模式，认为课堂口语不同于其他形式的口语；它大多是由一个主导方（通常是教师）正式组织和控制。

2. 伊利诺伊大学香槟分校的兰德尔·赛德勒（Randall Sadler）博士创建的虚拟艺术馆是该项目设计的一部分。

# 参考文献

Balaman, U., & Sert, O. (2017a). The coordination of online L2 interaction and orientations to task interface for epistemic progression. *Journal of Pragmatics*, 115, 115–129. doi:10.1016/j.pragma.2017.01.015

Balaman, U., & Sert, O. (2017b). Development of L2 interactional resources for online collaborative task accomplishment. *Computer Assisted Language Learning,* 1–30. Retrieved from http://dx.doi.org/10.1080/09588221.2017.1334667

Barraja-Rohan, A. M. (2011). Using conversation analysis in the second language classroom to teach interactional competence. *Language Teaching Research*, 15(4), 479–507. doi:10.1177/1362168811412878

Beckett, G. H. (1999). *Project-based Instruction in a Canadian Secondary School's ESL Classes: Goals and Evaluations*. Unpublished doctoral dissertation, University of British Columbia. Retrieved from https://circle.ubc.ca/bitstream/id/24487/ubc_1999-463176.pdf

Beckett, G. H., & Slater, T. (2005). The project framework: A tool for language, content and skills integration. *ELT Journal,* 59(2), 108–116. doi:10.1093/eltj/cci024

Bygate, M., Skehan, P., & Swain, M. (Eds.). (2001). *Researching pedagogic tasks: Second language learning, teaching, and testing.* London: Longman.

Chen, M., Healy, J., Resnick, M., Lipper, L., Lazarus, W., & Dede, C. (2000). Looking to the Future. *The Future of Children*, 10(2), 168–180. doi:10.2307/1602694

DeKeyser, R. M., Doughty, C., & Williams, J. (1998). Beyond focus on form: Cognitive perspective on learning and practical second language grammar. In C. Doughty & J. Williams. (Eds.), *Focus on form in classroom second language acquisition* (pp. 42–63). Cambridge: Cambridge University Press.

Dewey, J. (1916). *Democracy and education.* New York: Macmillan.

Dooly, M. (2010). The teacher 2.0. In S. Guth & F. Helm (Eds.), *Telecollaboration 2.0: Language, literacies and intercultural learning in the 21st century* (pp. 277–303). Bern: Peter Lang.

Dooly, M. (2011). Divergent perceptions of telecollaborative language learning tasks: Tasks-as-workplan vs. task-as-process. *Language Learning & Technology*, 15(2), 69–91. Retrieved from http://llt.msu.edu/issues/june2011/

dooly.pdf

Dooly, M. (2013). Promoting competency-based language teaching through project-based language learning. In M. Pérez Cañado (Ed.), *Competency-based language teaching in higher education* (pp. 77–91). Dordrecht/London: Springer.

Dooly, M. (2015). Learning to e-function in a brave new world: Language teachers' roles in educating for the future. In A. Turula, B. Mikolajewska, & D. Stanulewicz (Eds.), *Insights into technology enhanced language pedagogy* (pp. 11–25). Bern/Vienna: Peter Lang.

Dooly, M. (2017). Telecollaboration. In C. A. Chapelle & S. Sauro (Eds.), *The handbook of technology and second language teaching and learning* (pp. 169–183). Hoboken, NJ: John Wiley & Sons.

Dooly, M. (2018). "I do which the question": Students' innovative use of technology resources in the language classroom. *Language Learning & Technology*, 22(1), 184–217. http://dx.doi.org/0125/44587

Dooly, M., & O'Dowd, R. (2018). Telecollaboration in the foreign language classroom: A review of its origins and its application to language teaching practices. In M. Dooly & R. O'Dowd (Eds.), *In this together: Teachers' experiences with transnational, telecollaborative language learning projects* (pp. 11–34). New York/Bern: Peter Lang. doi:10.3726/b14311

Dooly, M., & Sadler, R. (2016). Becoming little scientists: Technologically-enhanced project-based language learning. *Language Learning & Technology*, 20(1), 54–78. Retrieved from http://dx.doi.org/10125/44446

Dooly, M., & Tudini, V. (2016). 'Now we are teachers': The role of small talk in student language teachers' telecollaborative task development. *Journal of Pragmatics*, 102, 38–53. doi:10.1016/j.pragma.2016.06.008

Dupuy, B. (2006). L'immeuble: French language and culture teaching and learning through projects in a global simulation. In G. Beckett & P. Chamness Miller (Eds.), *Project-based second and foreign language education: Past, present and future* (pp. 195–214). Charlotte, NC: Information Age Publishing.

Ellis, R. (2003). *Task-based language learning and teaching.* Oxford: Oxford University Press.

Fried-Booth, D. (2002). *Project work.* (2nd ed.). Oxford, UK: Oxford University Press.

Gilmore, A. (2007). Authentic materials and authenticity in foreign language teaching. *Language Teaching,* 40, 97–118. doi:10/1017/SO261444807004144

González, P., Llobet, L., Masats, D., Nussbaum, L., & Unamuno, V. (2008). Tres en uno: Inclusión de alumnado diverso, integración de contenidos y formación de profesorado. In J. L. Barrio (Ed.), *El proceso de enseñar lenguas. Investigaciones en Didáctica de la Lengua* (pp. 107–133). Madrid: La Muralla.

Hirotani, M., & Lyddon, P. (2013). The development of L2 Japanese self-introductions in an asynchronous computer-mediated language exchange. *Foreign Language Annals,* 46(3), 469–490. doi:10.1111/flan.12044

Hutchby, I., & Wooffitt, R. (2008). *Conversation analysis* (2nd ed.). Cambridge: Polity Press.

Jenks, C., & Firth, A. (2013). Interaction in synchronous voice-based computer-mediated communication. In S. C. Herring, D. Stein, T. Virtanen, & W. Bublitz (Eds), *Pragmatics of computer-mediated communication* (pp. 209–234). Berlin: de Gruyter Mouton.

Jones, C., & Binhui, S. (2011). *The net generation and digital natives: Implications for higher education.* Milton Keynes: Open University.

Lambert, J., & Cuper, P. (2008). Multimedia technologies and familiar spaces: 21st-century teaching for 21st-century learners. *Contemporary Issues in Technology and Teacher Education,* 8(3), 264–276.

Lee, L. (2008). Focus-on-form through collaborative scaffolding in expert-to-novice online interaction, *Language Learning & Technology,* 12(3), 3–72. Retrieved from http://dx.doi.org/10125/44155

Markee, N. (2015). Introduction: Classroom discourse and interaction research. In N. Markee (Ed.), *The handbook of classroom discourse and interaction* (pp.

3–19). Malden MA: John Wiley & Sons.

Markee, N., & Kasper, G. (2004). Classroom talks: An introduction. *The Modern Language Journal,* 88(4), 491–500. Retrieved from http://dx.doi.org/10.1111/j.0026–7902.2004.t01–14-.x

Masats, D. (2008). *El Discurs dels Aprenents d'Anglès com a Llengua Estrangera: Una Aproximació Interactivista al Procés de Construcció de Tasques Comunicatives.* (Unpublished doctoral dissertation), Universitat Autònoma de Barcelona.

Masats, D. (2017). Conversation analysis at the service of research in the field of second language acquisition (CA-for-SLA). In E. Moore & M. Dooly (Eds.), *Qualitative Approaches to Research on Plurilingual Education/Enfocaments Qualitatius per a la Recerca en Educació Plurilingüe/Enfoques Cualitativos para la Investigación en Educación Plurilingüe* (pp. 321-347). Dublin, Ireland/Voillans, France: Research-publishing.net. doi:10.14705/rpnet.2017.emmd2016.633

Masats, D., Dooly, M., & Costa, X. (2009). Exploring the potential of language learning through video making. In L. Gómez Chova, D. Martí Belenguer, & I. Candel Torres (Eds.), *Proceedings of EDULEARN09 conference* (pp. 341–352). Valencia: IATED. Retrieved from http://www.mediaeducation.net/images/divis/DIVIS_Research_Presentation.pdf

Masats, D., & Noguerol. A. (2016). Proyectos lingüísticos de centro y currículo. In D. Masats & L. Nussbaum (Ed.), *Enseñanza y Aprendizaje de las Lenguas Extranjeras en Educación Secundaria Obligatoria* (pp. 59–84). Madrid: Síntesis.

Masats, D., Nussbaum, L., & Unamuno, V. (2007). When the activity shapes the repertoire of second language learners. In L. Roberts, A. Gürel, S. Tatar, & L. Martı (Eds.), *EUROSLA Yearbook: Volume 7* (pp. 120–145). Amsterdam: John Benjamins Publishing Company.

Masats, D., & Unamuno, V. (2001). Constructing social identities and discourse through repair activities. In S. Foster-Cohen & A. Nizegorodcew (Eds.),

*Eurosla yearbook: Volume I* (pp. 239–254). Amsterdam: John Benjamins Publishing Company.

Mont, M., & Masats, D. (2018). Tips and suggestions to implement telecollaborative projects with young learners. In M. Dooly & R. O'Dowd (Eds.), *In this together: Teachers' experiences with transnational, telecollaborative language learning projects* (pp. 92–122). New York/Bern: Peter Lang.

Moore, E., & Nussbaum, L. (2011). Què aporta l'anàlisi conversacional a la comprensió de les situacions d'AICLE. In C. Escobar & L. Nussbaum, (Eds.), *Aprender en Otra Lengua/Aprendre en una Altra Llengua*. Bellaterra: Servei de Publicacions de la UAB.

Norman, G. (2014). Research challenges on digital education. *Perspectives on Medical Education*, 3(4), 260–265. doi.10.1007/s40037-014-0139-7

Nunan, D. (2003). Grammar. In D. Nunan (Ed.), *Practical English language teaching* (pp. 153–172). New York, NY: McGraw-Hill.

O'Dowd, R. (2016). Emerging trends and new directions in telecollaborative learning. *CALICO Journal,* 33(3), 291–310. doi:10.1558/cj.v33i3.30747

Ortega, L. (1997). Processes and outcomes in networked classroom interaction: Defining the research agenda for L2 computer-assisted classroom discussion. *Language Learning & Technology*, 1, 82–89. Retrieved from http://dx.doi.org/10125/25005

Sarıcaoğlu, A., & Geluso, J. (2020). Students co-learning linguistics through PBL: A cross-cultural telecollaborative implementation. In G. H. Beckett & T. Slater(Eds.), *Global perspectives on project-based language learning, teaching, and assessment: Key approaches, technology tools, and frameworks* (pp. 104–125). New York, NY: Routledge.

Seedhouse, P. (2013). Conversation analysis and classroom interaction. In C. A. Chapelle (Ed.), *The encyclopedia of applied linguistics* (pp. 954–958). Oxford, UK: Wiley-Blackwell. doi:10.1002/9781405198431.wbeal0196

Sinclair, J., & Coulthard, M. (1975). *Towards an analysis of discourse.* Oxford: Oxford University Press.

Stoller, F. (2006). Establishing a theoretical foundation for project-based learning in second and foreign language contexts. In G. Beckett & P. Chamness Miller (Eds.), *Project-based second and foreign language education: Past, present and future* (pp. 19–40). Charlotte, NC: Information Age Publishing.

Tudini, V. (2010). Online second language acquisition. *Conversation analysis of online chat*. London and New York: Continuum.

Tudini, V. (2013). Form-focused social repertoires in an online language learning partnership. *Journal of Pragmatics,* 50(1), 187–202. doi:10.1016/j.pragma.2012.12.005

Vinagre, M., & Muñoz, B. (2011). Computer-mediated corrective feedback and language accuracy in telecollaborative exchanges. *Language Learning & Technology*, 15(1), 72–103. Retrieved from http://dx.doi.org/10125/44238

Walsh, S. (2011) *Exploring classroom discourse: Language in action*, London: Routledge.

Walsh, S., & Li, L. (2013). Conversations as space for learning. *International Journal of Applied Linguistics*, 23(2), 247–266. doi:10.1111/ijal.12005

Warschauer, M. (1997). Computer-mediated collaborative learning: Theory and practice. *Modern Language Journal*, 81, 470–481. doi:10.2307/328890

Willis, D., & Willis, J. (2007). *Doing task-based teaching*. Oxford: Oxford University Press.

Acknowledgements

The data presented here were possible thanks to funding by the Spanish Ministry of Economy, Industry & Competitivity: Proyectos I+D del Programa Estatal de Fomento de la Investigación Científica y Técnica de Excelencia, Grant number: EDU2013-43932-P); 2013–2017 (grant extended to March 2018); and Obra Social "la Caixa," Grant number: 2016ACUP-001 (2017–2020).

Appendix

/ intonation goes up

\ intonation goes down

? utterance delivered as a clear question

(.) short pause (less than a tenth of a second)

text- truncated word

text language other than English

trans: translation of text

TEXT louder than normal

°text° softer than normal

(number) exact time of pause longer than a tenth of a second

text: elongation of a syllable, approximately 1/10 of a second per symbol

[text] overlap

[text]

=text latching words

#text# laughter in voice

>text< slowly

# 第八章 对外汉语教育中技术增强型项目式语言教学与跨文化教学结合实践研究

赵娟娟[①]

## 引言

随着教育全球化背景下人力资源的频繁交流、互访和跨文化迁移，越来越多的国际和移民教师在美国学校工作（Zhao, 2016），对外汉语（CFL）教育领域尤其如此。过去十年中，随着中国作为全球经济和政治大国的重要性日益增强，美国学校中具有外国教育背景的教师数量快速增长（Beckett & Zhao, 2016, 2018）。随着汉语课程的迅速发展，对汉语教师的需求也越来越大。因为该领域缺乏合格的认证教师，美国学校一直努力从中国招聘教师（Wang, 2007; Xu, 2012）。根据大学董事会（2016）的数据，自 2007 年以来，

---

[①] 赵娟娟：教育研究博士，专注于二语教育。研究兴趣包括二语和外语教育中的项目学习，跨文化教育理论与实践，教师教育，学术话语，教育中语言的社会文化、社会语言学和社会政治方面以及研究方法等，并有多篇论文发表。

已有 1000 多名中国客座教师到美国 K-12 学校任教。此外，居住在美国、受过教育且母语为汉语的人是另一个重要的教师来源（亚洲学会, 2010）。

有关跨文化教学的现有文献指出，移民和国际教师在教学法、课程规划、课堂管理以及与学生的关系等领域面临各种挑战（Zhao, 2016）。在外国文化中接受教育的教师"面临着棘手的问题，即在美国学校教学与他们自己的教育经历差异巨大"（Haley & Ferro, 2011, 第 290 页）。教学法差异和知识是阻碍美国学校系统内国际教师和移民教师有效教学的两个最常见因素，特别是对于初任教师而言，可能很难识别"他们不熟悉的文化和社会中所存在的细微差别"（Haley & Ferro, 2011, 第 303 页）。由于缺乏足够的教育实践知识以及缺少与东道国教育文化的联系，新手或移民教师往往倾向于将他们以前的教育实践转移到新的环境中（Duff, 2008），这加剧了教师和学生之间的教学紧张关系，因为双方对教学和学习的理解以及在教学过程中应该扮演的角色期望不同（Zhao, 2016）。

课堂管理和纪律也是国际教师和移民教师面临的一大主要困难，这通常与教学法知识不足有关。赵（2016）发现，在教学实践的开始阶段，研究中的教师直接套用中国教育模式，导致学生反对和抱怨，降低了学生的动机和参与率，增加了课堂上的破坏课堂纪律的行为。这些反应加剧了新手和国际教师的挫折感。在早期的一个基于课堂的行动研究项目中，该项目针对美国课堂上的对外汉语教学方法进行了研究（Zhao, 2015）。该研究发现，学生对汉语课程的学习兴趣下降以及他们在课堂上频繁违反课堂纪律与教师坚持严重依赖练习和课本学习的教学方法有关。

项目式学习（PBL）被认为是一种有效方法，可以帮助具有外国教育背景的教师克服教学法挑战，处理美国和外国教育系统的文化差异，适应美国教育文化（Case, 2006; Zhao, 2015, 2016）。例如，凯斯（Case, 2006）记录了一位教授科学课的新手教师的教学经验，研究了项目式教学如何成功发挥渠道作用，帮助教师适应基于学生兴趣和需求的课程规划。研究也发现项目式教学对新手教师管理课堂纪律和改善师生关系有帮助。在一个以课堂为基础的行动研究项目中，赵和贝克特（Zhao & Beckett, 2014）描述了如何在一所美国高中的汉语教学中将技术加持的项目式语言教学作为一种干预措施来提高学生的参与度、文化知识和中文交际能力。在该研究

## 第八章・对外汉语教育中技术增强型项目式语言教学与跨文化教学结合实践研究

中,参与研究的教师注意到,由于对严重强调练习和课文背诵的传统课堂形式感到厌烦,学生对学习活动的参与度较低,并且在第一学期末出现了更多的破坏课堂纪律的行为。学生访谈、调查、项目相关资料、课堂观察和教师日志显示,项目式语言教学在帮助语言教学、吸引和激励学生学习、增强文化知识和提高学生的语言技能方面很有效率。随着学生对学习的参与度增加,教师也通过合作改善了与学生的关系,她从学生眼中的权威角色转变为学生学习的促进者。

关于第二语言和外语教育,特别是英语教育中项目式语言教学的文献一直在增加,例如,学生的真实体验经历和他们通过项目工作接触和使用到的语言都得到了很充分的研究与肯定。可以说,学生通过项目式语言学习能更好地学习和使用语言的功能,这有助于提高四种语言技能(Stoller, 2006)。然而,现有的文献中,整合项目式语言教学的功效主要集中在学生及其学习成绩上(如 Allen, 2004; Lee, 2002; Wu & Meng, 2010),而对教师在项目式语言教学方面的教学知识和专业成长关注较少。作为教师专业能力的一个重要方面,教师的知识,特别是教学知识,会对教学质量有直接的影响,而教学质量是决定学生成绩提高的重要因素(Seidel & Shavelson, 2007)。这使得对教师教学知识的发展和动态的研究成为一个非常重要的研究领域,尤其是在全球化背景下的跨文化教学中,人力资源的频繁交流和迁移正在成为常态(Zhao, 2016)。由于教师的教学法决策取决于其教授知识的质量(Guerriero, 2017),如前所述,知识储备不足会给进入美国校园的国际和移民教师带来教学上的紧张和挑战。教师的知识随着他们的教学实践而改变,但教师最初的教育、工作过的地方、社交网络和其他与工作相关的经验都有助于其教学知识的发展(Siemens, 2005)。此外,文化和教育传统以及个人的教育经验也被认为是影响教师教学信念和教学选择的因素(Zhao, 2016)。尽管如此,教师是社会主体和学习专家,他们不断地更新和改变自己的知识储备,并通过经验和学习来适应新的教学环境和需求,从而参与到教学信念和实践的持续转变中(Guerriero, 2017; Zhao, 2016)。

因此,本研究的目标之一是观察教师在跨文化教学实践中如何采用项目式语言教学,以及他们对项目式语言学习的认知和实践如何在教学中发展和变化。这些发现有助于拓展跨文化背景下语言教师项目式语言教学法的发展和专业成长。此外，到目前为止，对外汉语教育中项目式语言教学研究文献，尤其是技术加持的项目式语言教学（Zhao, 2015）研究更少，但这些研究可以使实践者在教学实践中受益，并有助于"确保汉语教学和学习的质量和发展"（Wang, 2012, 第37页），因而非常重要。本研究也希望填补该空白。

这项研究着眼于对外汉语教师在课堂上学习和使用技术加持的项目式语言教学实践和经验。具体而言，本研究旨在探讨（1）这些教师在初始阶段适应美国教育体系过程中项目式语言教学所起的作用，以及（2）教师在跨文化教学实践中如何使用和看待项目式语言教学。

## 研究方法

因为民族志设计强调对被研究现象的文化理解和真实环境，因此本研究采用了该方法。民族志的一个关键假设是，通过直接进入研究对象的生活并与之互动，人们可以更好、更全面地了解这些人的信念和行为（Mertens, 2005）。因此，该方法为教育研究者提供了一个视角，可以深入研究教师从业者在其自然环境中的经历以及从教师自己对其教学经验的看法中获得的知识（Zhao, 2016）。

本章研究的是一所美国中学中汉语教学教师的经验，是作者学位论文研究的一部分。本章特别关注的这四位母语为中文的教师在美国中西部城市某高中任教（见表8.1）。在2013年9月至2014年4月期间作者对这四位教师进行了教学课堂观察。课堂观察包括录像，每周进一次，时间跨度为一学年，根据学校的日程安排和教师是否方便，最长22周（详见表8.2）。数据来源还包括访谈、与教师参与者的非正式谈话、相关物品收集、课堂观察和教师访谈的笔记。访谈的形式是一对一的和半结构化的（Creswell, 2005）。访谈在观察开始时进行。非正式谈话在整个观察过程中进行，与教学方法、活动、课程设计和课堂管理有关。

访谈、课堂观察和非正式谈话都全部进行记录转写，首先通过开放编码和领域分析（Spradley, 1980）对数据进行归纳分析，以确定每位教师教学的主题和模式。然后进行案例间比较分析，将第一阶段得出的编码在四位教师之间进行系统比较，以确定和理解这些中文教师的经历和教学实践中的任何相似之处或变化。

表 8.1　参与者背景相关信息

| 教师 | 在美教龄 | 年龄 | 所教班数以及水平 | 年级 | 学生人数 | 工作类型 | 学校类型 | 最后学位 | 之前的职业 |
| --- | --- | --- | --- | --- | --- | --- | --- | --- | --- |
| 琳达 | 13 | 46—50 | 2；2 | 9—12 | 17 | 兼职 | 私立 | 台湾法律学士 | 台湾法学学生 |
| 南希 | 6 | 41—45 | 5；5 | 7—12 | >100 | 全职 | 公立 | 美国教育硕士 | 美国大学数学教师 |
| 奎恩 | 4 | 51—55 | 3；2 | 10—11 | 50 | 全职 | 公立 | 美国教育硕士 | 中国图书馆员 |
| 温迪 | 6 | 31—35 | 2；2 | 9—11 | 30 | 兼职 | 私立 | 中国音乐教育硕士 | 中国大学教师 |

备注：表中人物皆为化名，观察进行时，琳达和温迪在同一所机构上班。

表 8.2　观察信息

| 教师 | 观察时间 | 观察次数 | 观察的班级数 | 课程时长 | 文化活动（次数） | 观察小时数 |
| --- | --- | --- | --- | --- | --- | --- |
| 琳达 | 2014年4月3日—2014年5月8日 | 5 | 2 | 1 | 0 | 10 |
| 南希 | 2013年10月10日—2014年4月24日 | 19 | 3 | 1 | 3** | 50 |
| 奎恩 | 2013年9月19日—2014年4月8日 | 22 | 4* | 1.5 | 1*** | 67 |
| 温迪 | 2014年4月3日—2014年6月2日 | 5 | 2 | 1 | 0 | 10 |

注：该表仅展示课堂教学视频和文化活动观察信息，不包括非正式谈话的时间。
\* 秋季有两个层级水平的班级，冬季和春季学期有另外两个不同水平和不同的班级。
\*\* 一次去艺术馆的实地考察和两次中文俱乐部活动。
\*\*\* 中国春节庆祝活动。

## 研究发现和讨论

### 项目式语言教学作为一种教学桥梁

与现有文献中描述的其他国际/移民教师类似（Duff, 2008; Haley & Ferro, 2011; Zhao, 2016），本研究的参与教师也倾向于把自己以前的教育经验转移到当前的教学中，在美国课堂的早期职业生涯更是如此，因此，他们经历了与美国教育和文化的教学冲突。在访谈中回顾经历时，参与教师都承认，刚开始时，他们的教学方法更以教师为中心，开展的活动更少，学生在课堂上练习语言的时间也更少。以讲课为中心的课程结构常常让学生感到厌烦，他们逐渐失去学习的兴趣和动机。正如赵和贝克特（Zhao & Beckett, 2014）的教师研究人员所经历的那样，有些学生对教学产生抵触，并导致出现行为问题。这些冲突和挑战使得教师根据中美教育体系的差异反思自己的教学信念和教学方法，并引发教学方法的改变。所有四名参与教师都将自己在美国课堂上的教学经历描述为一种适应和学习过程，希望更加以学生为中心，项目式语言教学成为这些教师用来调整教学实践的首批方法之一（另外还有游戏和其他课堂活动）。

跨文化教学涉及日常遇到的差异和冲突，这需要反思、增强意识，并不断思考自己的教学信念和教学实践（Beckett & Zhao, 2016）。最初这些教师对美国教育或中美教育体系差异缺乏充分了解，遇到了很多挑战，这促使他们反思并采取行动改变教学方法。项目式语言教学作为教师在适应美国教育过程中最先学习和采用的方法之一，成功地充当了变革的渠道。根据教师的说法，他们对美国教育的部分调整包括设计更多基于学生兴趣和需求的课程，尝试增加学生的参与度和学习乐趣，并在项目活动中为学生提供学习和使用目标语言的机会，而不是在项目活动中通过讲座将知识"填鸭式"传授给学生。因此，项目式教学法成为教师从中国教学方式向美国教学法过渡的教学桥梁。凯斯（Case, 2006）在他的

## 第八章·对外汉语教育中技术增强型项目式语言教学与跨文化教学结合实践研究

案例研究中也观察到了项目式教学的改变功能,在美国课堂上,一位新手科学教师发现项目式教学有助于教师从以教师为中心的教学方法转向建构主义教学法。

正如教师们所说,选择项目式语言教学的原因之一在于它的"边做边学",他们认为这正是美国教育所倡导的。采用项目式语言教学的第二个原因是,它是一种务实的语言教学方法,强调培养学生的交际能力,而这与教师试图从语法翻译的语言教学方法进行调整的目标一致。例如,奎恩和温迪都认为,他们最初对学生的期望和中国文化中的教师一样,设定高的学术标准,专注于语法和词汇的教学,并向学生传递他们认为重要的信息。后来他们了解到,作为外语教师,他们可以帮助学生使用语言进行交流,而不是仅仅专注于训练学生进行内容和技能考试,因此他们尝试采用项目式语言教学。

南希和温迪指出,在汉语作为外语的课堂上采用项目式语言教学的第三个原因是强调对个人学习能力的认可和发展。温迪表示,她从过去的经验中了解到,要求学生"填鸭式"学习知识的教学方式对她的美国学生不起作用,所以她在自己的二级水平学生中开展项目式语言教学,这些学生语言水平较高,需要用中文研究和展示他们的项目。

这些教师实施项目式语言教学的另一个动机是提高学生的兴趣和参与度。教师们认为他们采用了技术加持的项目式语言教学方法,原因是技术对学生有吸引力且使用熟练。在这四位教师中,奎恩对她在第一份工作中的教学实践进行了深刻的反思,她对学生的不当行为感到失望和沮丧,认为师生关系已经破裂。她在几次谈话中透露,作为一名新手教师,这种挫折感主要是由于她没有充分认识到中美教育文化的差异和冲突造成的。意识到自己在第一份工作中直接移植中国的教学方式所犯的错误,她开始对自己目前的教学实践持谨慎和观察的态度。在一次课堂项目后的谈话中,奎恩表示,项目式教学不是包括她自己在内的中国学生和老师在中国习惯做的。(所有教师都是这样。他们以前没有项目式语言教学的经验,而是从参加会议或观察同事的教学中学习的。)然而,奎恩让学生为每个章节做一个项目,因为她的学生喜欢做这些项目,而且通过这些项目她可以找到语言学习的证据。她说:"只要他们能学到东西,就是好的。"奎恩的案例与赵（2016）相呼应，在该案例中，由于中国教育模式的直接移植，造成了老师和学生之间关系紧张，项目式语言教学被作为一种干预措施来缓解这种紧张（详见 Beckett & Zhao, 2016）。

所有参与研究的教师都对学习新的教学方法、活动设计和技术表现出浓厚的兴趣和需求，以满足学生的需求并改进其教学实践。琳达在采访中指出了技术在当今教育中的重要性以及数字世界学生的新学习特点，"与我不同，年轻一代喜欢用视觉进行学习"，因此她需要跟上技术的发展。同样，奎恩在采访中表示，技术发展迅速，她的学生在学习和掌握先进技术方面比她更快："我们必须不断学习和了解技术。"这进一步表明，教师需要成为终身学习者，努力更新自己的知识储备，改进自己的实践，以适应当前的教育环境（Zhao, 2016）。关于项目式语言教学的信息和技术与项目式语言教学的整合是他们在刚开始适应美国教育时学到的概念。对这些教师来说，学习和适应技术加持的项目式语言教学是帮助他们适应美国学校文化的重要一步。

教师实践者指出，项目式教学的优势与二语/外语教育中关于项目式教学的现有文献一致（例如, Stoller, 2006; Wu & Meng, 2010）。这些优势，加上技术对学生的吸引力，融入技术的项目式语言教学成为汉语教师调整教学实践、使其更以学生为中心的有用工具。从这个意义上说，融合了技术的项目式语言教学优势符合教师对美国教育的理解，至少符合美国教育与中国教育模式差异的一些突出特征（例如，以学生为中心与以教师为中心）。教师们关于实施项目式语言教学的讨论表明，作为美国教育中流行的一种教学方法，项目式语言教学是以学生为中心、有趣，但也兼具教育性。例如，奎恩认为，她发现学生使用项目式语言教学学习的证据，南希称项目式语言教学为"在做游戏中学习"。琳达和温迪研究了语言发展。因此，项目式语言教学将这些植根于中国教育体系的教学理念（例如，必须找到学习的证据）与当前的美国教育实践联系起来。这一发现推进了先前的研究（例如，Case, 2006; Zhao, 2015, 2016）。这项研究将项目式语言教学称之为一种有效的教学方法，通过进一步研究项目式语言教学被选为跨文化教育实践桥梁的原因和方式，帮助具有外国教育背景的教师克服教学挑战，适应美国教育。

第八章·对外汉语教育中技术增强型项目式语言教学与跨文化教学结合实践研究

## 项目式语言教学作为一种文化教学的工具

实施项目式语言教学时,这些教师一个主要教学内容是介绍中国文化,从而提高学生对内容的兴趣和参与度,这与英语语言教育中项目式语言教学的研究结果一致(例如,Wu & Meng, 2010)。中文课程的项目主题包括中国社会历史、艺术遗产、现代文化(如电影、歌曲、艺术和文学)、风俗习惯(如烹饪和饮食方式、节日庆典)以及中国社会思想(例如,儒家哲学、健康态度和家庭价值观)。例如,在奎恩的课堂上,她有时给学生指定特定的文化主题进行探索,有时让学生自行选择。对她来说,这种教学方式不仅符合国家外语标准中关于文化知识的要求,更重要的是提高了学生的兴趣和参与度。

项目式语言教学是南希在高中讲授的三个级别汉语课程的重要组成部分,可能因为她多年的项目式语言教学经验和实践,她的项目作业经过组织,很好地嵌入了教学计划。与奎恩的方法类似,评分标准包括对语言某些方面特定的要求。当项目初次分配时,这些就会被告知学生。然而,与奎恩不一样的是,南希的新课程教学主要集中在项目所需语言的教与学,包括词汇、语法和句子。她首先使用 PPT 幻灯片直接教学,解释单词和句子的含义,文本的主要思想,然后布置家庭作业(例如,练习汉字书写、单词匹配翻译练习)。这些项目式语言教学预备任务侧重于语言准备,包括教师认为学生可能需要的项目语言,围绕这些语言领域规划课程,并让学生练习语言(Brown, 2016)。对于最终学习结果,学生要么展示产品,要么在特定场景中用中文相互交流。例如,在烹饪比赛项目中,学生展示烹饪步骤,并与全班分享食物。另外一个是市场日项目,学生们分成小组,模仿公开市场的活动,带上水果或者食物在课堂上出售。这些项目帮助学生建立目标语言的交际能力,成功地证明了项目式语言教学为语言输入和输出以及语言形式和意义的整合提供了相应的机会(Stoller, 2006)。

从项目任务的初始阶段到最终产品或者产品展示阶段,教师和学生定期参与有关文化主题的讨论,促进对跨文化的深入探究。例如,在南希的课堂上,在为市场日项目复习水果词汇的课上,为了帮助学生更好地记住汉语中的"苹果"，教师把它与 iPhone 手机相联系，有学生提出中国人是否使用 iPhone。南希解释说，中国有很多品牌和选择供选择："苹果在中国的商店很大，通常有几层，比我们这里的要大得多。"在关于家庭的一章中，奎恩安排了一个学生用中文介绍家庭成员的项目。在教授了介绍家庭成员的短语和表达方式后，她让学生谈谈美国和中国的家庭和婚姻传统，在这期间，学生对独生子女政策提出了问题，并表示对不同性别对待不公平。在听到这些评论后，奎恩向学生解释了早在 20 世纪 70 年代出台这样一项政策的原因，并继续告诉学生不要盲目相信媒体："不是所有美国媒体报道的事情都是真的发生在中国的事情。"她举了一个关于"遗弃儿童"的新闻报道为例，说："也许发生过，但这不是普遍情况。"在项目活动期间，师生之间的讨论为教师提供了机会，澄清学生对中国可能存在的误解，学生也有机会提出问题并评估他们在其他地方获得的信息，这种互动扩大了学生对中国文化的问询和了解，证实了拉默和梅根多勒（Larmer & Mergendoller, 2015）关于 PBL 促进深度探究的观点。

## 项目式语言教学在更高语言水平中的运用

与南希和奎恩频繁的项目作业相比，温迪和琳达较少将项目式语言教学用于文化探索，更多地用于学生的语言技能发展。例如，琳达经常介绍文化知识，而不是让学生自己去探索。在一个高级课程（AP）班上，她通过 PowerPoint 幻灯片讲了大约 20 分钟，向学生介绍了各种中国文化活动，涵盖了从艺术到食品再到医药的主题（例如，书法、麻将、中国结、剪纸、中医和京剧）。她告诉全班同学，这些信息对他们在 AP 考试中的简短对话有用处，她将此作为课程设计的指导原则。琳达在她的 AP 课上曾布置过一个项目，让学生从互联网上找到中国少数民族的名字。在温迪的二级班上观察到，有一个项目作业，要求学生选择一个中国文化遗产或传统，提供一个相关的产品，并向全班展示该产品和制作过程。例如，有个学生研究了中国的风筝和风筝制作，并向全班展示了他制作的风筝，用 PowerPoint 幻灯片和视频解释了中国风筝文化的历史，以及他制作风筝的程序。在每个展示结束时，温迪都用中文向展示者和听众提问，如风筝的中文是什么？兵马俑什么意思？以及针对演讲信息的问题（例如，她做这个脸谱用了多长时间？），要求学生用中文回答。她认为初级水平的学生不够熟练，无法用目标语言完成整个展示，但要求他们用中文向同学们介绍和讲解标题与关键词，并使用目标语言来介绍所学的内容。温迪围绕学生的项目展示与学生互动，创造了语言输入和输出、形式和意义的机会，这些都是语言发展的关键（Stoller, 2006）。

温迪和琳达似乎都没有完全意识到在项目活动中发生的学习和教学的数量。他们解释说，他们认为项目式语言教学无法对那些没有什么中文背景或训练的学生起到良好的作用。他们建议，只有在建立了基本的语言技能基础之后教师才应该考虑使用这种方法，这表明，他们认为在学生表现出创造性的输出之前需要教授知识和语言（输入）（Beckett & Zhao, 2016）。可以看出，这两位教师将项目式语言教学仅仅解释为交际性语言实践，而不是语言和内容发展的方法。琳达进一步解释，她反对在所有年龄段的语言教学中实施项目式语言教学。她认为，由于 K-12 年级的学生通常记忆能力比成人更好，应该给他们分配更多的文本学习和记忆任务。这种信念与她的教学实践一致，她非常强调学生的阅读和写作能力的发展，主张在课堂上经常进行词汇识别、阅读理解和翻译练习，这些都是传统语言教学的典型做法（Zhao & Beckett, 2014）。由于这种信念，琳达列出了与词汇有关的短语和表达方式，并把清单交给学生背诵，强烈暗示她认为以形式和输入为重点的传统教学在达到学习效果方面可能更有效率，这是项目式语言教学反对者的共同看法。琳达的教学实践和态度也引起了人们对项目式语言教学价值的认识不足，这个问题贝克特和斯莱特（Beckett &Slater, 2005）讨论过，英语语言学习者由于不同的语言和文化信念，并没有看到项目式语言教学在帮助他们同时发展语言、内容和技能方面的好处。

在进一步阐述她的教学理念时，琳达认为课程中有太多要教的东西，学生从来没有足够的时间练习汉语和在课堂上与她互动，更不用说项目活动的时间了。这一观点再次揭示了对项目式语言教学价值的潜在认识或理解不足。在谈到美国教育中以学生为中心的学习选择时，琳达说，过分强调学生自主和以学生为中心的学习淡化了教师的专业知识和技能："你不觉得这是在浪费我的才能吗？一个三岁的孩子能想出什么？你为什么不让一个 50 岁的人告诉你往哪个方向走？"这些说法似乎表明不信任学生主导的学习，这可能会降低学生在学习过程中的能力和创造力。鉴于琳达在对外汉语教学领域已经工作了 13 年，她理解建构主义实践在美国教育中的价值和重要性，但她似乎对自己可以或应该给予学生学习上多大的控制表示很无解。这种行为类似于之前研究中观察到的其他国际教师（如 Dunn, 2011; Haley & Ferro, 2011），他们"不愿意接受有损于教师权威的教学实践"（Zhao, 2016, 第 23 页），这表明文化对他们的教学信念和选择产生了影响。

对传统语言教学方法偏爱，对项目式语言教学怀疑甚至存在偏见，这让我们注意到教师教学理念的发展。正如贝克特（Beckett, 1999）所指出的那样，原因往往很复杂，反映了教师的语言、文化和哲学信念。除了文化传统，在中国教育模式下，学校很重视传授语言和语法知识，目的是让学生为高分做好准备，这可能是影响这些信念的一个因素（Zhao, 2016）。在琳达的案例中，正如她在采访中透露的，她可能认为，通过关注和期望学生在 AP 测试上得到高分，向学生家长和学校证明自己的教学能力。其他可以解释教学信念和教学判断发展的影响因素包括教育和工作背景、个性、学生能力和学校环境。除了上述可能导致琳达和温迪的教学信念和选择的各种因素外，还有就是教师对项目式语言教学的知识不足，需要专业进修。如前所述，这些教师以前没有接受过项目式语言教学培训，只是通过参加会议或观察同事的教学情况来学习。他们对项目式语言教学的知识和经验的了解程度可能是从另一方面限制了他们完全接受项目式语言教学方法。

## 围绕项目式语言教学产生的冲突与协商

中国教师在课堂上实施项目式语言教学的过程中，经常会出现冲突和协商，表现在三对关系上：项目式语言教学和传统中文教学方法之间；"玩乐"和"真正的学习"之间；以及文化和语言教学之间。

如前所述，项目式语言教学和传统教学方法之间的冲突和协商表现为

## 第八章·对外汉语教育中技术增强型项目式语言教学与跨文化教学结合实践研究

语言输出或者练习和密集语言输入机会之间的平衡。琳达和温迪对项目式语言教学提出了担忧,认为这种方法很难让没有基本语言技能的学生受益。这就是为什么琳达通常给学生分配项目和任务来预习或复习课程,也就是说,只作为补充任务。她认为项目式教学不应该占用直接教学时间,因为与传统教学方法相比,它可能非常耗时。正如南希所解释的,"在一定的时间范围内,学生获得的信息在数量和深度上都是有限的"。因此,她认为将项目工作与传统的教学方法相结合更为有效,传统的教学方法强调讲课、家庭作业和语言练习,如模式演练、阅读理解、论文写作和人物写作练习,以帮助学生在高中期间有限的时间内掌握语言。这是研究中所有四位教师的共同观点,也是梁、谢、高(2020,第十四章)在中国英语教育中实施项目式语言教学的观点。

教学冲突的另一个方面体现在教师和学生之间不断协商,在奎恩所说的"有趣"和"严肃的事情"各自应该花多少时间。"严肃的学习"表明了一种学习态度,与学生似乎更喜欢的乐趣和笑声形成鲜明对比,但奎恩和琳达认为这分散了学生的注意力。这种矛盾既反映在项目式语言教学本身(项目式语言教学的乐趣和学习成分之间),也反映在项目式语言教学和传统学习方法之间。例如,在奎恩的课上,有几次她要求学生自己完成项目工作,但学生希望以团队形式工作,坚持认为这样更有趣。通过协商,老师和学生达成了妥协,即项目应保持为个人作业,但学生可以在小组中讨论主题。琳达还认为项目式语言教学更像是一种有趣的活动,而不是更传统的中国教学方式中的"严肃学习",所以它应该起到对传统语言教学方法的一个补充作用。在其他研究中,中国教师也表现出对"边做边学"活动的类似怀疑,而项目式语言教学是其中的一项活动(例如,Rao, 1996)。这表明与之前的研究中所观察到的类似,他们对中国教育方式的某些方面有着强烈的坚持和信念(例如,Beckett & Zhao, 2016; Zhao, 2016)。

在反思通过项目式语言教学的教学法教授中国文化时,琳达也表达了对项目式语言教学"有趣而非学习"的同样关注。在为未来的教师提供建议时,她建议创建灵活有趣的课程,但也建议教师不要只是为了激发学生的兴趣而花太多时间教授文化和手工艺(如剪纸、书法和风筝):"如果你花太多时间教授文化，课程可能有趣，但学生学不到太多关于语言的知识。"同样，奎恩表示，尽管文化知识教学很重要，但语言课程应以语言发展为主要重点。她强烈反对同事主要以项目为基础的中国文化教学。用她自己的话来说，这些应该是社会学课程而不是语言课程的教学内容，让学生感兴趣的同时，也要尽量实现语言和文化教学的平衡。赵（Zhao, 2016）观察到，在以语言为中心和以内容为中心的汉语教学的冲突中，这些教师再次寻求合适的方法，试图在两者之间达到平衡。

琳达的话再次强调了这种需要"认真学习"的态度（奎恩的采访也表现出类似态度），但琳达对通过项目进行文化教学（即以产品为导向的项目，如工艺品）表现出了更大的抵制。尽管不一定合理，这些教师认为项目提供的认真学习机会不足以及在项目式语言教学与传统教学方法之间遭遇的紧张关系，似乎源于他们对项目活动娱乐方面的批评。虽然相关教师对项目教学的看法以及在对外汉语课堂中对项目的谨慎态度提醒我们要留意教师对项目式学习的了解是否全面以及这种教学理念的发展问题，要了解教师为平衡项目式教学与中式教学方式之间的关系而进行的协商和斗争，我们也应该更关注教师信念和先前的实践在成功实施项目式语言教学方面的影响。最重要的是，正如赵（Zhao, 2016）所指出的，这些教师的目标是综合他们从自己的跨文化教育经验中得出的不同教育价值观和方法，这一探索对教育政策和实践具有广泛的影响。

## 结论

本章研究了对外汉语教学（CFL）中教师使用技术加持的项目式语言教学的经历和课堂实践，特别是项目式语言教学在相关教师向美国课堂的过渡中所扮演的角色，以及这些教师对项目式语言教学的看法和实践的发展和变化。该研究结果表明，技术加持的项目式语言教学可以成功地发挥桥梁作用，帮助教师克服教学冲突和学科挑战，将其教学方法从以教师为中心的模式调整为以学生为中心，在美国课堂的早期职业生涯中尤其如此。

项目式语言教学的优势与现有的关于二语/外语课堂中项目式语言教学的文献一致,即项目式语言教学帮助教师根据学生的兴趣和需求设计课程,提高学生的参与度和学习乐趣,增强学生的文化知识,并在项目活动中为他们提供学习语言形式和意义的输入和输出机会。这些优势,加上技术对学生的吸引力,使得技术加持的项目式语言教学成为对外汉语教学(CFL)教师在适应美国教育过程中得心应手的工具。除了教学桥梁之外,项目式语言教学的趣味性和教育性特点还将教师对教学和学习的信念通过两种文化联系起来。一种信念与他们中国文化的教育背景有关,另一种信念是目前美国教育系统中流行的建构主义教学。通过证明原因以及如何选择项目式语言教学并使之成为跨文化教育实践的桥梁,该发现推进了以前的研究结果。使用项目式语言教学作为中国文化教学的工具,满足了外语教育对文化教学的要求,并激发和维持了学生对课程的兴趣,有助于缓解教师在向美国教育过渡期间的紧张情绪。

教师的知识是动态的,这些教师致力于终身学习,并希望通过采用新方法和将技术融入美国教育中来改进教学实践。虽然数据显示相关教师在学习项目式语言教学时以学生为中心的需求和兴趣,但对项目式语言教学提出的担忧和怀疑及其在课堂上的限制使用表明,这几位教师,尤其是琳达和温迪,没有完全接受或信任项目式语言教学的概念。教师的语言、文化和哲学传统(Beckett, 1999)以及教师的个性和学校环境都影响他们的教学信念和判断。对项目式语言教学的消极看法可能是源于对该方法的认识不足、缺乏支持和培训,这要求教师、教育工作者和学校有资源和能力提供技术丰富的项目式语言教学课程或研讨会。这有助于所有教师全面理解项目式语言教学,从而为他们在课堂上做出的决定提供更好的基础。这种背景知识要求在教师初级教育期间以及在教师的整个职业生涯中提高知识的广度和深度。

然而,在教师培训和专业发展计划中应该更加关注和支持教师。教师用传统的教学方法补充和平衡项目式语言教学的努力揭示了两种教育实践的整合意愿。本研究中参与教师提出的混合性课堂教学和实践为教师培训计划提供了独特的视角,有助于国际或移民教师创建多种灵活的教学方式,包括他们在自己的种族或文化群体内的教学技能以及在不太熟悉的目标文化中的教学技能，使教师能够相应在教学实践中应对各种情况。因此，我们需要对项目式语言教学和其他教学方法进行更全面的了解，以便更好地指导教师进行混合教学实践。我们也迫切需要进行更多的研究，探讨在对外汉语（CFL）教育中采用项目式语言教学的问题，探讨教师在自己的文化知识教育方法和在新环境中使用项目式语言教学进行协商时所面临的问题。

# 参考文献

Allen, L. Q. (2004). Implementing a cultural portfolio project within a constructivist paradigm. *Foreign Language Annals*, 37(2), 232–239. doi:10.1111/j.1944–9720.2004.tb02196.x

Asia Society (2010). *Meet the challenges: Preparing Chinese language teachers for American Schools*. Retrieved from http://asiasociety.org/files/chinese-teacherprep.pdf

Beckett, G. H. (1999). *Project-based instruction in a Canadian secondary school's ESL classes: goals and evaluations* (Unpublished doctoral dissertation). University of British Columbia. Retrieved from https://circle.ubc.ca/bitstream/id/24487/ubc_1999-463176.pdf

Beckett, G. H., & Slater, T. (2005). The project framework: A tool for language and content integration. *ELT Journal,* 59(2), 108–116. Retrieved from http://doi.org/10.1093/eltj/cci024

Beckett, G. H., & Zhao, J. (2016). Deweyan student-centered pedagogy and confucian epistemology: Dilemmatic pragmatism and neo-patriotism? In C. P. Chou & J. Spangler (Eds.), *Chinese education models in a global age: Transforming practice into theory* (pp. 265–277). Singapore: Springer.

Beckett, G. H., & Zhao, J. (2018). Deweyan student-centered pedagogy and Confucian epistemology: Dilemmatic pragmatism and neo-patriotism? In

C. P. Chou, J. Spangler, & W. Lu (Eds.), *Chinese education models: A global perspective* (pp. 287–301). Taiwan: Psychological Publishing.

Brown, S. (2016). *Language input through project-based learning: Why and how.* Retrieved from www.cityofglasgowcollege.ac.uk/sites/default/files/Language-Input-Through-Project-Based-Learning-2016.pdf

Case, R. (2006). Project work as a conduit for change in the newcomers classroom. In G. H. Beckett & P. C. Miller (Eds.), *Project-based second and foreign language education: Past, present and future* (pp. 123–141). Greenwich, CO: Information Age.

The College Board (2016). *Chinese guest teacher program.* Retrieved from https://professionals.collegeboard.com/k-12/awards/chinese/guest

Creswell, J. W. (2005). *Educational research: Planning, conducting, and evaluating quantitative and qualitative research* (2nd. ed.). Upper Saddle River, NJ: Pearson Education.

Duff, P. (2008). Issues in Chinese language teaching and teacher development. In P. Duff & P. Lester (Eds.), *Issues in Chinese language education and teacher development* (pp. 5–48). Vancouver, BC: University of British Columbia Centre for Research in Chinese Language and Literacy Education.

Dunn, A. H. (2011). Global village versus culture shock: The recruitment and preparation of international teachers for U. S. urban schools. *Urban Education*, 46(6), 1379–1410. doi:10.1177/0042085911413152

Guerriero, S. (Ed.). (2017). *Pedagogical knowledge and the changing nature of the teaching profession.* Educational Research and Innovation, Paris: OECD Publishing. https://dx.doi.org/10.1787/9789264270695-en

Haley, M., & Ferro, M. S. (2011). Understanding the perceptions of Arabic and Chinese teachers toward transitioning into U.S. schools. *Foreign Language Annals,* 44(2), 289–307. doi:10.1111/j.1944–9720.2011.01136.x

Larmer, J., & Mergendoller, J. (2015, May 11). Why we changed our model of the "8 essential elements of PBL" [*Blog Post*]. Retrieved from www.bie.org/blog/why_we_changed_our_model_of_the_8_essential_elements_of_pbl

Lee, I. (2002). Project work made easy in the English classroom. *Canadian Modern Language Review*, 59(2), 282–290. doi:10.3138/cmlr.59.2.282

Liang, J., Xie, F., & Gao, M. (2020). Beyond exams: Developing a dynamic, technology-mediated project-based unit for meaningful language learning in a secondary EFL setting in China. In G. H. Beckett & T. Slater (Eds.), *Global perspectives on project-based language learning, teaching, and assessment: Key approaches, technology tools, and frameworks* (pp. 263–282). New York, NY: Routledge.

Mertens, D. M. (2005). *Research and evaluation in education and psychology* (2nd ed.). Thousand Oaks, CA: Sage.

Rao, Z. H. (1996). Reconciling communicative approaches to the teaching of English with traditional Chinese methods. *Research in the Teaching of English*, 30(4), 458–471.

Seidel, T., & Shavelson, R. J. (2007). Teaching effectiveness research in the past decade: The role of theory and research design in disentangling meta-analysis results. *Review of Educational Research*, 77(4), 454–499. doi:10.3102/0034654307310317

Siemens, G. (2005). Connectivism: A learning theory for the digital age. *International Journal of Instructional Technology and Distance Learning*, 2(1), 3–10.

Spradley, P. J. (1980). *Participant observation*. Fort Worth, TX: Harcourt Brace.

Stoller, F. (2006). Establishing a theoretical foundation for project-based learning in second and foreign language contexts. In G. H. Beckett & P. C. Miller (Eds.), *Project-based second and foreign language education: Past, present, and future,* (pp. 19–40). Greenwich, Connecticut: Information Age.

Wang, S. C. (2007). Building societal capital, Chinese in the U.S. *Language Policy*, 6(1), 27–52. doi:10.1007/s10993-006-9043-2

Wang, S. C. (2012). Sustaining the rapidly expanding Chinese language field. *Journal of the Chinese Language Teachers Association*, 47(3), 19–41.

Wu, S., & Meng, L. (2010). The integration of inter-culture education into intensive reading teaching for English majors through project-based learning. *US-China Foreign Language,* 8(9), 26–37.

Xu, H. (2012). *Challenges native Chinese teachers face in teaching Chinese as a foreign language to non-native Chinese students in U.S. classrooms* (Unpublished Master's thesis). University of Nebraska, Lincoln. Retrieved from http://digitalcommons.unl.edu/teachlearnstudent/20

Zhao, J. (2015). Project-based instruction in teaching Chinese as a foreign language. In Hansson, T. (Ed.), *Contemporary approaches to activity theory: Interdisciplinary perspectives on human behavior* (pp. 108–127). Hershey, PA: IGI Global.

Zhao, J. (2016). *Understanding Chinese language teachers' experiences teaching in U. S. classrooms: A sociocultural perspective* (Unpublished doctoral dissertation). University of Cincinnati. Retrieved from https://etd.ohiolink.edu/!etd.send_file?accession=ucin1460730421&disposition=inline

Zhao, J., & Beckett, G. H. (2014). Project-based Chinese as a foreign language instruction: A teacher research approach. *Journal of the Chinese Language Teachers Association*, 49(2), 45–73.

# 第三部分

## 技术支持的项目式语言学习指导框架研究

# 第九章 数字资源学习指导框架研究：项目式语言学习应用

艾略特·卡萨尔[①]，唐恩·比科夫斯基[②]
（J. Elliott Casal and Dawn Bikowski）

## 引言

项目式学习（PBL）源于杜威（Dewey）的思想，是一种边做边学的教育方法，以学生参与持续、协作和真实的解决问题活动为导向（Blumenfeld et.al, 1991）。支持者认为该方法有助于学生与材料建立牢固的个人联系，因此可以培养批判性思维技能，并对主题更深入地学习。在语言学习环境中应用或探索项目式学习的研究者和实践者经常报告说，个

---

[①] J. 艾略特·卡萨尔（J. Elliott Casal）：美国宾夕法尼亚州立大学应用语言学博士研究生。研究方向包括学术和职业写作实践与教学、语料库语言学和体裁研究。论文发表在 Journal of Second Language Writing、Journal of English for Academic Purposes、Language Learning and Technology、System 等期刊上。

[②] 唐恩·比科夫斯基（Dawn Bikowski）：博士，美国俄亥俄大学语言学系 ELIP 学术和全球传播项目主任。其研究兴趣包括专门用途/学术用途英语、作为教学手段的英语、技术和语言学习以及二语写作。

人参与可以提高学习动机,在任务相关活动中有意义地使用语言,可以培养语言相关能力(Stoller, 2006)。虽然人们注意到,在实施项目式学习时,语言学习者有时会因为对语言的形式重视程度降低而感到沮丧(如Beckett, 1999),但语言使用可以促进项目式学习活动的成功,有意义并以目标为导向,通过使用语言来推动活动开展,而不是关注语言本身,更强调语言特征的意义潜力。

项目式语言学习(PBLL)的倡导者认识到,通过使用技术帮助学生参与到基于项目的研究、在协作工作中互动以及更真实地接触目标环境,可以更好发挥项目式语言学习的潜力(Krajcik, Blumenfeld, Max, & Soloway, 1994)。不过,尽管项目式语言学习和使用数字资源在语言教育中越来越普遍,但人们却对学生与数字资源和技术在其中的互动方式知之甚少。因此,关于项目式语言学习课程和数字材料开发决策,语言教育者几乎没有任何参考,也没有人指导他们如何为学生在这样的环境中学习做好准备。由于成功的学习者在项目式语言学习中使用数字资源,并采用了有效的语言学习行为与策略,"数字资源学习指导框架"希望通过对其描述,以期为这些问题提供解决方案。

## 研究"数字资源学习指导框架"的动机

尽管项目式语言学习环境融合了技术,具有潜在优势,但在复杂的项目式语言学习环境下开发定制数字学习材料必须谨慎进行。由于在很多情况下,教育活动更多关注纸质的学习材料和语言的形式(即语法)层面,因此,项目式语言学习环境和数字学习资源本身可能不符合语言学习者对教育活动的期望。泛泛来说,人们认为学习者需要进行终身教育,以此作为未来学习活动的指导框架,并呼吁探索"当学习者与数字文本互动时,阅读习惯如何转变"(Evans & Po, 2007, 70 页)。在某些情况下,学者和教育者的期望与语言学习者的经验和偏好并不一致。例如,虽然学者们注意到数字教科书可以通过多种方式支持学习(例如, Gu, Wu, & Yu,

2015），但学习者对这种资源的体验并不总是持肯定态度（例如，Lam, & McNaught, 2009）。

也许教育者的期望和学习者体验之间的差距，部分是由于复杂数字资源的概念化学习方式造成的。从社会文化角度来看，人类的活动既以文化产物（cultural artifacts）为媒介，又以此为导向。桑恩（Thorne, 2003, 2016）以"使用文化"（cultures-of-use）为概念框架，研究了技术工具如何协助语言学习活动，并强调过去的学习经验可以为当前学习经验提供指导。项目式语言学习融合了技术，可能通过不熟悉的技术工具将学习者置于不熟悉的学习经历和环境中，而在这种背景下此种技术对学习行为的研究也很有限。桑恩的"使用文化"框架强调数字工具嵌入到其辅助的学习活动中，由此突出了合理选择和设计数字学习材料的必要性。

如何理解在这些空间的学习？这种需要促进了"数字资源学习指导框架"的产生，此框架包括了学生在复杂的数字资源中成功的学习/阅读行为，并随着时间的推移而发展。哈伯德（Hubbard, 2004）在学生培训中将操作能力和学习能力进行区分，根据这一点，该框架将数字环境中的学习行为和策略概念分为三个类别：识别特征（操作能力）、监测学习（学习能力）以及建立联系（学习能力）。这可以作为进一步研究数字学习策略的基础，或为教学法和材料开发提供参考。鉴于项目式语言教学方法对学习者的认知要求更高，这样的指导框架对该情形特别有用。

桑恩（Thorne, 2003, 2016）的"使用文化"概念框架，本身就植根于文化历史传统，通过"正如人工制品为用户而存在一样的方式呈现其特性"（2003，第40页），为我们的指导框架提供了一个背景。桑恩强调，通过"常规化的"（2003，第40页）、"历史沉淀的"（2016，第185页）活动（例如，交流或学习），"使用文化"围绕着协助这些活动的文化产物（例如，以计算机为媒介的交流，或 CMC、技术、文本、教学材料）而出现。因此，个人将期望和联想投入到受当地和文化历史影响的以人工制品为媒介的活动中。至关重要的是，因为个人在背景需求和历史实践的结合中做出了选择，因此，这些联想并不决定未来的活动，桑恩（Thorne, 2003）最初应用其框架时，证明学习者会根据使用特定的 CMC 技术参与不同的远程协作互动，并且对语言学习和发展结果有重大影响。

因此,"使用文化"框架作为项目式语言学习情形中的中介工具,允许我们将数字资源和技术概念化,并从个人的历史学习经验角度看待学习者的选择。在融入技术的项目式语言教学情形中,教育者必须意识到学习者进入的学习环境与项目式语言教学的目标环境存在现有关系,要事先了解他们应用或参与的问题(和语言形式),以及可能已经围绕数字资源和相关技术的"使用文化"。材料、语言资源和教学以及技术的实施应该为学习者进行有意义的项目导向活动和个人参与做好准备,但是语言学习者很可能已经形成了围绕技术平台和设备的"使用文化",而且这些"使用文化"在很大程度上并不是围绕学习活动展开。因此,"数字资源学习指导框架"中的策略和行为描绘了一个理想的、成功的学习活动,可以作为一个"目标学术使用文化"。考虑到这一目标,可以在项目式语言教学背景下开发和实施定制数字材料,从而产生有用的学习策略,使学习者在语言学习活动中获得这些资源带来的语言学习好处。

# 数字资源学习指导框架

比科夫斯基和卡萨尔(Bikowski & Casal, 2018)分析了在项目式商务英语写作课程中使用定制数字资源培养学习者行为。"数字资源学习指导框架"由此产生并得到了检验(表 9.1)。关于课程和材料的概述如下。

表 9.1 数字资源学习指导框架

| 策略/过程 |
| --- |
| 1. 操作能力:认识到数字学习环境的特点 |
| 1a. 参与者意识到或发现数字学习环境的组织、特点和好处,能够成功解决问题 |
| 2. 学习能力:在数字环境中监测学习 |
| 2a. 参与者根据阅读或学习目的或给养改变或调整行为 |
| 2b. 参与者在探索了数字内容后计划下一步学习步骤 |

（续表）

| 策略/过程 |
| --- |
| 3. 学习能力：在数字环境中学习时建立联系 |
| 3a. 参与者在之前的知识/经历和数字材料之间建立联系，解决困惑 |
| 3b. 参与者在数字材料之间或不同想法之间建立联系，解决困惑 |
| 3c. 参与者在自己的经历和数字材料之间发现个人情感活动及个人动力联系，利用这种联系继续学习或者探索 |

来源：改编自比科夫斯基和卡萨尔（Bikowski & Casal, 2018）

## 利用数字资源开发学习框架

本研究的项目式语言学习选取的背景是美国一所大学本科商务专业一年级大学写作课程，该课程旨在帮助第二语言学生为可能的书面学术写作做好准备。本课程每学期都有一家当地公司或组织担任学期客户，学习该课程的学生与之互动，以完成一系列任务并最终完成不同的商务体裁写作练习。在比科夫斯基和卡萨尔（Bikowski & Casal, 2018）开展研究的学期间，该课程与当地非政府环境教育组织建立了客户合作关系，语言学习活动则围绕项目面临的行政、社会和财务问题展开。在其他学期，其他组织则担任这一角色（有关项目示例，请参见 Bikowski, 2016; Bodwell, 2015）。每学期，学生都需要与组织代表、员工、客户和社区成员进行合作互动，收集信息，并解决与更大任务和商务写作项目相关的问题。所有任务和项目都围绕着与学生个人和专业兴趣以及企业或组织需求相关的主题展开，最终形成一个大规模基于小组的问题解决项目，该项目以组织代表为部分受众。

通过使用 iBook 创作工具，该课程创建了一个交互式数字资源包，学生可根据需要在课程期间使用 iPad。该资源包由课程开发团队成员构建，并组织成超文本、多模态单元章节，包含与课程相关的所有信息和资源。这些材料根据学生的语言能力和课程语言目标、学生的文化背景（如非政府组织或学生国家的地标）以及特定学生项目（如公司背景信息、与当地客户的访谈视频）进行定制。这些教学材料也进行了多次可用性测试和学生培训，因此，比科夫斯基和卡萨尔（Bikowski & Casal，2018）所用教材版本在使用之前修订了九次以上。

形成该框架的分析基于两个周期的编码（Miles, Huberman & Saldaña, 2014），编码材料包括反思性学习者日记、观察笔记、即期和回顾性有声思维协议（根据 Chamot & Kupper, 1989; Charters, 2003），以及基于学生课程参与度问卷（Handelsman, Briggs, Sullivan & Towler, 2005）的课前和课后参与度调查。比科夫斯基和卡萨尔（Bikowski & Casal，2018）进一步描述了背景、方法和分析。由此产生的框架展示了"个人和工具之间丰富而复杂的相互关系"（Conole, de Laat, Dillon & Darby, 2008，第521页）。只要认可学习者策略与所使用的数字资源密切相关；数字化学习工具影响用户认知，从而影响学习（Thorne, 2016），那么该框架就可用来指导基于项目式语言学习的材料开发、学生培训和技术支持教学法。

## "数字资源学习指导框架"说明

该框架概述了学生在使用定制的数字材料学习时表现出的新行为和采用的策略，并描述了在语言学习活动中围绕的数字化工具进行学术"使用文化"时理想的、成功的行为和策略。根据哈伯德（Hubbard, 2004）的学习者培训框架，这些行为和策略分为三类，分别与操作或学习能力相关。操作能力是指与学习环境中识别特征相关的能力，而学习能力是指与监控学习和在学习过程中建立联系相关的能力。表9.1通过有声思维协议提供了观察到的示例行为/策略，但与每个类别相关的行为将因数字资源的性质、教育背景和学习目标而异。

如表9.1所示，第一类代表学生在数字环境中识别特征的能力，这不仅包括了解资源可以提供的便利，还包括了解为解决技术难题而开展的组织、导航和基本策略。因为学生的选择取决于对可用选项的理解，资源/设备操作的知识与策略和学习行为密切相关。当参与者应用比科夫斯基和卡萨尔（Bikowski & Casal，2018）的交互式数字资源时，操作能力包括，如导航能力（例如，在 iPad 屏幕上滑动）和了解材料在数字空间的组织方式（例如，资源之间的关系和结构）、通过该平台可获得的交流资源（例如，以计算机为媒介的交流应用程序），以及可获得的参考资料和支持功能（例如，词典）。同样，这包括了解可用的笔记功能，以及识别可用超链接和注释提示的能力。这是参与数字资源的一个关键但基本的层面，也是学生培训的终点。需要注意的是，学生如何理解可能发生的事情以及如何在与数字化学习工具交互的过程中进行决策受到培训和过去使用类似资源时习惯的影响。

学习能力分为监控行为（第二类）和建立联系（第三类）。监控行为，通常被认为是元认知策略（包括根据目标规划和改变行为）（Chamot & Kupper, 1989）与成功的语言学习相关。我们观察到，这些行为对于在复杂的数字资源中成功构建意义和理解语言至关重要，多模态和超文本资源太多，有可能让学生对信息无所适从，无法进行选择。许多学生能够找到有用的信息，并根据直接目标（例如，准备与合作伙伴组织的会议；完成小规模家庭作业任务，在写作任务中形成论点）反思特定语言形式在上下文中的作用；而另一些学生，选择背后很少表现出意向性。当向学生以超链接资源提供额外的语言和概念内容时，这一点尤为明显。学生对课程项目和语言学习的投入程度往往会影响、改变他们与数字资源互动的程度。

第三类，建立联系，是指学生在资源的内容之间（例如，时间或模式之间）、新内容和先前知识之间，或内容和他们自己的生活和经验之间建立的联系。构建联系似乎是跨模式构建意义的关键行为，对项目式语言学习和更深层次的学习方法具有重要意义。虽然学生努力，对比并将资源中的语言和内容（例如，跨模式或跨部分）以及自己的知识联系起来，从而创造了机会用以构建对材料的复杂理解，但个人与内容材料（以及语言）连接的能力是项目式语言学习目标和学习者投入理念的核心。大多数学生表现出强大的能力，能够注意到或建立起课程项目和数字教科书内容之间的联系，能够使用非语言模式识别文本中难以理解的语言要素的功能或意义，或者能够在学期末自发开展活动。

## 这些行为在语言学习中的作用

能够认识到数字化学习工具为语言学习所提供的好处与机遇（第一

类），此能力是语言学习活动的重要切入点，虽然如此，监测学习（第二类）和建立联系（第三类）突出了支撑该框架的两个关键原则：个人参与教育活动对学习至关重要，以及这种能动性会促进语言学习也是语言学习的结果（Douglas Fir Group, 2016）。由于项目学习与越来越流行的"更深入学习"（The New Media Consortium, 2017）概念联系在一起，且为个人参与和主动活动创造了机会，因此，这两个主张都与项目式语言教学法高度相关。如表 9.1 所示，数字资源学习指导框架强调，成功的数字资源语言学习取决于主动采取一系列行为和有意识的努力，以弥合学生和学习活动之间的差距。

项目式语言学习的好处之一是人们认为它可以提高学习动机，这在教育研究中已经得到广泛证实。在语言学习环境中，这一假设是基于这样一个事实，即项目式教育一般将学习活动置于现实世界，去解决问题，而不是人工情景模拟或者显然去掉了具体情景的课堂任务。正如诺顿·皮尔斯（Norton Pierce, 1995）所言，学生决定投入语言学习，往往与学生身份和他们想象的未来之间的感知联系有关。投入的学生可能会参与学习行为，从而为这种学习创造更多的机会。亲身接触项目式语言学习语境中的材料（以及项目式语言学习语境本身）的能力通常反映了学生是否投入到学习活动中，而这可从他们是否愿意计划和改变他们的学习行为得到证明。

在项目式语言学习背景下，学生的投入是一个重要的问题，因为项目将学习活动置于学生、社会和环境的交汇点，从而使学生能够在教育活动和个人目标之间形成有意义的联系。从投资的概念来看，这种联系不仅可能帮助学生参与课堂活动，还可能帮助学生投入语言本身的学习和使用中。同样，项目式语言学习与日渐流行的更深入学习概念联系在一起，恰恰是因为它为自主活动和批判性思维创造了机会。如前所述，技术为教育工作者提供了一个强大的机会，通过拉近学生和问题之间的距离，为学生创造有意义的、真实世界的学习机会。在"数字资源学习指导框架"中，个人能动性和投入的重点是学生有能力将自己的知识、兴趣和目标与内容联系起来，以及有能力根据个人学习目标和目标改变互动性质。

项目式语言学习重塑了语言学习活动，因此，学生不仅有集体归属身份，而且"作为有主观能动性的个人……[他们]在通过目标导向行为塑造自己的身份方面发挥着重要作用"（The Douglas Fir Group, 2016, 33 页）。到学期末，那些能够利用自己的个人和职业身份来理解和定制在数字学习环境中的活动的学生，能够获得数字资源中的语言和概念内容，并能利用在课堂活动中遇到的相关数字工具和语言特征所带来的交流便利。因此，我们认为语言学习者如果切实参与解决项目式语言学习中的相关问题，他们在运用语言时，可能会有更多的机会批判性地反思语言形式—功能的相互作用。另一方面，教师可以把语言教学的重点放在学生活动中产生的互动类型以及学生可能遇到的互动类型上。

项目式语言学习使得学生承担责任并主动通过实际的而不是假设的活动来学习，可能有助于语言使用者发挥能动性，使之有能力在课程中和后的目标导向活动中使用语言。"数字资源学习指导框架"强调，如果学生能够认识到这些资源的作用，在使用这些资源的过程中监测并有意识地改变他们的学习行为，并在材料之间建立个人和概念的联系，那么这些背景下融入的技术和数字资源就能促进这种发展。

## 将该框架付诸行动

如前所述，"数字资源学习指导框架"描述了理想的、成功的学习活动，可以作为围绕特定数字资源的"目标学术使用文化"。这样，该框架允许教育者和课程设计者通过数字资源将语言学习活动概念化，以加强项目式语言学习的氛围。考虑到这些目标行为和策略，"数字资源学习指导框架"在融合了技术的项目式语言学习项目开发中确定了六个步骤，以此为我们提供指导（见表 9.2）。在下一节中，我们将简要介绍创建和维护我们的技术融合型项目式语言学习课程所涉及的大致步骤，并讨论"数字资源学习指导框架"的每一类在这一过程中是如何体现的，以及其他人如何在其他情况下进行调整。

# 构建项目式语言学习环境

我们的过程（如表 9.2 所述）可分为三个重叠的维度：课程开发（步骤 1—4）、材料开发（步骤 5）和学生培训开发（步骤 6）。在项目式语言学习的这一项目课程开发阶段（客户组织包括对增加国际学生赞助感兴趣的当地咖啡馆或希望扩大学生参与度的当地环境非营利组织），在对语言学习者课程活动性质概念化方面，"数字资源学习指导框架"可能发挥重要作用。在我们的案例中，这一过程首先开展协作式特定用途英语（ESP）需求分析，旨在分析商学院学生及其职业生涯中可能涉及的写作文体类型。而这取决于我们在该学期项目的客户组织。例如，对于一家当地咖啡店的项目，需求分析侧重于学生对咖啡行业感兴趣或了解的内容以及与特定客户相关的问题（即，他们是否知道或关心自由贸易，他们是否愿意为平等交换咖啡支付更多的费用）。需求分析内容参考了商务写作教科书、已发表的研究报告、与商务系教师的对话以及对相关文体和往届学生作品样本文本的仔细分析。了解了这些类型的大致内容后（例如，SWOT 报告、推荐报告），我们列出本课程所需学习成果（例如，学生将能够对各种专业和学术写作任务的受众和目的进行分析；能够以写作为目标对阅读进行注释；能够参与资料研究过程）。随后围绕所需的文体类型开发对应的项目类型，为学生创造学习机会；其中，一些项目类型包括帮助小企业改进营销工作，提高社区对社会问题的认识，或提高特定活动的出席率。项目类型应基于课程的学习成果，但也取决于学生兴趣和社区需要，根据社区客户能够提供适合项目式语言学习环境的程度确定潜在客户。教师和材料开发人员需要对该组织结构和需求了解细致，且相关组织代表需要认真对待他们在信息获取和时间方面的承诺，因此，与客户的关系对课程的成功至关重要。每学期，这些潜在的合作关系都会根据其对学习目标的适用性进行重新审查。项目评估基于以下标准：我们的学生在达到学习目标上表现如何；客户认为项目对其实际业务/组织有多大用处（例如，推荐报告、与学生的讨论）；以及学生对项目的兴趣和与客户合作的动机。对学生而言，那些允许学生参观其所在地和/或参加活动的项目（例如，环境清理活动）通常更有趣、更具激励性。"数字资源学习指导框架"（识别特征和监控学习）在课程开发阶段可能会影响课程设计者和教育者，因为识别、监控和建立联系的学习行为是目标学习活动的有用描述。

表9.2 开发基于技术的项目式语言学习课程步骤

| 步骤 | 结果 |
| --- | --- |
| 1. 开展需求分析 | （商务）写作种类以及相关语言概述 |
| 2. 确定学习目标 | 所希望的学习结果清单 |
| 3. 确定项目类型和范围 | 与项目相关以及与所希望学习结果有联系的文体种类清单 |
| 4. 建立客户关系 | 学生解决问题开展项目的环境 |
| 5. 开发、寻找、完善材料 | 为学生和项目环境定制的数字化材料，包括用户友好度测试 |
| 6. 开发或者修改培训计划 | 可调整的操作和学习能力培训计划 |

对于我们来说，这在建立联系方面是最正确的。我们仔细考虑了个人和职业潜在相关性以及客户组织之间的关系。通过与当地的环境教育项目合作，了解项目式语言学习活动的目标，即帮助小企业提高对咖啡公平贸易的认识，并最终增加学生的销售，这些将使语言学习者处于一个真实的环境中，学生有机会使用语言并学习语言；因此，我们试图构建学习空间，最大限度地提高学生与课程活动的可能联系，并将此类活动与学生的专业兴趣、内容和语域联系起来。为此，课程开发团队成员采访了前几届课程的学生以及环境教育项目的领导，讨论该项目对双方的适用性，研究商业和环境教育的相关概念维度的交集，并探索相关书面体裁的特定领域语言（以及完成这些语言所涉及的任务）。最后，与环境教育项目结成合作伙伴关系，重点放在学生自身的地理身份和对商品化、社会正义激励和金融的理解上。课程开发时，考虑到语言学习活动中的目标学习行为，系里构建了一个项目式语言学习环境，鼓励学生以个人生活、专业理解和一系列

语言能力为基础,以专业学习期间应从事的学习活动为模式,开展真实任务活动。

## 使用"数字资源学习指导框架"开发材料

"数字资源学习指导框架"在开发定制学习材料(步骤 5)和培训计划(步骤 6)的方面发挥着更为突出的作用。通过数字资源进行目标语言学习行为分为三个类别(即识别、监控和联系),允许材料和培训开发人员从理念上了解学习活动如何与学习目标相联系,并创建鼓励此类活动的学习和培训资源。在为数字教科书开发学习材料的同时,我们可以设计材料,帮助识别数字学习功能;例如,我们设计了直观和反复出现的提示和线索,使用一致图标向学生传达需要深度思考并应该停下来思考的问题。我们还创新设计,以奖励和引导监控学习,例如,我们设计了一致、清晰和易于导航的标签和说明,同时也确保数字教科书中的导航对用户友好(考虑到纸质和数字图书之间的导航不同)。我们通过设计,允许并鼓励构建个人概念和多模式联系,包括与学生背景相关的内容(例如,包括来自本国或与其兴趣相关的链接和图像),并将纸质内容链接到嵌入的视频。通过这种方式,对客户组织的链接、图像、视频和常规内容进行定制,是我们项目成功的关键组成部分,我们认为在项目式语言学习上下文中使用数字学习材料时,量身定制非常重要。虽然我们使用了 iBook Author 工具创建教科书,另一个工具也可以:TopHat(https://tophat.com/),该工具允许教育工作者创建自己的交互式、定制教科书,包括个性化的家庭作业。

量身定制可能是技术为采用项目式语言教学的教育者提供的最大便利。虽然大型出版商提供的数字材料可能有用,但教育技术为教育工作者提供了巨大的机会,可以根据教育背景和重点项目修改和将教学材料个性化。克拉奇等人(Krajcik et al., 1994)讨论了技术如何通过项目加强学习,数字技术对此进一步扩展,允许学习者建立社交联系,加强有限的课堂和现实世界背景之间的联系。举几个例子,教育工作者可以通过社交媒体和 CMC 平台让学生与其他语言用户接触(例如,学生使用 CMC 资源与小组成员合作或联系客户代表);通过协作知识库和语料库工具提供相关语言资源（例如，学生在 COCA—美国当代英语语料库—在线工具中探索领域/体裁特定的语言项目，如用于 SWOT 报告的评价性形容词）；允许学生通过交互式图形数据和学术搜索引擎访问解决问题的工具和框架（例如，学生探索交互式数据可视化，如食物来源和轨迹信息，以了解作为客户的当地"社区支持农业计划"的使命）；或突出显示他们通过超链接、定制视频和图像进行工作的独有当地内容。根据我们的经验，围绕学生进行特定任务、目标和环境构建我们的数字资源包（课程 iBook），使我们能够最大限度地提高学生连接和沉浸在学习活动中的能力，这是数字资源学习指导框架的第三个组成部分。在以当地环境教育项目为重点的课程中，我们既包括了我们大学所在地区的图像（例如，当地生物多样性和互动地图），也包括了来自学生自己国家的图像（例如，自然地貌、观光风景等）。学生表示，书中的材料不仅有助于他们积极研究自己的项目，还有助于他们沉浸在项目中，有时，他们甚至选择与客户一起参与课外环境项目（例如，收集标本并将它们送回自然栖息地）。特定领域的语言（如"公平贸易"或"市场经济"等短语）和特定任务的语言特征（如可用于在 SWOT 报告中批评一家公司的句法特征，如在批评之前先赞扬客户）呈现在学习材料中，这帮助学生了解语言的功能，帮助他们做事，也鼓励学生根据交际需要改变与这些材料进行基于学习的互动。通常，这为学生提供了机会以注意语言特征的潜在意义。

　　但是，如果学生并未通过相关数字学习资源建立"使用文化"，那么仅仅为学生提供针对目标行为制定的材料（例如，改变和规划学习策略；在内容自身、内容之间，内容与先前知识之间以及个人与内容之间建立联系）则可能还不充分。因此，用于学习的"数字资源学习框架"下，如果要开发个性化学术"使用文化"，需要进行学生培训和可用性测试，这是重要组成部分。哈伯德（Hubbard, 2004）对操作能力和学习能力（尤其是在与学生培训相关方面）进行关键性区分，强调使用数字资源学习时需要了解相关工具以及如何利用这些工具进行有意义的学习活动。培训可以帮助学生制定与学习相关的策略和行为。另一方面，可用性测试作为消费者层面的商业产品评估形式，已在语言学习的教育技术环境中实施（如 Kessler & Plakans, 2001; Lim, Song & Lee, 2012），这意味着学生的经验和

## 第九章·数字资源学习指导框架研究：项目式语言学习应用

选择也被纳入了材料开发。两者结合时，学生可以利用其非学术身份以及特定技术方面的个人"使用文化"，同时学习给定技术，培养自己的学术"使用文化"。

在开发数字学习材料时，我们以"数字资源学习指导框架"三个组成部分作为学习活动的目标，认为培训和可用性测试可能会鼓励此类行为的发展。在识别数字空间特征方面，学生对数字资源学习的不同期望决定了具体设计。虽然在开始学习商务英语课程时学生通常会熟练操作移动数字设备，但仍需要专门培训，旨在帮助学生进一步认识对学习活动（例如，记笔记和突出显示）特别有帮助的功能；仍要精心策划布局，以最大限度地提高对章节结构、超文本性和交互功能（例如，相关术语）的认识。对教育便利的认识程度表明学生在利用数字学习工具促进学习的潜力大小。在基本层面上，这意味着如果无法导航资源或识别交互式多媒体线索，学生对学习相关内容的访问便会受到限制。在这一层面上，在早期阶段引入教学线索（如箭头和标题），向学生介绍可供其使用的动作类型，并进行可用性测试，观察学生识别便利时遇到的意外困难或意外限制。举个简单的例子，在可用性测试早期阶段，许多学生虽然不能识别粗体和红色的超链接，但却可以识别带下划线的超链接。由于精细学习行为跨越多种应用程序、功能甚至设备（如记笔记或录制访谈），在更复杂的层面上，学习者培训可以培养学生的这种行为。在其他情况下，材料开发者应该仔细考虑学生的教育和技术背景（学生之间可能差距很大），并且设计材料应尽可能透明、指导性强。在识别遗漏的给养功能或不清楚的组织和设计方面，可用性测试至关重要。

认识到计划和根据计划修改行为的重要性后，学生接受了数字预览和阅读策略培训。同时，放置标题、图像和关键词以帮助促进学生的特定行为。例如，任务目标提醒在早期的活动中反复出现，以促使学生重新评估他们的行为。事实证明，在数字空间对学生进行略读、扫描、预览和其他一般阅读策略的培训非常有效，往往能使学生利用结构清晰的材料。同时，当学生熟练掌握了这些监控策略后，便能够向教师反馈那些不符合他们发展数字期望的材料，找到材料重点修改的地方。应该注意的是，学生经常开发自己的策略解决目标问题（例如，将智能手机摄像头作为笔记工具而不是设备资源）以此对学习培训做出反应。在我们看来，比起参与教育者认为重要的特定活动，监测和改变学习策略更为重要。因此，我们鼓励学生自主开发使用数字材料的具体过程。在其他项目式语言学习背景下，材料开发者应该在开发过程中考虑任务、材料、大型项目和学生目标之间的关系，因此，协议、布局和内容就能支持学生和教师的短期和长期目标，同时促进学生对这些目标进行与自己实际情况相符的投入。

在关系构建方面，我们的材料各章节通过图像、文本和视频以多模态方式构建联系，以加强语言和内容。同样，也根据学习者和项目本身定制内容，给个人投入和参与更大弹性空间。书中讨论了写作和内容，关注客户所面临的问题。例如，在围绕当地环境教育项目的课程中，材料侧重于预算较少的小公司和行政机构。而与当地一家小型咖啡店合作时，材料侧重于全球市场、当地食品运动和其他相关方面。然后，学生利用这些信息来写建议报告，这是本课程重点关注的关键商业体裁之一。

在本章的其他部分，我们讨论了如何结合学生的学术/专业、个人和语言目标以努力创造项目式语言学习环境，从而促进学习活动与生活之间的联系。然而，在学期初，有些学生建立数字资源的多模态部分之间的联系以及借助已有知识来理解当前的活动时，遇到了困难。在材料开发过程中，我们了解了这些类型联系十分重要，所以设计材料和培训计划，帮助学生培养这些能力。其中大部分通过学生培训得以实现，通过反复的合作活动，将先前的知识应用到语言和概念领域的新环境中，从多种交际模式中提取综合和总结任务。然而，在数字材料中，主要通过提示来鼓励学生建立联系或反思自己的理解，也努力促进这种行为。

通过"数字资源学习指导框架"，我们开发的材料可以针对项目式语言学习情形量身定制，既突出功能性（第一类），又能够使学生明确目标，计划和改变行为（第二类），而且活动有意义、有吸引力和具备相关性（第三类）。而将学习行为融入设计原则这一点，对于其他人在融合了技术的项目式语言学习背景下工作时尤为有用。要想鼓励学生动态参与活动并踊跃投入到切实可行的项目式语言学习环境中，遵循这些原则会有助于此类数字材料的设计。

最后一个示例，我们来讨论一个基于技术的特定项目式语言学习任务,该任务根据我们的指导框架而设计,并嵌入到一个更大的项目式语言学习项目中。作为当地咖啡店最终项目的一部分,学生团体对社区成员和机构客户开展民意调查(例如,了解潜在客户对公平贸易的了解以及购买选择的动机),为客户提供重要信息,证明他们提出的解决方案是合理的(例如,教育客户公平贸易咖啡的需求,以及如何合理提高价格)。在一项以语言为中心的重要活动中,学生分析并开展数字调查,使用iPad课程对社区中的相关人群进行调查,收集数据。该周早些时候的课堂活动在语言上侧重于访谈策略(可能包括问题设计、如句法和非语言选项等的社会语用考虑因素,以表礼貌和尊重)。通过数字设计教程学生提高对数字组织的认识以及使用的调查软件(谷歌表单)的技术便利。鉴于数据在最终的项目中会居于核心地位,学生在仔细权衡各种选择的影响时,积极参与并适当制定调查问题;他们必须认真工作,确保向潜在客户提出的问题与需要的信息一致,以形成最终项目的推荐报告。大多数学生能够操作设备和导航数字任务,在使用的语言和可能收到的答案类型之间建立了牢固的联系,并根据目标做出合理的决定。学生还讨论了各种时态和词汇决策的后果以及模糊性如何影响希望得到的回答。

## 结论

本章我们提出了一个指导框架,用来概括语言学习者在项目式语言学习环境中使用数字资源的行为,并为此类数字材料设计提供参考。这些定制的数字材料对成功促进项目式语言学习商务英语教学法方面至关重要。总体而言,学生认为,交互式数字教科书以更有意义的方式鼓励他们多多参与课程活动。特别是,学生评论说,在参与学习活动期间与之互动的地方和人出现在数字教科书中(通过图像、视频、参考文献)时,在学习英语时,也意识到了自己行为和工作的现实意义。当反思与数字资源和移动设备的关系时,学生将他们比喻为助手、向导、甚至是朋友。个人参与、联系学习活动是项目式语言学习的成功关键,但这些反思突显了学生可以与学习工具建立积极的关系。学生们与设备的融洽关系表明，数字学习资源和设备并不仅仅辅助学习体验，而是嵌入到学习活动中。因此，教育者在设计数字学习工具并训练学生以合理的方式使用时，应该充分认识他们希望学生参与的学习活动。"数字资源学习指导框架"强调操作能力和学习能力之间的界限，认为学生能够监控学习并在技术支持的项目式语言学习环境中建立各种联系，这很重要。这些都可以帮助教育工作者。因此，借助该框架，教育者可以将目标学习行为进行概括，对于学生愿意并能够以复杂方式参与的数字资源，应该加以协调和变通，以更好地与项目式语言学习的情形相融合。

# 参考文献

Beckett, G. H. (1999). *Project-based instruction in a Canadian secondary school's ESL classes: Goals and evaluations* (Unpublished doctoral dissertation). University of British Columbia. Retrieved from https://circle.ubc.ca/bitstream/id/24487/ubc_1999-463176.pdf

Bikowski, D. (2016, April 25). ELIP writing class allows students to get their hands dirty working with rural action. *College of Arts & Sciences Forum Newsletter*. Retrieved from www.ohio-forum.com/2016/04/elip-writing-class-allows-students-get-hands-dirty-working-rural-action/

Bikowski, D., & Casal, J. E. (2018). Interactive digital textbooks and engagement: A Learning strategies framework. *Language Learning & Technology*, 22(1), 119–136. doi:10125/44584

Blumenfeld, P. C., Solowar, E., Marx, R. W., Krajcik, J. S., Guzdial, M., & Palincsar, A. (1991). Motivating project-based learning: Sustaining the doing, supporting the learning. *Educational Psychologist*, 26(3&4), 369–398. doi:10.1080/00461520.1991.9653139

Bodwell, K. (2015, December 7). Donkey coffee gets tips from ELIP business writing class. *College of Arts & Sciences Forum Newsletter*. Retrieved from www.ohio-forum.com/2015/12/donkey-coffee-gets-tips-from-elip-business-writing-class/

Chamot, A. U., & Kupper, L. (1989). Learning strategies in foreign language instruction. *Foreign Language Annals*, 22(1), 13–24. doi:10.1111/j.1944–9720.1989.tb03138.x

Charters, E. (2003). The use of think-aloud methods in qualitative research: An introduction to think-aloud methods. *Brock Education Journal,* 12(2), 68–82.

Conole, G., de Laat, M., Dillon, T., & Darby, J. (2008). 'Disruptive technologies,' 'pedagogical innovation': What's new? Findings from an in-depth study of students' use and perception of technology. *Computers & Education,* 50(2), 511–524. doi:10.1016/j.compedu.2007.09.009

The Douglas Fir Group. (2016). A transdisciplinary framework for SLA in a multilingual world. *The Modern Language Journal*, 100, 19–47. doi:10.1111/modl.12301

Evans, E., & Po, J. (2007). A break in the transaction: Examining students' responses to digital texts. *Computers and Composition*, 24(1), 56–73. doi:10.1016/j.compcom.2006.12.003

Gu, X., Wu, B., & Xu, X. (2015). Design, development, and learning in e-Textbooks: What we learned and where we are going. *Journal of Computers in Education*, 2(1), 25–41.

Handelsman, M. M., Briggs, W. L., Sullivan, N., & Towler, A. (2005). A measure of college student course engagement. *The Journal of Educational Research*, 98(3), 184–192. doi:10.3200/JOER.98.3.184–192

Hubbard, P. (2004). Learner training for effective use of CALL. In S. Fotos & C. M. Browne (Eds.), *New perspectives on CALL for second language classrooms* (pp. 45–67). Mahwah, NJ: Lawrence Erlbaum.

Kessler, G., & Plakans, L. (2001). Incorporating ESOL learners' feedback and usability testing in instructor-developed CALL materials. *TESOL Journal,* 10(1), 15–20. doi:10.1002/j.1949–3533.2001.tb00012.s

Krajcik, J., Blumenfeld, P. C., Marx, R. W., & Soloway, E. (1994). A collaborative model for helping middle grade science teachers learn project-based instruction. *The Elementary School Journal*, 94(5), 483–497.

Lam, P., Lam, S., Lam, J., & McNaught, C. (2009). Usability and usefulness of eBooks on PPCs: How students' opinions vary over time. *Australasian Journal of Educational Technology*, 25(1), 30–44. doi:10.14742/ajet.1179

Lim, C., Song, H., & Lee, Y. (2012). Improving the usability of the user interface for a digital textbook platform for elementary-school students. *Educational Technology Research and Development*, 60(1), 159–173. doi:10.1007/s11423-011-9222-5

Miles, M. B., Huberman, A. M., & Saldaña, J. (2014). *Qualitative data analysis: A methods sourcebook* (3rd ed.). Thousand Oaks, CA: Sage.

The New Media Consortium. (2017). *Horizon report: 2017 higher education edition*. Retrieved from www.nmc.org/publication/nmc-horizon-report-2017-higher-education-edition/

Norton Pierce, B. (1995). Social identity, investment, and language learning. *TESOL Quarterly,* 29(1), 9–31. doi:10.2307/3587803

Stoller, F. (2006). Establishing a theoretical foundation for project-based learning in second and foreign language contexts. In G. H. Beckett & P. C. Miller (Eds.), *Project-based second and foreign language education: Past, present, and future* (pp. 19–40). Greenwich, CT: Information Age Publishing.

Thorne, S. L. (2003). Artifacts and cultures-of-use in intercultural communication. *Language Learning & Technology*, 7(2), 38–67. Retrieved from http://dx.doi.org/10125/25200

Thorne, S. L. (2016). Cultures-of-use and morphologies of communicative action. *Language Learning & Technology*, 20(2), 185–191. Retrieved from http://dx.doi.org/10125/44373

# 第十章 知识框架：一种在融合技术的项目式学习中强调语言学习的组织工具

泰米·斯莱特

（Tammy Slater）

## 引言

正如本书第一章所讲，项目式语言学习（PBLL）源于项目学习法。作为一种应用更普遍的教育方法，项目学习法反映了约翰·杜威（John Dewey）的体验式学习哲学及社会建构主义学习理论框架。虽然承认语言在项目式方法中至关重要，但该方法的大多数倡导者关注的是其自然"真实"情形带来的益处，即在提供内容和技能的同时提供语言学习。斯托勒（Stoller, 2006）认为，这种方法鼓励学生经教师指导，积极学习内容、发展成功完成项目所需的技能及语言。在郝博克和纳吉（Habók & Nagy, 2016）看来，项目应该围绕学生的选择，自我激励，并为解决问题、进行合作和自主学习提供动力。然而，尽管艾伦和斯托勒（Alan & Stoller, 2005）提出，项目式语言学习可以有目的地关注形式，但由于基于项目学习本身的性质和目标，许多项目式语言学习的文献更倾向于认为其中的语言学习描述是偶然的。

许多参与项目式语言学习研究的英语语言学习者都认为这种语言的隐性发展有问题。正如本书第一章所讨论的，研究已经并将继续注意到，学生在参与基于项目的学习时，很难看到自己是如何学习语言的。诸如艾林（Eyring, 1989），贝克特（Beckett, 1999），吉布斯（Gibbes, 2011），李（Li, 2010）和唐（Tang, 2012）等研究者都通过研究指出，尽管学生积极地参与基于项目的学习方法，并由教师记录了学生在语言发展各个方面的进步，但仍发现很难将项目式语言学习视为学习语言的一种有效方式。贝克特和斯莱特（Beckett & Slater, 2005）试图通过引入项目框架来解决这个问题，学生可以借此工具了解正在进行的包括与项目有关的语言学习等学习类型。尽管受到使用项目框架的学生的欢迎，但这种以学生为中心的方法对教师来说，并未提供系统的建议。如何教给学生有用的语言？让做各种项目的所有学生认为对他们当下参与的活动类型以及未来课内外的活动类型都有用？如果有这样一个框架，教给学生可跨内容领域的语言，以确保项目式语言学习中的"语言学习"清晰明确，并能被英语语言学习者注意到，会很有帮助。本章采用定性法来支持融合技术的项目式语言学习框架，旨在实现这一目标。

本章首先给出引起当前讨论的背景，并介绍融合了技术、基于项目两部分的英语课程中的访谈数据，该课程为美国中西部一所大型高校的英语强化达标课程（IEP）。然后，本章介绍莫汉（Mohan, 1986）的知识框架，该框架作为一种启发式方法，可用于在跨课程领域的语言教学中整合语言和内容。最后用相关文本和课堂观察的数据来说明如何用该框架来解决访谈中出现的关键问题：找出明确的语言教授和学习。

## 语境、数据和持续的语言学习问题

在 2016—2017 学年，该融合技术、基于项目的英语强化达标项目包

## 第十章 · 知识框架：一种在融合技术的项目式学习中强调语言学习的组织工具

括三门课程：美国高等教育导航（简称导航课）、学术技能课程（简称技能课）和美国高等教育技术（简称技术课）。后两门课程在本研究的两个学期都由同一位老师授课；导航课程在秋季学期和春季学期各有一位老师授课。这四位英语教师都受过研究生教育，经验丰富。虽然他们都熟悉项目式语言学习，但都没有经过莫汉的知识框架（KF）使用培训。秋季学期有 10 名学生，春季有 11 名学生，所有学生都同意就这项研究接受访谈。

这三门课程紧密联系，密不可分。学生们在上技能课时参与了该大学现有的两门主流课程，分别是政治学课程（前八周），和环境科学课程（后八周）。这两门课程在方方面面为三门 IEP 课程提供了重点内容。技能课利用这些内容来帮助学生锻炼笔记技能、写学术论文、口头介绍他们在这些课程中学到的东西，并练习（目的是提高）听力技能。导航课与此相关，例如，侧重于如何以口头和电子邮件通信形式与大学教工（包括学生的未来导师和主流课程讲师）以及同学成功互动。该课程还锻炼学生参与主流课堂，学习整合来自多个来源的信息并适当引用。技术课教会学生如何将各种技术支持用于学术目的，比如在线查找信息，使用 PowerPoint 或 Prezi，使用在线语法检查器以及使用所参与的主流课程相关的作业。所有 IEP 讲师共同努力，确保这些联系牢固、互补而非重叠。

为了解教学情况，研究人员收集了多种类型的定性数据。首先，收集了相关文本（如课程大纲、学生论文），以了解课程目的和学生尝试做课程作业的例子。第二，研究人员随机选择并参与了 10 次课，录音并做实地笔记。通过转写课堂内容、做笔记，我们可以更仔细地观察课堂上呈现和/或模仿的语言类型。最后，对 21 名学生分别进行了个人和小组访谈。这些半结构化的访谈在每个学期末进行，试图调查学生如何理解从该项目式学习学到的东西，以及对自己进步的看法。所有学生都被问到了同一核心问题，旨在确定他们理解如何从课程中受益；根据学生的反应，提出后续问题，记录下来，并进行了检查。主要目的是了解学生是否觉得做这些相互协调的项目有助于提高学术英语水平以及他们是否能提供具体的例子，以说明学习基于技术的项目式学习的四个主要方面：技术、技能、内容知识和语言。由于这些访谈有助于确立理论基础，旨在实施以语言为重点的新框架，因此将在本节讨论。

访谈显示，所有 21 名学生都对所学的三门课程感到满意，并认为从中学到了很多东西。对课堂教授的一些技巧，如通过 Endnote（一种尾注软件）组织引用、通过谷歌学者搜索文献、利用谷歌共享文档、使用 Turnitin 检查无意抄袭、使用 PowerPoint 和 Prezi 进行演示，甚至还有录像设备帮助他们反思和提高演讲技巧，他们对学习这些技术都很满意。学生经常评论在课程中学到的如管理时间、做演讲、记笔记和听讲、参与课堂讨论、与课内外学生和教授互动以及写作等各种技能。关于技能，一名学生感叹道："我的写作速度更快……现在我读得更快了。"通过进一步研究转写内容，研究发现学生经常将技能和技术联系在一起，以更好地支持学习。例如，在谈到项目中一些最重要的学习时，一名学生说，"我们成功学会了制作 PowerPoint，并用 PowerPoint……进行展示"。事实上，学生普遍认为使用 PowerPoint 有助于更好地准备展示，清楚地表达相关技能，例如，确保他们的想法有条理、幻灯片令人愉悦、与观众进行眼神交流、能够"吸引"观众，并使用"好声音"（即清晰、大声地说话）。技能与技术相联系第二个例子是，学生将在线讨论平台的学习与阅读、记笔记、在线搜索所选主题的研究、批判性思考与主题相关的问题，并通过在线讨论形式对其他学生和讲师做出适当回应等技能联系起来。

通过评论可以看出，学生认为通过课程学到的内容多种多样。正如他们所说，内容学习经常涉及他们所参加的政治和环境科学课程："我们了解了美国政府……以及许多政治科学、联邦体系、卫生体系。"但学生也承认，他们学习了 APA 的引用格式、什么是剽窃，以及在课程大纲上会有什么信息。他们学到了很多关于大学及其专业的知识，以及对他们成为正式学生的要求。正如一名学生所说，"但对我来说，我了解了大学生活的样子，这个最重要"。采访小组中其他人也纷纷表示赞同。

可能大家会觉得在强化英语课程中，学生在学习时应该会感受到自己在学习语言。但当被问及这个问题时，学生笑了，他们同意自己在学习英语，可很难找到例子来证明。这三门课程中的一些学习成果表明，学生在学术写作和口语句子结构以及语篇组织方面获得 80% 的熟练程度，这一点尤为令人惊讶。大多数针对语言学习的访谈回答都是围绕两门主流大学课程的特定词汇。正如一名学生所说，"我在一节课上学到了很多关于课

## 第十章·知识框架：一种在融合技术的项目式学习中强调语言学习的组织工具

程主题的词汇，比如生物学（环境科学课）"。鉴于学术技能课提供了单词表，需要学生在上主流课程前理解，因此，这种表述并不奇怪。另一个学生评论道："我们学了很多新词汇。因为有政治研究的考试，我们必须自己练习。"

除了词汇之外，学生承认这些课程帮助他们使用"更正式的词汇"来写论文，练习使用联系副词来链接句子，帮助他们了解不在学术论文中使用"我"，因为被动语态在书面学术话语中比其他语态更常见。总的来说，转写的数据表明，除了词汇和语言使用的表层问题，学生在这个项目中并未觉得有任何明确的语言教学。为了支持这一发现，一名学生在体验该项目语言学习方法中强调了语言学习的隐蔽性，并说道："这里没有具体的语言学习。这就像自我学习，需要你自己掌握节奏；就像个人学习，老师不教你学习的语言。"另一个学生认为，将技术应用于语言学习是件好事，并表明使用写作自动评分系统 Criterion 对理解"如何修正语法……而不打扰老师"非常实用。

从访谈中可以看出，该达标项目提供了以技术为重点的项目式语言学习方法，学生非常满意，而且他们对自己所学的东西的热情和感觉显而易见。然而，同样清楚的是，在这些访谈中，语言教学和学习非常明确，却被隐藏在技术、（非语言）内容和技能等该项目目标的一部分的学习中。然而，考虑到学生是在强化英语项目中学习，尽管为了让学生达到目标，必须进行明显的语言学习，但他们却很难找出那些明确的语言学习或教学，这似乎令人惊讶。虽然该课程总体上取得了成功，并将继续进行下去，但通过不分散学生所预期的学习机会而有意地将语言教学带入课程中，应该对课程的学习成果起到积极的作用，并验证将项目式语言学习纳入强化英语课程的做法是可行的。这种有意识的教学机会可能有助于消除学生对所学（或不学）的语言的困惑，并解决过去学生持续批评项目式语言学习不注重语言这一问题。提供这种有意的教学需要建立一个框架，教师可以此帮助学生看到语言的功能是如何在不同的内容领域发挥作用。如何改变项目式语言学习中语言的隐含性，使学生理解并能阐明他们所学的语言与各种技能和技术（以及内容）之间的直接关系？莫汉（Mohan）的知识框架（Mohan, 1986）可以帮助研究和解决这个问题。

## 莫汉的知识框架（KF）

在最基本的层面上，可以把 KF 描述为教师使用的一种启发式方法，以确保所教授的语言为学生提供理解和产生学术语言所需的基本知识。正如康明斯和厄利（Cummins & Early, 2015）指出的，简而言之，KF"是一个工具，可用来明确思考如何将内容和语言联系起来"（第 40 页）。KF 提供了一种组织，可帮助计划所有活动，莫汉（Mohan, 1986）将其定义为"行动和理论理解的结合"（第 42 页）。这种行动和理论理解可以被认为是学生"践行"教育任务和"理解"（或学习理解）他们成功完成这些任务所需的语言和内容之间的联系。因此，KF 作为一种理论框架，将活动与其话语联系起来，展示了语言是如何构建"知识结构"的（Mohan, 1986, 第 vi 页）。这些知识结构的语言特征可以在情境中传授给学生，帮助他们学习更多方式来谈论或书写他们正在使用的任何内容；换句话说，莫汉的研究提供了框架，教师可以通过使用此框架，并由学生从不同活动中概括来教授学生语言（第 vi 页）。要理解这一点，一种方法是注意到，无论内容如何，分类（或其他任何知识结构）都是相同的过程，因此可以使用相同的语言特征进行分类。莫汉认为，可以用 KF 在各种活动中教授语言，因为它"简单地挑出了所有活动共有的知识结构（1986, 第 46 页）"。

KF 由六个方框组成，形成三对理论/实践知识结构，并具有相关的思维技能、关键视觉效果和特色语言，如表 10.1 所示。注重教授这些知识结构的语言，就变成了在所有教育活动中都有用的语言教学。通过将 KF 用于单元内的显性语言教学以及围绕各种知识结构进行单元规划，教师可以帮助学生学习更好的新方法来构建主题知识，而不是让他们使用"已经知道的东西，只关注词汇或随机的语法练习，或简单地把语言学习过程取决于偶然习得，使得学生对该项目如何帮助他们发展语言更加困惑"（Slater & Beckett, 2019, 第 4 页）。

KF 提供的方法原来主要用于在 K-12 环境中整合语言和内容。在这些

第十章·知识框架：一种在融合技术的项目式学习中强调语言学习的组织工具

环境中，英语学习者需要同时学习语言和内容才能取得成功。下面的一系列具有代表性的文献表明了 KF 在项目式语言学习中的潜力。厄利、莫汉和胡珀（Early, Mohan, & Hooper, 1988）在加拿大西部的 8 所小学（幼儿园到 7 年级）和 4 所中学（8 到 12 年级）的 100 多名教育工作者中首次探索了 KF 的使用，这些学校都有英语为第二语言（ESL）和英语为母语的学生。他们的研究证明，使用 KF 有助于教师设计任务，引导学生进行批判性思考，并产生知识结构的语言，而且它为学生在不同课程领域完成这一任务的方式提供了个体差异的空间。厄利（Early, 1990）为四、五年级的英语作为二语的学生描述了一堂关于动物分类的课程，在这堂课中，老师让学生讨论分类树中的信息。通过这次讨论，参与者共同研发了多种方式，以构建他们在关键视觉中所找到的所有关系和概念。厄利认为，这为学生提供了机会，让他们在上下文中专注于不同但相似的语言形式，而不是教给他们孤立的形式，因此通过讨论，学生学会了科学的措辞和意义。与该讨论任务相似，视觉鱼标签形式帮助教给学生描述不同的语言资源。厄利得出结论，通过使用 KF，"教师可以将'好的'语言教学与'好的'内容教学相结合"，并避免"琐碎的、孤立的语言练习"（第 574 页）。同样，厄利和唐（Early & Tang, 1991）提出，教师使用代表知识结构的关键视觉（例如，分类树来构建语言分类），强调知识结构的语言，可以提高二语学生阅读高中课文和撰写学术语篇的能力。

表 10.1　莫汉（Mohan）知识框架的知识机构、思考技巧以及对应的语言例子

| 分类 | 原则 | 评估 |
| --- | --- | --- |
| 分类；分组；分类别；定义；建立部分／整体 | 解释；预测；得出结论；运用规则，原因，结果，方式方法；形成，测试，建立假设；解释数据 | 评价，排序，判断，批评 |
| 树状图；网状图；图表 | 圆形图、线形图、因果链、问题／解决方案 | 网格、评分图、评价图 |

(续表)

| 分类 | 原则 | 评估 |
|---|---|---|
| 总体所指<br>关系动词（例如，系动词 be, have）<br>递进连词（例如，and 和）<br>分类的，整体/部分词汇（例如，名词：类型，类别，种类，分组，方法；动词：分类，归类，分组，组织，分类别，分开，组成）<br>被动形式（例如，被分类，被分组） | 总体所指<br>动作动词<br>结果性连词和副词（例如，自从，由于，为了，因而，因为，这样，"如果"条件从句）<br>因果词汇（例如，名词：原因，影响，结果；动词：引起，产生，造成，）<br>被动形式+施动者（例如，由……引起，由……产生） | 总体所指<br>思考动词（例如，相信，认为，珍惜，考虑，排序，判断）<br>比较连词（例如，类似的，然而，虽然）<br>评价类词（例如，名词，最好的，最坏的，形容词：好的，坏的，正确的，错误的，无聊的，可接受的，动词：排序，批准，珍惜，喜欢） |
| 辨识；标签；描述；比较；对比；定位<br>图片；地图；图表；维恩图表；绘画、饼状图、同样或不同的图表<br>总体或具体所指<br>关系动词（例如，be 存在，have 有）<br>存在动词（例如，there is / are）<br>连接词（例如，颜色和大小的形容词）<br>比较和对比的语言（例如，同样，相似、不同于） | 把事件进行排序；注意到随时间发生的变化；显示进步；听从指令<br>时间线；行动图、流程图<br>具体所指<br>动作动词<br>时间连词和副词：（例如，之后，自从，随着，起初，首先，最后，when 引导的从句，as 引导的从句）<br>顺序词汇（例如，名词：开始，结束；动词：开始，结论；继续，总结） | 选择；做出决定；提出不同方案；解决问题；形成观点<br>决定/结果树状图，生成不同方案/决定方案图表<br>具体所指<br>感知动词（例如，喜欢，想要）选择性连词（比如，或者）<br>同位选择词汇（例如，名字，选择，备选项，which+名词，动词：选择，备选，选出，更倾向于） |
| 描述 | 顺序 | 选择 |

唐（Tang, 1991）使用前测—后测非等效控制组准实验设计，检查学

## 第十章·知识框架：一种在融合技术的项目式学习中强调语言学习的组织工具

生从六年级教科书章节中创建的图表，并检查学生如何使用这些图表从文本中回忆信息。实验组的学生得到指导，了解如何从阅读材料中确定知识结构以及语言的知识结构；而对照组中的人以更传统的口头问答形式来探究相同的文本。唐的研究结果表明，实验组在保留的信息量和回忆文本的组织方面都优于对照组。同样，唐（1997）研究了加拿大七年级英语作为二语的社会研究课程中 KF 的使用情况，重点关注真实文本之间的联系、教师根据知识结构创建的以及学生创建的关键视觉效果。她得出结论，学生需要显性教学并练习阅读和撰写学术论文。

唐（Tang，2001）描述了 KF 作为教学语言和内容的组织工具的两种情况：一种是七年级的社会研究课程，另一种是高中的 ESL 初级科学课程。在这两种情况下，教师让学生明确讨论知识结构的语言、文本组织、语篇衔接，以及知识结构、关键视觉效果和语言在各自内容领域的语篇中的联系。教师还让学生参与任务，使用关键视觉材料构建文本（写作）和使用文本构建关键视觉材料（阅读）。通过吸引学生注意知识结构的语言特征，并针对这些知识结构教授新的语言，两位教师使用 KF 的方式相似，但所教授的内容非常不同。与厄利和唐（Early & Tang）的研究结果类似，黄和摩根（Huang & Morgan, 2003）重点关注 14 至 17 岁的英语作为二语的学生教授科学分类知识结构。与之前 KF 使用的研究一样，他们的发现说明了关注语境中的语言如何帮助学生发展相关话语（即语言）及相关的概念（即内容）。

KF 的使用引起了北美许多研究人员的兴趣，他们研究了语言在各种教育内容领域如科学（Huang & Morgan, 2003; Mohan & Slater, 2005, 2006; Slater & Mohan, 2010）、数学（Huang & Normandia, 2007, 2008）、外语教学（Mohan & Huang, 2002）和体育（Slater & Butler, 2015）等的使用情况。尽管这些研究大部分在中小学背景下进行，但莫汉（Mohan, 1986）通过使用汽车保险的社区教育材料来说明如何将 KF 应用于任何内容领域，通过关注个人知识结构来帮助发展语言。在高等教育写作教学方面也开展了一些工作（Ma & Slater, 2015, 2016），关于在高等教育中使用 KF 的进一步研究目前正在送审，即将出版。

上述关于 KF 研究的简短综述远不全面，但斯莱特和格里森（Slater

& Gleason, 2011）以一篇更全面的综述强调文献回顾出现的三个关键点：莫汉（Mohan）的六种知识结构出现在课程的包括文本、内容和活动的所有领域；采用 KF 方法可以让教师明确地关注知识结构中的语言，这反过来又允许在语境中进行语言发展；使用代表知识结构的关键视觉材料也可以帮助学生看到文本中的语言模式。

总之，莫汉（Mohan, 1986）声称，作为交流，语言是呈现和学习（以及评估）内容的媒介，内容为使用语言提供了一个环境，因此语言不是孤立地教授的。莫汉还指出，"语言课堂中的语言学习可以通过帮助学习者形成思维过程和内容结构或形状方面的语言，进一步实现内容教学的目标"（1986，第 18 页）。正是这一思想推动了 KF 应用到融入技术的项目式语言学习中，因为它将显性语言教学重新纳入强化英语课程，而不会影响该研究中学生所赞同的对内容、技能和技术的关注。

## 将 KF 的语言方面与 IEP 的达标项目活动相联系

斯莱特和贝克特（Slater & Beckett, 2019）的重点是规划项目式教学单元，以综合方式教授内容、语言、技能和技术。该文描述了一个基于 KF 的单元，旨在帮助学生申请美国大学研究生课程（内容），同时通过知识结构（语言）练习学术语言、培养成功所需的技能（例如，记笔记、口语、略读和阅读、听和写）并让他们熟悉所选专业中所需的大部分技术。作者主张将 KF 和技术与贝克特和斯莱特（Beckett & Slater, 2005）项目框架的关键概念相结合，让学生注意项目所选主题的各个组成部分（内容、语言、技能学习）。这其中包括项目日记，让学生反思项目目标，从而进一步帮助学生认识到语言作为一种教育活动在项目式语言学习中所起的作用。

本研究的重点 IEP 达标项目未制定基于 KF 的单元计划。但考虑到学校项目作业是一种教育活动，并且 KF 代表了活动的语言模式（Mohan, 1986），可以认为指导学生做课程项目就是指导他们做活动，因此正如斯

## 第十章·知识框架：一种在融合技术的项目式学习中强调语言学习的组织工具

莱特和贝克特（Slater & Beckett, 2019）所做的那样，KF 是组织相关教学单元的有用工具。此外，由于 KF 是一种语言模型，教师可以借此来组织并构建单元中的显性语言教学，帮助学生开发跨课程领域使用的语言资源，这是本章本节的主题。事实上，有证据表明，这六种知识结构在整个课程中都出现了，但只有在限定词汇的有限方式中，它们才被挑选出来用于进一步的语言发展。本节将描述从数据中选取的讨论、任务和学习目标的示例，展示这些示例如何与相关的知识结构对相适应，并就教师可以如何关注这些知识结构可采取的语言形式提供建议。换句话说，鉴于学生已经认可技术融合、项目式语言学习的其他要素方面，以下关于知识结构的讨论将建议如何让学生识别出达标计划中进行的显性语言学习。

## 分类 / 描述

这些知识结构，尤其是分类，经常出现在整个课堂讨论、任务和学习目标中。例如，有些任务要求学生集思广益，或提出某个概念的各种例子，如在演讲中都有哪些类型的吸引听众注意力的办法。教师提出的问题自然地使用分类语言（"什么类型的吸引注意力的办法？"），但是在各种主题中有用的语言很可能不会出现在学生简短的、短语式的回答中，而这很可能是吸引注意力的例子。不过，口头任务为捕捉学生使用分类语言的能力提供了一个很好的切入点。利用所给出的关于吸引注意力的例子，一旦这些被激发出来，教师就可以和学生合作，将他们的回答按逻辑方式分组，然后让他们注意到如何通过语言显示分组。一旦收集了语言这些资源信息，她可以简单讲一下，介绍这中间缺少的任何新资源，然后也许可以让学生使用对他们来说可能是新的分类语言写下回答。

分类的另一个关键领域是定义的思维技能。正如一位学生在访谈中提到的，有学生负责学习的单词表，其中一个学习成果是展示对学科特定词汇的理解，这就要求能够下定义。在课堂上，教师对定义进行了示范，比如她说："我们需要区分主题。这意味着它们要与众不同。"在另一个场合，她问："抄袭的定义是什么？"但是，如果把定义的话题提到前面，与学生谈论定义的语言，以及它是如何根据一个人是否自己定义某种东西而有所不同，就像学科词汇的清单一样（例如，区分的意思是使某种东西不同），或者是否把定义归于另一个来源（例如，史密斯把"区分"定义为使某种东西不同），这将是跨主题的语言教学。这样的讨论可以显示出在学生的个人项目中，语言形式是如何反映功能的，将后一个定义的例子与剽窃的话题紧密联系起来，这是贯穿三个课程的一个共同话题。

下一步可以关注讨论那些通过例子进行定义的文本和不同资源领域，作者可以用这些来回答诸如一位教师在技术课程中提出的问题："什么是'可信的'来源？"在 IEP 达标课程项目式语言学习的背景下，这样的问题提供了大量探索的机会。这个问题提供了批判性思维技能的练习，发展内容，以及反思技术能力。但它也要求对语言的复杂运用，不只是列举例子，这意味着它为语言教师提供了一个绝好的机会，可以再次讨论各种资源，将定义与列举的例子相融合。

在描述的知识结构中也可以看到类似的语言形式的变化，如果有人介绍新的网站，就会有这样的机会。有好几次，教师提请学生注意特定网站的不同方面，例如，右边和顶部列出了哪些便利条件，等等。能够关注许多不同的语言形式，用来描述这些图像的样子以及它们在网站上的位置，对于学生以后的写作非常有用，因为他们可能需要在书面报告中描述图像或图表。根据学生的个体英语水平，他们可能对这些差异有所了解，但有些学生可能缺乏语言资源，无法针对其目的或功能选择适当或多样的学术措辞。因此，发展新语言的第一步是通过建立一个思想库，包括学生的想法以及教师可以提供的新想法，来激发学生已经知道的东西。应该强调的是，这些语言选择超越了特定的内容领域，反映了知识的结构，而不是学科词汇。

## 原则 / 顺序

课堂话语、任务和作业提供了很多上下文顺序的例子。指导如何利用技术便就用到了顺序语言。任务指示也使用了顺序语言。上过的课程目标其中之一是确保学生理解课堂上的指示，而这些指示也使用顺序语言。这些都提供机会，可用于讨论对任何话题排序所使用的各种语言资源（除了

## 第十章·知识框架：一种在融合技术的项目式学习中强调语言学习的组织工具

连贯状语外，还有很多其他语言）。在讨论顺序中，更重要的是如何通过语言表现真实和真正的顺序，例如，如何遵循指示以及如何在文本中专业地使用顺序语言来提出论点。要想激发学生理解语言形式如何与这些类型的功能相联系，并建议他们使用新的顺序语言，需要在语境中教授语言结构，在分配任务帮助学生使用新语言来谈论重要话题方面，尤其如此。

与顺序紧密相连的包括写作中的连贯。许多研究指出，ESL 学生在组织文章时常常遇到特别麻烦，他们无法很好地推动论点（例如，Alonso & McCabe, 2003; Hyland, 2004; Jing, 2015），而关于连贯是写作中的最大难题这一发现，这些 IEP 达标学生最后写的文章对此并未质疑。教会学生主题进展的基本知识（例如，Danes, 1974; Halliday, 2014; Jing, 2015），既使用连接手段（例如，引用、同义词、重复等），也使用处于句首的语言（主题）与句尾的内容（流变），并以非常微妙的方式关注顺序语言，帮助学生识别文本中的这些内容，并以类似的方式分析他们自己的文本，有助于提高他们的写作水平（Wang, 2007）。教授这种类型的语言组织方式，既使用了指令中的顺序语言，又有助于学生学习整个文本中连接句子的方式，可以帮助他们更微妙和专业地使用顺序知识结构。

关于原则问题，IEP 课程中的任务和目标中有各种语言使用的例子。在技术课活动中，列出做演讲的注意事项这个活动即是一例，这个简单的例子可以促进知识结构的思维技能——规则进行对话。内容是做演讲的规则，但当把这些规则说出来时，语言有什么不同？写成一个清单有什么不同？或者如果嵌入到一个较长的文本中，有什么不同？或者如果内容不是做演讲而是其他？这些类型的问题可以成功地促进人们进一步理解对语言形式功能，从而实现语言的教学。

在知识结构的原理部分，最重要的学术思维技能之一是构建因果关系。"为什么"这个问题要求回答中涉及因果关系语言，明确（但不要求）"因为"。现在有些关于因果语篇的有益研究，可以从语言学的角度指导 ESL 教学。莫汉和贝克特（Mohan & Beckett, 2003）研究了英语作为二语的学生所使用的因果解释，展示教师如何帮助学生进行更学术性的意义构建，并说明知识结构在语言学习和内容学习之间所起的作用。斯莱特和莫汉（Slater & Mohan, 2010）在基于内容语言学习的四个语境中使用了人种学口头数据，假设了一条原因的发展路径，为帮助学生学习构建更多的学术因果话语提供了有用的指导。研究发现，年轻和低水平的英语使用者更多地使用像"so"和"because"这样的词，而年长和更熟练的使用者有更丰富的资源可供借鉴。虽然他们的框架产生于口头互动，但马和斯莱特（Ma & Slater, 2015）后来通过发展路径比较写作自动评分系统 Criterion 分数和写作教师评价，揭示了斯莱特和莫汉的研究在检查和评估书面因果话语方面极具价值。为了帮助 IEP 学生达到既定的学习目标，如归纳内容和理解写作和口语的特定学科阅读材料，教师可以引入原因发展路径，锻炼学生在演讲和写作方面构建更复杂的因果文本。

## 评估 / 选择

在学术情景中工作，选择不可或缺。学生要选择撰写或演示的主题，然后选择资源来支持论文和演示。但是，思考要选择的语言资源并不是通常在语言课外做的事情，那么教师可以做些什么来帮助学生表达需求和选择呢？有些学习成果与选择使用的语言有关，但与其说是学生的选择，不如说是对话者对其措辞的选择会对他们产生影响。举个例子，学生向未来可能的导师发送电子邮件，特别是要求预约时，需要使用这种选择性语言，然而，尽管学生在访谈中提到，发电子邮件是种技能，但这在很大程度上是一项必需的语言技能；语言选择可能会因讲话的对象以及可能提出的要求而有所不同。让学生注意到这些概念，并将各种语言资源应用于这些语境，这就是语言教学。

对 IEP 达标课程中的学生活动，评价的作用远大于选择。他们需要判断句子是否被抄袭，评估其来源，并反思自己和他人的工作。甚至连前面提到的问题"什么是'可信的'消息来源？"也需要评估。然而，讨论评估语言的最佳时机可能是学生口头报告的视频记录，这正是为了自我评估和找出可以改进的领域而进行的。有了这样的任务，学生可以参与创建评分标准。在这个过程中，教师可以引出对评估同伴和自己有用和合适的语言类型，并与其他可能不合适的评估进行比较，以及某些选择比其他选择更好的原因。这可以在稍后总结学期论文的文献时加以扩展，这样学生就

第十章·知识框架：一种在融合技术的项目式学习中强调语言学习的组织工具

可以看到他们在课堂上面对面地评判自己和同龄人时，使用各种语言资源之间的差异，以及如何对他们评审的研究进行更细致的评估。

## 突出语言方面

过去，教师们并不是间接使用 KF 作为组织框架。他们向所有年级的学生介绍六方面的内容，并让他们注意到在特定课程中所关注的适当方面。随着课程的进展，这有助于为学生触发适当的背景知识，并回顾已经学习过的知识结构。我们还建议对 IEP 的学生进行这样的练习，这样他们就可以看到语言如何与要求他们完成的任务类型相匹配。他们可以在撰写或计划演示报告时，借鉴在自己的 KF 图表中注意到的例子，与贝克特和斯莱特（Beckett & Slater, 2005）项目日记中所倡导的方式类似，他们可绘制自己的语言学习图表。

此外，学生们合作完成某些课堂任务时，可以用 KF 拓展批判性思维。例如，在技术课上，通过询问同学对所选择主题的了解程度，要求学生缩小演讲主题。学生在教室围成一圈，按照老师的指示每隔几分钟交换一次伙伴，这样就可以和所有的同学交谈。他们得到的反馈帮助他们选择其他人不太了解的主题信息，因此当听演讲时，他们会更感兴趣。为了帮助学生系统地发现同学的信息，可以使用 KF 来组织问题，从而加强知识结构的语言，并向学生展示该框架的使用价值。对于学生来说，作为技能课程的一部分，学生要完成的作业包括在阅读课文和参加讲座中辨别出最重要的部分，在这些场景中，KF 也是一个有用的组织工具。

## 结论

贝克特和斯莱特（Beckett & Slater, 2018）揭示了教师在考虑实施项目式语言教学时的三个主要概念：契合度、结构性和明确性。契合度的概念是指项目教学法是否适合学生所处的学习环境。IEP 达标项目的一个主要目标是向学生提供大学里所需的活动类型、技能、技术和语言的知识。项目结束后的访谈显示，学生觉得契合度很好，只是除了内容词汇和各种语言细节之外，他们不确定自己语言上学到了什么。结构性的概念，即该项目是否很好地得以组织和监控，也得到了相应解决，并得到了学生认可。第三个概念，明确性，解决了本章讨论的核心问题，即学生很难看到项目式教学法中的语言学习机会。

有人可能认为，通过这种基于项目语言学习，学生觉得自己取得了很大的进步，所以增加明确的语言教学不应该是一个特别重要的目标。为什么要追求完美？但正如本章引言所述，尽管学生在课程中使用英语完成许多任务，但学生很难确定强化英语课程中学习语言的例子，这似乎很奇怪。鉴于过去 20 年来，学生对项目式语言教学的隐形性发表了评论，现在似乎是时候采用一种方法，而不仅仅是关注过度语境化的语言（如词汇表）或非文本化的练习。正如郭、萨顿、莱特和米勒（Kuo, Sutton, Wright & Miller, 2020, 本书第十三章）所述，语言学习的想法已经从注重句型训练到更关注交际性，但教师们仍在努力促进跨项目主题语言发展来实现这一点。本章介绍了莫汉（Mohan）的知识框架，并将其用来解决该问题。KF 将语言与课程中的任何内容相结合，因为它关注语言，强调所有教育活动中的思维技能和知识结构。KF 这种理论框架为教师提供了一个有用的组织工具来规划明确的语言教学，这种语言教学可以在交际语言教学环境中使用，并且对所有内容领域的所有学生都有用。它还可以帮助学生在构建知识结构的过程中，组织学习过程中的各种语言资源。涉及语言形式与形式建构的目的或功能之间联系，教师就此组织的讨论对学生发展批判性思维技能和良好写作能力非常宝贵。

本章主张将莫汉（Mohan）的知识框架纳入融合技术的项目式语言学习中，帮助教师认可并强调项目式语言学习"语言"方面的价值，并希望学生通过项目认识到他们正在学习的语言形式。本章还提出了如何将 KF 纳入当前课程讨论、任务和学习目标。除了 KF 的教学资源外，现在还需要进行人种学和实验研究，通过这些方法检查强化英语课程中语言形式的发展，以查看学生是否更容易看到语言/内容的联系，并观察他们在结束达标课程时，与之前学生相比，他们是否认为项目式语言学习方法能给他

第十章・知识框架：一种在融合技术的项目式学习中强调语言学习的组织工具

们带来更多的自信和语言能力。

# 参考文献

Alan, B., & Stoller, F. L. (2005). Maximizing the benefits of project work in foreign language classrooms. *English Teaching Forum*, 43(4), 10–21. Retrieved from https://americanenglish.state.gov/files/ae/resource_files/05-43-4-c.pdf

Alonso, S., & McCabe, A. (2003). Improving text flow in ESL learner compositions. *The Internet TESL Journal*, 9(2). Retrieved from http://iteslj.org/Articles/Alonso-ImprovingFlow.html

Beckett, G. H. (1999). *Project-based instruction in a Canadian secondary school's ESL classes: Goals and evaluations* (Unpublished doctoral dissertation). University of British Columbia. Retrieved from https://circle.ubc.ca/bitstream/id/24487/ubc_1999-463176.pdf

Beckett, G. H., & Slater, T. (2005). The project framework: A tool for language, content, and skills integration. *ELT Journal,* 59(2), 108–116. doi:10.1093/eltj/cci024

Beckett, G. H., & Slater, T. (2018). Project-based learning and technology. In J. I. Liontas (Ed.), *The TESOL encyclopedia of English language teaching.* Hoboken, NJ: Wiley-Blackwell. doi:10.1002/9781118784235.eelt0427

Cummins, J., & Early, M. (2015). *Big ideas for expanding minds: Teaching English language learners across the curriculum.* Don Mills, ON: Pearson Canada Inc.

Danes, F. (1974). Functional sentence perspective and the organization of the text. In F. Danes (Ed.), *Papers on functional sentence perspective* (pp. 106–128). The Hague: Mouton.

Early, M. (1990). Enabling first and second language learners in the classroom. *Language Arts*, 67, 567–574.

Early, M., Mohan, B. A., & Hooper, H. R. (1988). The Vancouver School Board language and content project. In J. H. Esling (Ed.), *Multicultural education and policy: ESL in the 90s* (pp. 107–122). Toronto, ON: Ontario Institute for Studies in Education.

Early, M., & Tang, G. (1991). Helping ESL students cope with content-based texts. *TESL Canada Journal*, 8(2), 34–44. doi:https://doi.org/10.18806/tesl.v8i2.586

Eyring, J. L. (1989). *Teacher experience and student responses in ESL project work instruction: A case study* (Unpublished doctoral dissertation). University of California, Los Angeles.

Gibbes, M. (2011). *Project-based language learning: An activity theoretical perspective* (Unpublished MPhil thesis). Trinity College. Dublin.

Habók, A., & Nagy, J. (2016). *In-service teachers' perceptions of project-based learning*. Springer-Plus, 5(83). doi:10.1186/s40064-016-1725-4

Halliday, M. A. K. (2014). *Halliday's introduction to functional grammar* (4th ed.). Revised by C. M. I. M. Matthiessen. New York, NY: Routledge.

Huang, J., & Morgan, G. (2003). A functional approach to evaluating content knowledge and language development in ESL students' science classification texts. *International Journal of Applied Linguistics,* 13(2), 234–262.

Huang, J., & Normandia, B. (2007). Learning the language of mathematics: A study of student writing. *International Journal of Applied Linguistics*, 17(3), 294–318.

Huang, J., & Normandia, B. (2008). Comprehending and solving word problems in mathematics: Beyond key words. In Z. Fang, & M. J. Schleppegrell (Eds.), *Reading in secondary content areas: A language-based pedagogy* (pp. 64–83). Ann Arbor, MI: University of Michigan Press.

Hyland, K. (2004). *Genre and second language writing.* Ann Arbor: University of Michigan Press.

Jing, W. (2015). Theme and thematic progression in English writing teaching. *Journal of Education and Practice*, 6(21), 178–187.

Kuo, A. C., Miller, B., Wright, E., & Sutton, P. S. (2020). Altering the view of language instruction in project-based learning: Examining the bilingual

第十章・知识框架：一种在融合技术的项目式学习中强调语言学习的组织工具

teachers' unit design experience. In G. Beckett & T. Slater (Eds.), *Global perspectives on project-based language learning, teaching, and assessment: Key approaches, technology tools, and frameworks* (pp. 244–262). New York, NY: Routledge.

Li, K. (2010). Project-based college English: An approach to teaching non-English majors. *Chinese Journal of Applied Linguistics*, 33(4), 99–112.

Ma, H., & Slater, T. (2015). Using the developmental path of cause to bridge the gap between AWE scores and writing teachers' evaluations. *Writing and Pedagogy*, 7(2–3), 395–422. doi:10.1558/wap.v7i2-3.26376

Ma, H., & Slater, T. (2016). Connecting Criterion scores and classroom grading contexts: A systemic functional linguistic model for teaching and assessing causal language. *CALICO Journal*, 33(1), 1–18.

Mohan, B. (1986). *Language and content*. Reading, MA: Addison Wesley.

Mohan, B., & Beckett, G. H. (2003). A functional approach to research on content-based language learning: Recasts in causal explanations. *The Modern Language Journal*, 87(3). doi:10.1111/1540-4781.00199

Mohan, B., & Huang, J. (2002). Assessing the integration of language and content in a Mandarin as a foreign language classroom. *Linguistics and Education*, 13(2), 405–433. doi:10.1016/S0898-5898(01)00076-6

Mohan, B., & Slater, T. (2005). A functional perspective on the critical 'theory/practice' relation in teaching language and science. *Linguistics and Education*, 16(2), 151–172. doi:10.1016/j.linged.2006.01.008

Mohan, B., & Slater, T. (2006). Examining the theory/practice relation in a high school science register: A functional linguistic perspective. *Journal of English for Academic Purposes*, 5(4), 302–316. doi:10.1016/j.jeap.2006.08.004

Slater, T. (Ed.). (in press). *Social practices in higher education: A knowledge framework approach to linguistic research and teaching*. Sheffield, UK: Equinox.

Slater, T., & Beckett, G. H. (2019). Integrating language, content, technology, and skills development through project-based language learning: Blending frameworks for successful unit planning. *MEXTESOL Journal*, 43(1). Retrieved from www.mextesol.net/journal/index.php?page=journal&id_article=5557

Slater, T., & Butler, J. I. (2015). Examining connections between the physical and the mental in education: A systemic functional linguistic analysis of a PE teaching and learning register. *Linguistics and Education*, 30, 12–25. doi:10.1016/j.linged.2015.03.006

Slater, T., & Gleason, J. (2011). Integrating language and content: The knowledge framework. In J. Morrison (Ed.), *Conference proceedings of MidTESOL: Gateway to global citizenship* (pp. 5–20). Saint Louis, MO: University of Saint Louis. Retrieved from www.midtesol.org/docs/MIDTESOLProceedings_2011.pdf

Slater, T., & Mohan, B. (2010). Towards systematic and sustained formative assessment of causal explanations in oral interactions. In A. Paran & L. Sercu (Eds.), *Testing the untestable in language education* (pp. 259–272). Bristol, UK: Multilingual Matters.

Stoller, F. (2006). Establishing a theoretical foundation for project-based learning in second and foreign language contexts. In G. H. Beckett & P. C. Miller (Eds.), *Project-based second and foreign language education: Past, present, and future* (pp. 19–40). Greenwich, CT: Information Age.

Tang, G. (1991). The role and value of graphic representation of knowledge structures in ESL learning: An ethnographic study. *TESL Canada Journal*, 9(1), 29–41. doi:10.18806/tesl.v9i1.594

Tang, G. (1997). Teaching content knowledge and ESL in multicultural classrooms. In M. A. Snow & D. M. Brinton (Eds.), *The content-based classroom* (pp. 69–77). White Plains, NY: Longman.

Tang, G. (2001). Knowledge framework and classroom action. In B. Mohan, C. Leung, & C. Davison (Eds.), *English as a second language in the mainstream: Teaching, learning, and identity* (pp. 127–137). London: Pearson Education Limited.

Tang, X. (2012). *Language, discipline or task? A comparison study of the effectiveness of different methods for delivering content-based instructions to efl students of business studies* (Unpublished doctoral dissertation). Durham University.

Wang, L. (2007). Theme and rheme in the thematic organization of text: Implications for teaching academic writing. *Asian EFL Journal,* 9(1), 164–173.

# 第十一章 知识框架与体裁分析教学法的运用:关注形式与功能的技术增强项目式语言学习研究

杰西·格里森[①],斯蒂芬妮·林克[②]

(Jesse Gleason and Stephanie Link)

## 引言

美国各州和国家的学术内容标准希望对学生应该了解和学习的内容及测试应该涵盖的内容标准化(Gottlieb, 2016; Webb, 1997)。因此,学龄前至中学的教师应明确地将课堂实践与"标准"相联系,否则可能会面临严重后果,

---

① **杰西·格里森**(Jesse Gleason):美国南康涅狄格州立大学应用语言学助理教授,教授双语/多元文化教育和TESOL、西班牙语和初级双语教育课程。研究兴趣包括多元文化发展和以技术为中介的语言教学。并在 System、Language, Culture & Curriculum、Language and Education 等期刊上发表论文。

② **斯蒂芬妮·林克**(Stephanie Link):美国俄克拉荷马州立大学英语教学(TESOL)/应用语言学助理教授兼国际写作处主任。分别在维诺纳州立大学和淡江大学获得双硕士学位,爱荷华州立大学博士。教授二语教学法、语言与技术以及二语习得研究生和本科生课程,研究兴趣包括以技术为中介的语言教学研究,重点关注二语写作。

# 第十一章 · 知识框架与体裁分析教学法的运用：关注形式与功能的技术增强项目式语言学习研究

比如工作无保障。然而，由于语言和内容需求的不断增长，教师可能并不总是知道如何最好地帮助学生，特别是那些英语学习者（Gibbons, 2014; Temple, Snow, & Christian, 2002）。对这些英语学习者的教师来说，既要保证学生获取内容知识，又要满足内容标准的同时，在设计符合标准的教学和培养学生的学术素养之间取得平衡非常具有挑战性（Brisk, 2015）。世界级教学设计与评估（WIDA）协会和其他州级协会正在努力将学术内容和语言熟练程度标准纳入美国中小学课程。然而，当前基于标准的该变革更加复杂，因为关于学生学习目标以及如何利用技术已经写入了许多当前的标准。为了培养学生的数字素养（ACTFL, 2017; ACTFL/CAEP, 2015），专门的语言教学技术标准（TESOL, 2008）应运而生，这为课程设计又增加了技术维度。

内容和语言需要整合，现在再叠加技术，如何更好地进行教学比以往任何时候都更加困难。在基于内容的教学（Scheppegrell & de Oliveira, 2006; Stoller, 2008）的框架下，主流教育中整合语言和内容常使用的方法包括基于任务的语言教学（TBLT）（Nunan, 2004）、内容与语言整合学习（CLIL）（Dalton-Puffer, Nikula, & Smit, 2010）和项目式学习（Beckett & Miller, 2006; Beckett & Slater, 2005）等。项目式学习特别受到重视，研究发现，该方法可以帮助学生通过准备真实的实践和产品，将学习带到课堂之外，进入现实世界（Larmer, Mergendoller, & Boss, 2015）。项目式学习为基于标准的课程开发提供基础；然而，我们仍然需要一种统一的方法，既融合标准，又利用学生和教师现有的技术，促进原则指导下的创造性教学实践发展。

在本章中，我们旨在展示教师如何使用关注形式与功能的技术增强（TEFF）的项目式语言学习（PBLL）模型来无缝整合标准，在内容—语言—技术课程设置中组织课程单元，同时明确关注语言。通过使用语言和内容整合的知识框架（KF）启发式方法（Mohan, 1986; Slater, 本书第十章; Slater & Gleason, 2011）和体裁分析教学法的教—学循环（TLC），我们将展示如何使用 TEFF PBLL 来安排课程项目，以确保学生通过技术全面接触思维技能和语言。我们先讨论语言教育者标准的作用，然后讨论 TEFF PBLL 在基于标准的教学中的位置。第三，我们通过一个三年级实际课堂学习环节，展示教师如何开始创建或修改现有的课程，以开发系统地整合标准、语言、内容和技术的项目。在本章最后，我们对以形式为中心的

TEFF PBLL（Beckett, 1999; Beckett & Slate, 2018; Eyring, 1989）和基于课堂学习目标的课程技术选择的重要性进行伦理方面的思考。

# 整合标准、技术、语言和内容

戈特利布（Gottlieb, 2016）和其他研究人员认为，美国目前正处于第三次基于标准的改革浪潮之中。第一次浪潮始于20世纪80年代里根政府时期，是对《国家面临风险报告》的回应；第二次浪潮是在20世纪90年代克林顿政府和21世纪初布什政府时期的《不让一个孩子掉队法案》的背景下出现，现在，我们正处于奥巴马政府时期的共同核心州立标准（CCSS, 2012）的第三波。共同核心州立标准于2010年发布，截至2013年，美国50个州中有42个州和哥伦比亚特区采用了共同核心州立标准，目前正在实施中。共同核心州立标准作为一个标准系列，按年级和内容领域列举学生应该掌握的内容（Hess & Shane, 2013）。到目前为止，教师可以找到课程中几乎任何内容领域的标准，包括艺术、科学、音乐、数学、社会研究、语文、世界语言、英语语言发展和体育。这与前些年全美中小学接受培训的教师在中小学课程开发时必须参照学术内容标准指导不同。

## WIDA 学生标准

为了协调学术内容标准和语言熟练程度能力标准，WIDA协会制定了美国各年级课程的英语语言发展标准（WIDA, 2012）。在威斯康星大学麦迪逊分校威斯康星教育研究中心（WCER）的管理下，WIDA包括38个美国教育机构，涵盖超过150万名英语学习者（ELLs），使该标准成为全国范围内普及最广的英语语言学习者标准。WIDA标准的广泛使用及其相关组织对语言和内容整合的关注，为本章的重点提供了主要动机。其他标准，如共同核心州立标准（CCSS）和21世纪英语水平评估（ELPA 21），也可用于指导TEFF PBLL单元的开发。稍后，我们将说明如何使

# 第十一章 · 知识框架与体裁分析教学法的运用：关注形式与功能的技术增强项目式语言学习研究

用 WIDA 和共同核心州立标准设计 TEFF PBLL 的学习单元。

WIDA 标准衡量美国学前教育至中学五个内容领域对英语语言学习的社会和学术语言发展预期。第一个内容领域是关于社交和教学语言，代表英语语言学习者在学校环境中社交和教学交流的需要。第 2—5 个内容领域分别关注语文、数学、科学和社会研究的语言需要。WIDA 的形成性和终结性评估框架，包括针对学前至中学英语学习者的大规模语言熟练程度工具 "ACCESS 2.0"，为英语学习者提供了在教学过程中展示其语言熟练程度的方法。可以通过围绕四个语言领域（听、说、读、写）组织的模型指标来衡量学生的表现，该指标由三个要素组成。第一个要素是语言功能，描述了英语学习者如何使用语言来证明熟练程度。第二个是示例话题，即语言教学的特定上下文。最后一个要素是支持，包括帮助学生获取知识和技能的教学策略（例如，图示法）。WIDA 标准还包括六个英语水平等级：入门级、提升级、进步级、扩展级、跨越级和熟练级。当英语学习者能够充分受益于主流课堂教学时（虽然按照州的标准，他们可能更早地完全融入主流课堂），就达到了熟练水平。图 11.1 展示了第二个内容领域：六级水平三年级语文写作中的模型表现指标。

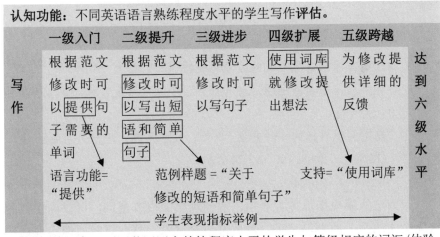

来源：改编自 WIDA

图 11.1 第二部分：英语语言发展（ELD）标准示例：六级水平三年级语文写作

# 教师技术标准

21 世纪的大多数标准都已经提到了技术。例如，TESOL/CAEP 标准 3c 规定："准教师熟悉广泛的基于标准的材料、资源和技术，并在有效的 ESL 和内容教学中进行选择、调整和使用"（强调符号为作者所加）。相比之下，TESOL（2008）标准只关注教师和学生对技术的使用。教师标准包括四个总体目标以及共计 14 项标准，每个标准都有单独的表现指标。除了可能服务于课堂内外的一些不同的目的外，这些技术标准的一个主要目的是"让教师了解在知识、技能和课程实施方面对他们的期望"。目标 2 专门针对语言教学，它指出"语言教师应将教学知识和技能与技术相结合，以提高语言教学水平"（TESOL, 2008, 32 页）。

目标 2 下的标准 2 和标准 3 规定，语言教师（1）"应将技术连贯地整合到教学方法中"并（2）"适当地利用技术设计和管理语言学习活动和任务，以满足课程的目标和目的"。要想证明教师是否符合这两项标准的工作表现指标，需提供相应证据，包括证明语言教师做了以下方面：

  将技术融入教学中，而不仅仅作为附加内容。
  选择与课程目标一致的技术环境。
  调整以技术为基础的活动和任务，使之与班级目标、学生需要和能力保持一致。
  确定实现目标的多种方法（例如，技术不起作用时的后备计划）。
(TESOL, 2008, 第 32—34 页)

因为这些表现指标非常通用，它们对教师很有帮助，可以确保教师首先关注课堂上的学习结果，然后再结合技术工具，更有效地实现这些目标。

对于语言学习者，TESOL（2008）标准包括三个总体目标，共计 11 个标准，每个标准都有单独的表现指标。与本章特别相关的是，在目标 3（关于语言学习者在正式教学中使用技术）下，标准 5 指出"语言学习者认识到技术支持自主、终身学习、创造力、元认知、协作、个人追求和生产力的价值"（第 28 页）。本标准的表现指标包括：

> 语言学习者选择最合适的现有技术进行独立语言学习。
> 语言学习者可以通过技术来表达自己（例如，创建数字媒体）。
> 语言学习者通过技术更有效地使用英语（例如，使用电子词典）。
> （第 28 页）

虽然这些标准已经有十多年的历史了，但是，在决定在未来哪些基于技术的教师标准是有用的时候，这些标准仍然是基础。

## 项目式学习

作为交际性、基于内容课程的一个分支，项目式学习具有很多优势，这已经在前面的章节中列举过。因此，我们在这里对项目式学习的讨论限于称为"项目式学习黄金准则"的特定方面（Larmer et al., 2015）。项目式学习黄金准则的一个特点是，学生创造出一种可在课堂外使用和展示的产品。在这种情况下，"学生通过向课堂外的人解释、展示和/或路演项目，将其工作公之于众"（巴克教育学院，2017），这使学生能够专注于现实世界的问题，从而将学习扩展到课堂之外。除了公共产品外，其他特征还包括：(1) 具有挑战性的问题；(2) 持续的探究；(3) 真实性；(4) 学生的声音和选择；(5) 反思；(6) 批评和修改。

项目式学习整合了知与行，使学生能够更深入地了解课堂知识如何超越课堂，使他们能够参与现实世界的问题（Markham, 2011）。然而，正如莫汉（Mohan）和贝克特（Beckett, 2003）所说，项目式学习的一个主要挑战是"项目教学的内容学习研究似乎在很大程度上忽视了语言/语篇的发展，而项目语言教育研究似乎同样忽视了内容学习"（第 425 页）。通过使用语言和内容整合的方法，知识框架和体裁分析教学法，结合课程标准和现有的课堂技术，本章旨在展示教师如何使用 TEFF PBLL 帮助学生发展 21 世纪的学术多元文化，同时避免对形式关注不够的缺憾。

# 知识框架与体裁分析教学法

虽然标准框架和项目式学习有助于教师了解教学内容，了解单元的最终项目和目标（即，倒序设计），但如何在课程单元中整合语言和内容的同时达到这一目标的路径可能不太清楚，尤其是对于新手教师。知识框架（KF）和教与学循环（TLC）（体裁分析教学法下认可的模式）作为课程模式，可与基于标准的项目式学习一起实施，以打通"介于"标准和项目之间的灰色区域。知识框架（Mohan, 1986, 2007, 2011）是首先在加拿大西部实验的一种语言启发法，教师使用它来整合内容和语言教学（更多详细描述见 Slater, 2020, 本书第十章）。教与学循环是澳大利亚悉尼扫盲教育者首创的一种写作教学方法（Humphrey, 2017; Martin, 2009; Rothery, 1996），其使用"体裁"模型，明确地向学生传授学校中最重要文本类型的特征要素。

知识框架和教与学循环理论上与语言和学习的功能方法一致（Halliday, 1994; Halliday & Matthiessen, 2014）。两者都与基于内容的教学兼容。知识框架致力于教师和学生每天参与的共同知识结构（分类、描述、原则、顺序、评估、选择），而教与学循环侧重于课程阶段，使学生能够学习了解学校需要的各种文体类型。知识框架旨在帮助教师关注与其基于内容的单元相关的知识结构中突出的语言特征，而教与学循环的阶段之一侧重于文本"解构"（例如，与学生直接讨论并确定常见学术体裁的传统语篇阶段）。如此，这两种模式都可以通过明确课程中可能隐藏的内容来帮助学生建立学术素养，这些内容首先可以提供给已经拥有丰富的此类类型知识的学生，通常是来自条件较好群体的学生。因此，知识框架和教与学循环可以互补，其目标是通过明确关注语言特征使课程设置更为明晰。表 11.1 显示了小说叙事体裁中常见的几个此类从句级特征以及序列和描述的知识结构。

知识框架侧重于语篇语义层面和小句层面的特征，教与学循环侧重

# 第十一章 · 知识框架与体裁分析教学法的运用：关注形式与功能的技术增强项目式语言学习研究

于语篇层面的修辞性语篇特征和小句层面的特征。斯莱特、格里森和林克（Slater, Gleason & Link, 2012）展示了教师如何通过使用知识框架和指导性问题以逻辑的方式组织基于内容的单元，以确保学生全面获得知识结构。知识框架的指导问题与图11.2所示的每个主要知识结构一致。

表 11.1 虚构记叙文在小句层面的语言特点、顺序以及描述

| 虚构故事的各阶段 | 小句层面的语言特点 | 知识结构 |
| --- | --- | --- |
| 事件的顺序和相互关系 | 具体参与者（Mrs. Smith, our dog）<br>动词过去式（went, climbed, drew）<br>讲述/感受/思考类动词（said, thought）<br>联系事件词汇/短语（then, later） | 序列 |
| 出发点和解决办法 | 总体的（people）或者具体的参与者<br>系动词（is, was, had）<br>描述性词汇（new, gloomy）<br>递进性连词（and, as well）<br>比较和对照词语（but, similar to, different from） | 描述 |

| 分类 | 原则 | 评估 |
| --- | --- | --- |
| 这个话题的主要观点是什么？他们之间是什么关系？ | 我希望学生了解哪些规则，因果或者潜在的原则？ | 哪些活动需要学生进行评估或判断？ |
| **描述** | **序列** | **选择** |
| 学生如何用现有的知识描述这个话题？ | 学生在研究这个话题时，哪些顺序或规律是有用的？ | 学生在做个人选择时如何展示他们对该话题的理解？ |

图 11.2 与知识结构相匹配的知识框架引导性问题

通过使用这些问题以及国家课程标准和现有的课堂技术，教师可以确保他们以内容为基础的课程和活动为学生提供全面接触语言和思维技能的机会。当这样的课程和活动纳入项目式语言学习课程时，学生将学习扩展到真正的目标语使用情景中的潜力可以成倍增加。然而，仍有必要将重点放在纳入能够促进实现21世纪标准的数字技术上。

235

# 构建关注形式与功能的技术增强项目式语言学习课程

我们首先介绍开发和改编技术增强型形式功能（TEFF）的项目式语言学习（PBLL）教学模型，该教学涉及内容、语言和技术标准，如图 11.3 所示。然后，我们通过一个三年级学习的例子来说明 TEFF PBLL，该例子以涉及数字故事的项目为中心。最后，我们关注教师如何利用知识框架和教与学循环整合和组织内容、语言和技术，以解决项目依托学习中对形式关注不够的问题（Li, 2010; Mohan & Slater, 2005）。

尽管图 11.3 对该模式中的各个组成部分进行了相对均等地描述，但具体情况最终将决定具体重点。例如，在技术和基于技术的任务已经得到很好开发的学习环境中，形式功能分析可能会发挥更大的作用。

## 课程发展核对表

在我们的模型中，我们指出了开发形式与功能的 TEFF PBLL 教学的四个关键模块。每个模块不需要按顺序完成；相反，我们建议采用自上而下、自下而上的综合课程设计方法。在某些情况下，可以同时实现多个模块。在单元开发过程中，可以使用核对表重新查看每个模块，以确保内容对于实现与项目部分涵盖的技术、内容和语言标准相关的学习目标仍然有意义。TEFF PBLL 各模块包括：

图 11.3　关注形式与功能的技术增强项目式语言学习单元模型

分析形式—功能（和语言—内容）的关系，根据需要调整技术、内容和语言标准。国家课程标准框架根据各州和各地的具体情况而异。因此，分析内容的形式—功能关系，使州的内容与语言标准保持一致，是开展形式—功能、技术强化教学的第一步。内容和语言标准应该在语言功能（换句话说，就是希望学生在项目期间能够做的事情）的基础上相互补充。单元内容开始具体化后，就可以重新审视技术标准。我们的例子参考了共同核心州立标准、WIDA 三年级标准和 TESOL 技术目标 3，标准 5。在标准不适用的情况下，应该优先分析内容的形式—功能的联系。

开发项目时，明确关注学习目标，以公共产品为导向。基于标准的课程规定了学习目标的发展，这些目标是一致的，以确保明确、可衡量的结果。项目式学习黄金准则的一个决定性特征是最终的公共产品。因此，在开发项目时，牢记每天和每周的目标很重要，这些目标将推动学生成功完成最终的公共产品。这些选择可能会反映每天或每周的学习和教学活动。

选择多模态文本和材料。虽然以前的课程开发往往使用技术很少，我们希望当前的教学可以拥抱数字时代。在许多学龄前到中学课堂上，课文和教材已经帮教师准备好了。不过，许多课程会提供和/或可以使用多模态资源（例如，图像、文本、视频）来增强课程内容和实现学习目标。主教材和辅助材料的选择都应该考虑到标准以及学习者的个体差异和兴趣。

开展技术增强型活动和评估。对于使用 TEFF PBLL 教学法的语言课堂来说，简单地选择能够充分满足学生群体的标准、学习目标和特征的材料是不够的。分析这些可以促进语言和思维技能的材料，然后开展活动，推动学生朝着这些目标前进，这个步骤是必要的，将使教师帮助学生充分关注形式。换句话说，了解课程中最常出现的语言特征很重要，这样才能在日常活动中明确教授这些特征，以最大限度地提高学习者的意识，并促进这种语言向其他语境和内容领域迁移。教师/课程设计者可以从知识框架和教与学循环各个阶段的特定类型的指导问题中得到帮助。

## 《佩皮塔和芭比特》数字化讲故事项目示例

为了说明我们在《佩皮塔和芭比特》（Lachtman, 2011）数字化讲故事项目中使用 TEFF PBLL 单元设计核对表，我们转向一个示例学习部分，这是一个完整课程单元的一部分，为三年级学生（包含英语学习者）准备的课程。《佩皮塔和霸凌》数字化讲故事项目的首要目标是学生创编虚构故事，并将其发布在课堂网页上。需要说明的是，由于页面限制，我们选择使用"学习部分"而不是"单元"。虽然完整的单元计划包括 KF 的所有六种知识结构，让学生全面接触语言，但我们在此强调的 TEFF PBLL 部分将有选择地侧重于序列和描述，这两者是虚构故事写作中两种重要的知识结构。

利用设计理解原则（UBD）（McTighe & Wiggins, 2004），结合州立和国家标准开发学生最终公共产品这一理念，我们开始创建 TEFF PBLL 部分。在三年级的课上，我们选择了一个班级网页/学生虚构的数字故事集作为最终公共产品。为了可靠评估学生的数字故事，教师应该关注叙事类型的组成部分（Derewianka, 2011; Gibbons, 2014; Humphrey, 2017）。通过推进最终项目，明确关注学习目标，着眼公共产品，同时分析适用的形式功能（即语言内容）联系，调整技术、内容和语言标准，我们能够涵盖第一和第二部分。

我们选择的 WIDA 和共同核心州立标准是基于所述语言功能的相似性。例如，三年级的共同核心州立标准规定，学生应学会复述和解释，这与 WIDA 的序列和叙述的语言功能相一致。这些也与知识框架的序列知识结构相一致。我们使用知识框架的序列指导问题（哪些顺序或模式对学习该话题的学生有用？）来决定学习部分中的重要顺序和模式。由于学习部分的标准和内容明显与虚构叙事相关（例如，叙述故事、描述人物、比较和对比主题），我们的学习部分主要关注序列和描述的知识结构。表 11.2 显示了内容和语言标准以及知识结构如何通过功能性语言协调一致。

为了进一步"推进项目，明确关注教与学循环每个阶段的学习目标"（TEFF PBLL），我们接下来"关注最终的公共产品"：《佩皮塔和霸凌》数字化讲故事网页。为此，我们牢记项目式学习的七项黄金准则（Larmer et al., 2015），包括（1）具有挑战性的问题，（2）持续的探究，（3）真实性，（4）学生的声音和选择，（5）反思，（6）评论和修订，以及（7）最

# 第十一章·知识框架与体裁分析教学法的运用：关注形式与功能的技术增强项目式语言学习研究

终公共产品。图11.4显示了示例学习部分中课程顺序和示例任务/活动的学习结果。如图中前五个框所示，教与学循环的阶段与标准和与顺序和描述相关的语言功能（如下框中粗体所示）一致，它指导制定TEFF PBLL部分学习目标，最终帮助我们创建活动，并结合为各种可选择的技术。图11.4显示了整个TEFF PBLL部分每周学习目标的宏观结构，但建议教师也制定日常课程目标，并使用形成性和/或终结性评估进行衡量。

表11.2 共同核心州立标准（CCSS）WIDA英语语言（ELA）
表现指标，示例学习片段

| CCSS ELA 表现指标<br>三年级 | WIDA ELA 表现指标<br>三至五年级 | 知识结构 |
|---|---|---|
| CCSS ELA 读写能力<br>RL3.2<br>复述故事，包括各种文化中的寓言、民间故事以及神话传说；找到中心思想，要表达的教训或道德教化意义，并能解释这些如何通过文本中关键的细节进行表达的 | WIDA ELP 写作四级扩展<br>序列根据样例，以记叙的形式在一系列描述的事件中使用段落过渡手段<br>WIDA ELP 写作四级扩展<br>记叙根据样例和同伴编辑，以记叙的形式在一系列描述的事件中使用段落过渡手段 | 序列 |
| CCSS ELA 读写能力<br>RL3.3<br>描述故事中的人物（例如，特点、动机或者感情）并能解释他们的动作如何影响事件的顺序<br>CCSS ELA 读写能力<br>RL3.9<br>比较和对比同一作者所写的同一或类似角色（比如一个系列的书）的主题，背景以及情节 | WIDA ELP 口语二级初始级<br>描述想象的人、物或者情形<br>WIDA ELP 口语四级扩展<br>通过插图或者思维导图比较/对比两个人的生平信息 | 描述 |

接下来，我们可以"选择多模态的文本和材料"，用于我们的学习部分。鉴于共同核心州立标准侧重于虚构内容，而 WIDA 标准侧重于叙事，我们为 TEFF PBLL 部分（以及其他单元计划）选择的主要文本是一个名为《佩皮塔和霸凌》的虚构故事（Lachtman, 2011）。内容不仅涉及学校长期存在的欺凌问题，而且是英语和西班牙语双语版本，有助于支持美国很大一部分拉美裔/拉丁裔人口的母语和身份认同发展。

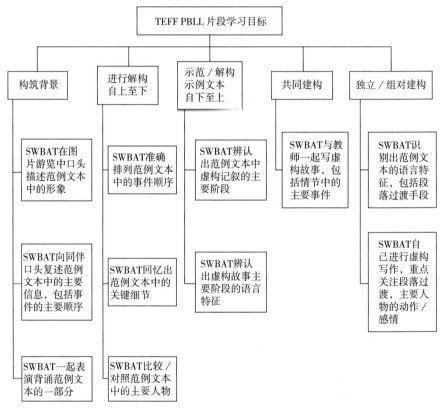

图 11.4　根据教与学循环各阶段 TEFF PBLL 片段学习目标

备注：SWBAT 表示"学生能够"

在 TEFF PBLL 单元的大背景下，我们选择示范文本/虚构叙事作为三年级英语学习的部分，分析其各个阶段和语言特点，特别注重描述和顺序，以进一步了解哪些语言部分应该强调。当教师在课堂上阅读此书时，他们需要准备在任务和活动中明确虚构叙事的修辞特征（方向、复杂性、事件顺序和解决方案）以及自下而上的语言特征（例如，一般或特定的参与者和用于描述"是"的动词）。表 11.3 提供了此分析的样例。语言特征参照了德雷维安卡（Derewianka, 1990），厄利（Early, 1990）和莫汉（Mohan, 1986）。

最后，我们选择"利用知识框架为项目开发技术增强型活动和评估的想法"。由于我们的标准、内容和语言以前都使用语言功能保持一致，并考虑到项目式学习黄金准则（Larmer et al., 2015），我们现在准备集思广益，讨论认为有助于三年级学生实现学习目标的特定活动、评估工具和技术的想法。需要指出的是，因为最终产品本身涉及在班级网页上的微发布，所以需要学生完成一些小任务，包括观摩其他类似网页，学习如何将视频、音频和图像结合到他们的多模态故事。图 11.5 显示了选定的学习目标如何促进在为期两周的 TEFF PBLL 的学习环节中顺利过渡到日常课堂活动和评估，所有这些形成最终的公共产品：汇编所有学生故事的校级或者地区网页。最终选用的技术可以根据现有的技术进行调整。

## 关于技术增强型形式功能项目式语言学习的后续思考

本章为技术增强型形式功能 TEFF PBLL 的新模型奠定了基础。通过整合用于语言和内容整合的知识框架和用于体裁分析教学的教与学循环，我们的四个组成部分检查表可以帮助教师和课程开发人员开发合理组织的课堂课程单元。知识框架的知识结构和教与学循环的各个阶段有助于将学习者的思维和学习过程概念化，并通过项目逐步引导他们在通往学术语言和内容开发的道路上发现和使用功能语言。

当我们朝着丰富学习者发展轨迹的目标努力时，还必须朝着整合技术的方向发展，以更好地促进这一过程。美国外语教学委员会（ACTFL, 2017）关于技术在语言学习中的作用的声明谈到了这一前提："语言教育者可以也应该使用技术来加强语言教学、实践和评估……使用技术本身并不是目标；相反，技术是一种工具，支持语言学习者以文化上合适的方式使用目标语言来完成真实任务。"也就是说，教师应该能够有选择地、批判性地选择能够满足其学习目标和目的的技术，并帮助他们在项目活动层面上实现完整的内容语言技术课程，而不是首先选择在课堂上使用的技术。一些教师可能已经利用技术进行教学，而另一些教师则需要重新认识他们预先设想的任务和活动，以决定技术如何有助于促进教学，并在学生开展项目时促进其语言发展。

表11.3 《佩皮塔和霸凌》虚构故事描述和序列的语言特点

| 虚构故事的阶段 | 知识结构 | 小句层面的语言特点 | 《佩皮塔和霸凌》中的例子 |
| --- | --- | --- | --- |
| 出发点解决办法 | 描述 | 概括性的或者具体的参与者描述性的词语存在（being）的词语递进性的连词比较和对照的语言 | 学校，霸凌者，打架，佩皮塔，楚老师，亮亮的小花，友善的小狗，黑色的纱丽缎带<br>她着急回家（she was in a hurry to get home）<br>她长着褐色头发，蓝眼睛，皮肤像蜜桃冰激凌一样，但她不友好。<br>她的教室阳光，明亮。<br>明亮的留言板和剪出的红色字母……<br>她尤其喜欢……但是她不喜欢……<br>她有……但她没有…… |
| 事件的顺序和相互关系 | 序列 | 具体的参与者过去式的动词"说""感受""思考"动词时间连接词/短语 | 芭比特，她<br>佩皮塔的脸皱起来，皱成一个大眉头<br>芭比特转过身，走掉了<br>她想告诉妈妈在学校上三天就够了。她不想再去那里了。<br>第二天……<br>今天……<br>接着…… |

# 第十一章 · 知识框架与体裁分析教学法的运用：关注形式与功能的技术增强项目式语言学习研究

| 学习目标(黑体)示例活动(常规字体)以及技术(斜体) | | | |
|---|---|---|---|
| 第一周 | | 第二周 | |
| 第一天 | 学生能够口头描述图片展中的范例文本形象<br>图片展，与老师一起大声朗读，用肢体表达并能重复部分内容<br>ELMO 投影仪，教室里面文本的PDF 版本 | 第六天 | 学生能够识别虚构故事中主要阶段的语言特征<br>识别《佩皮塔和芭比特》小句层面的语言特征<br>智能黑板 |
| 第二天 | 学生能够用肢体表达并一起朗诵范例文本的部分<br>与同伴和个人进行发音练习，选择小句层面的语言特色<br>发音和流畅性音频录制设备，语音识别 | 第七天 | 学生能够与老师一起写虚构故事，包括情节主要事件<br>通过词库，与全班合作，一起进行文本构建。<br>Google 文本/学生可以编辑文本 |
| 第三天 | 学生能够比较和对照范例文本中的主要人物角色<br>比较《佩皮塔和芭比特》思维导图<br>从 https://www.canva.com/ 下载维恩图表模板 | 第八天 | 学生能够使用时间线思维导图对自己的虚构故事排列主要事件<br>独立或者两人一组对故事中的主要事件进行构建<br>读写思 www.readwritethink.org<br>时间线工具 |
| 第四天 | 学生能够正确排列范例文本中的一系列事件<br>图片分类<br>读写思 www.readwritethink.org<br>时间线工具 | 第九天 | 学生能够自己进行虚构写作，重点关注段落过渡，主要人物的动作/感情<br>独立或者两人一组对写作阶段过程进行建构<br>维基，单词软件，谷歌网络笔记本 |
| 第五天 | 学生能够识别出范例文本中虚构故事类型的主要阶段<br>文本解构，识别《佩皮塔和霸凌》中的阶段<br>谷歌课堂，Kahoot! Quizlet | 第十天 | 学生能够向全班大声朗读自己的虚构故事<br>在学校层面上呈现网页，艺术字方式呈现虚构故事集<br>智能黑板 |

图 11.5 为期两周的 TEFF PBLL 的日常学习目标、活动以及部分技术示例

虽然已经证明，技术增强型项目式学习（ChanLin, 2008）可以让学习者将技能立即转移到现实世界的数字环境中，但 TEFF PBLL 通过建立显著的内容—语言—技术联系，更进一步。现在技术或多或少已经成为我们日常生活的一部分，基于背景可用性和教师关于什么是实现既定学习结果最有意义的决定的基础上，它有可能融入这样一门课程的所有部分。课程形式—功能的协调可以通过国家和州课程标准（例如，内容、语言和技术）实现，或在没有此类标准的情况下（例如，高校）实现；可以通过对项目的内容/材料分析来实现协调。

为了解决对形式关注不够的问题（Li, 2010），教师可以使用 TEFF PBLL 和以语言学为基础的教学工具，如教与学循环（Humphrey, 2017; Martin, 2009; Rothery, 1996）来明确课程语言需求，从而避免形式化；同时也可以实施知识框架（Mohan, 1986, 2007; Slater & Gleason, 2011），以确保学习者全面接触语言和内容。这种 TEFF PBLL 方法允许教师创新或调整现有的课程设置，以系统地整合标准、语言、内容和技术，根据项目的课堂学习目标做出明智的课程技术选择。

# 参考文献

ACTFL (2017). *World readiness standards for learning languages.* Retrieved from www.actfl.org/publications/all/world-readiness-standards-learning-languages/standards-summary

ACTFL/CAEP (2015). *ACTFL/CAEP Program standards for the preparation of foreign language teachers.* Retrieved from www.actfl.org/sites/default/files/CAEP/ACTFLCAEPStandards2013_v2015.pdf

Beckett, G. H. (1999). *Project-based instruction in a Canadian secondary school's ESL classes: goals and evaluations* (Unpublished doctoral dissertation). University of British Columbia. Retrieved from https://circle.ubc.ca/bitstream/id/24487/ubc_1999-463176.pdf

Beckett, G. H., & Miller, P. C. (2006). *Project-based second and foreign language education: Past, present, and future*. Greenwich, CN: Information Age Publishing.

Beckett, G. H., & Slater, T. (2005). The project framework: A tool for language, content, and skills integration. *ELT Journal*, 59(2), 108–116. doi:10.1093/eltj/cci024

Beckett, G. H., & Slater, T. (2018). Technology-integrated project-based language learning. In C. Chapelle (Ed.), *The encyclopedia of applied linguistics*. Oxford: Wiley-Blackwell. doi:10.1002/9781405198431.wbeal1487

Brisk, M. (2015). *Engaging students in academic literacies: Genre-based pedagogy for K-5 classrooms*. New York, NY: Routledge.

Buck Institute for Education (2017). *What is project-based learning (PBL)*. Retrieved from www.bie.org/about/what_pbl

ChanLin, L. J. (2008). Technology integration applied to project-based learning in science. *Innovations in Education and Teaching International*, 45(1), 55–65. doi:10.1080/14703290701757450

Common Core State Standards (CCSS). (2012). *Common core state standards for English language arts & literacy in history/social studies, science, and technical subjects.* National Governors Association Center for Best Practices & Council of Chief State School Officers. Retrieved from www.corestandards.org/the-standards.

Dalton-Puffer, C., Nikula, T., & Smit, U. (Eds.). (2010). *Language use and language learning in CLIL*. Amsterdam, the Netherlands: John Benjamins.

Derewianka, B. (1990). *Exploring how texts work*. Newtown, NSW: PETAA.

Derewianka, B. (2011). *A new grammar companion for teachers* (2nd ed). Sydney, NSW: PETAA.

Early, M. (1990). Enabling first and second language learners in the classroom. *Language Arts*, 67, 567–574.

Eyring, J. L. (1989). *Teacher experience and student responses in ESL project work instruction: A case study* (Unpublished doctoral dissertation). University of

California at Los Angeles.

Gibbons, P. (2014). *Scaffolding learning, scaffolding language.* Portsmouth, NH: Heinemann.

Gottlieb, M. (2016). *Assessing English language learners: Bridges to educational equity.* Thousand Oaks, CA: Corwin.

Halliday, M. A. K. (1994). Toward a language-based theory of learning. *Linguistics and Education,* 5, 93–116.

Halliday, M. A. K., & Matthiessen, C. I. M. (2014). *An introduction to systemic functional grammar* (4th ed). London: Edward Arnold.

Hess, F. M., & Shane, M. Q. (Eds.). (2013). *Common core meets education reform: What it all means for politics, policy, and the future of schooling.* New York, NY: Teachers College Press.

Humphrey, S. (2017). *Academic literacies in the middle years: A framework for enhancing teacher knowledge and student achievement.* London, UK: Routledge.

Lachtman, O. D. (2011). *Pepita and the Bully.* Houston, TX: Piñata Books.

Larmer, J., Mergendoller, J., & Boss, S. (2015). *Setting the standard for project-based learning: A proven approach to rigorous classroom instruction.* Alexandria, VA: ASCD.

Li, Y. L. (2010). The negotiated project-based learning: Understanding the views and practice of kindergarten teachers about the implementation of project learning in Hong Kong. *International Journal of Primary, Elementary and Early Years Education,* 40(5), 473–486. https://dx.doi.org/10.1080/03004279.2010.544662

Markham, T. (2011). Project based learning: A bridge just far enough. *Teacher Librarian,* 39(2), 38–42.

Martin, J. R. (2009). Genre and language learning: A social semiotic perspective. *Linguistics and Education,* 20(1), 10–21. doi:10.1016/j.linged.2009.01.003

McTighe, J., & Wiggins, G. (2004). U*nderstanding By design: Professional development workbook.* Alexandria, VA: Association for Supervision &

Curriculum Development.

Mohan, B. (1986). *Language and content*. Reading, MA: Addison, Wesley.

Mohan, B. (2007). Knowledge structures in social practices. In J. Cummins & C. Davidson (Eds.), *The international handbook of English language teaching* (pp. 303–316). New York, NY: Springer.

Mohan, B. A. (2011). Social practice and register. In E. Hinkel (Ed.), *Handbook of research in second language learning and teaching* (pp. 57–74). New York: Routledge.

Mohan, B. A., & Beckett, G. H. (2003). A functional approach to research on content-based language learning: Recasts in causal explanations. *The Modern Language Journal,* 87(3), 421–432. doi:10.1111/1540-4781.00199

Mohan, B. A., & Slater, T. (2005). A functional perspective on the critical theory/practice relation in teaching language and science. *Linguistics and Education,* 16(2), 151–172. doi:10.1016/j.linged.2006.01.008

Nunan, D. (2004). Task-based language teaching. Cambridge, UK: Cambridge University Press.

Rothery, J. (1996). Making changes: Developing an educational linguistics In R. Hasan & G. Williams (Eds.), *Literacy in Society* (pp. 86–123). London, UK: Longman.

Schleppegrell, M., & de Oliveira, L. (2006). An integrated language and content approach for history teachers. *Journal of English for Academic Purposes,* 5, 254–268.

Slater, T. (2020). The Knowledge Framework: An Organizational Tool for Highlighting the "LL" in Technology-integrated PBLL. In G. H. Beckett & T. Slater (Eds.), *Global Perspectives on Project-based Language Learning, Teaching, and Assessment: Key Approaches, Technology Tools, and Frameworks* (pp. 185–203). New York, NY: Routledge.

Slater, T., & Gleason, J. (2011). Integrating language and content: The knowledge framework. In J. Morrison (Ed.), *Conference proceedings of MidTESOL: Gateway to global citizenship* (pp. 5–20). Saint Louis, MO: University of Saint

Louis. Retrieved from www.midtesol.org/docs/MIDTESOLProceedings_2011.pdf

Slater, T., Gleason, J., & Link, A. (2012, October). *Creating integrated language-and-content units across the curriculum.* Paper presented at the MIDTESOL Conference, Ames, Iowa.

Stoller, F. L. (2008). Content-based instruction. In N. H. Hornberger (Ed.) *Encyclopedia of Language and Education* (pp. 1163–1174). Boston, MA: Springer.

Teachers of English to Speakers of Other Languages (TESOL). (2008). *TESOL technology standards framework.* Retrieved from www.tesol.org/docs/default···/bk_technologystandards_framework_721.pdf

Temple, A. C., Snow, C., & Christian, D. (Eds.). (2002). *What teachers need to know about language.* Crystal Lake, IL: Delta Systems Co.

Webb, N. (1997). *Research monograph number 6: Criteria for alignment of expectations and assessments on mathematics and science education.* Washington, DC: CCSSO.

World-Class Instruction, Design, and Assessment Consortium (WIDA). (2012). *Amplification of the English language development standards: Kindergarten-Grade 12.* Madison, WI: Board of Regents of the University of Wisconsin System.

# 第十二章 融合技术的项目式语言学习测评——以研究为基础的框架

陈默[①],罗兹·R. 赫驰[②]

(Mo Chen and Roz R. Hirch)

在过去二十年中,许多融合技术项目式语言学习(PBLL)课程和单元在第二语言/外语中得以发展以及实施(例如,Dooly & Sadler, 2016; Gómez, 2016; Hafner, 2014; Jeon-Ellis, Debski, & Wigglesworth, 2005; Lee, 2014; Nishioka, 2016; Reisi & Saniei, 2016; Roy, 2017; Terrazas-Arellanes, Knox, & Walden, 2015; Wu & Meng, 2010; Zachoval, 2011)。研究人员对在二语课堂上使用融合技术的项目式语言学习的价值进行了讨论:促进语言和内容知识学习、21 世纪技能发展以及学生动机和兴趣(Beckett & Slater, 2018)。

然而,如何评估项目式学习中的知识学习和技能发展已成为课堂和研究中的一个主要问题(Condliffe et al., 2017)。迄今为止,还尚未出现可以评估融合技术的项目式语言学习的过程和结果的全面框架。贝克特和斯莱特(Beckett & Slater, 2018)认为,缺乏有效的评估框架可能是由于项目

---

① **陈默**:爱荷华州立大学应用语言学与技术专业博士。辛辛那提大学读写能力和二语研究教育硕士,卡内基梅隆大学应用二语习得文学硕士。主要兴趣领域包括计算机辅助语言学习、基于语料库的语言学习和项目式语言学习。

② **罗兹·赫驰**(Roz R. Hirch):美国爱荷华州立大学语言评估专业博士生,曾在韩国从事测试开发编写,研究兴趣主要是有效的语言评估创建。

式语言学习项目的性质造成的，该项目涉及发展的许多方面；基于技术的项目式语言学习复杂且动态，如多个目标和课堂活动，如何决定评估内容和如何进行数据收集作为评估的基础具有挑战性。因此，迫切需要一个包括学习进展和学习成果各个方面的项目式语言学习评估框架。本章旨在填补这一空白。

  本章首先回顾了有关融合技术式项目式语言学习的现有文献，重点介绍这些研究中的学习评估，并分析当前项目式语言学习评估中的空白点。然后介绍一个融合技术的项目式语言学习项目学习过程和结果的评估框架。最后，本章以一个融合技术的项目式语言学习的语言课程单元为例，说明项目式语言学习评估框架的应用。

## 两类融合技术的项目式语言学习项目

  对关于融合技术的项目式语言学习的文献回顾显示，根据主要侧重点，可以把项目式语言学习项目分为两种类型：(1) 专门以语言学习为目的的融合技术项目（类型 I 项目）和（2）融合技术的内容和语言学习项目（类型 II 项目）。第一类项目只注重学习语言形式或技能。李（Lee, 2014）通过让英语作为二语的学生学习并练习使用英语介词的项目，详细介绍了这一类型的例子。另一个例子是瑞希和萨尼（Reisi & Saniei, 2016），该研究探索了一个单词网络项目对英语作为外语的学生英语词汇量扩大的影响。

  第二类项目在项目式语言学习文献中比第一类项目更常见。第二类项目旨在帮助语言学习者在获得其他学科知识或技能的同时获得语言知识。大多数第二类项目在语言和文化课堂上开展（例如，Dooly & Sadler, 2016; Gómez, 2016; Nishioka, 2016; Roy, 2017; Zachoval, 2011）。例如，西冈（2016）在一个日语课程中开展了案例研究，在该课程中，三名参与者通过一个合作的数字讲故事项目学习日语和讲故事的技能。描述项目式语言学习在英语作为二语的学生所选的其他学科课程（比如理科课程）中的实

第十二章·融合技术的项目式语言学习测评——以研究为基础的框架

施情况的研究很少。值得注意的是,有两个例外。一个是哈夫纳(Hafner,2014)的研究,他介绍了在科学课程中开展项目式语言学习项目,在该项目中,学生通过数字视频项目学习科学和语言知识。另外一个是特拉萨斯-阿雷利亚内斯等人的研究(Terrazas-Arellanes et al., 2015),他们在两个合作双语在线项目单元进行试点研究,探索科学知识和学术语言学习的影响。

## 两种融合技术型项目式语言学习中的评价

对这两种融合技术的项目式语言学习的研究表明,项目式语言学习项目的评估从六个方面进行:语言知识/技能发展;特定学科的知识/技能发展;技术知识/技能发展;批判性思维发展;团队能力发展;以及对项目式语言学习的情感倾向。以下各节分别讨论这几个方面。

**语言知识/技能的评估**

如前所述,第一类和第二类融合技术的项目式语言学习项目都将语言学习作为其首要目标,旨在提高学生的具体语言知识或技能。为了评估学习成果,一些研究采用前测、后测或延迟后测的设计(如 Shiraz & Larsari, 2014; Wu & Meng, 2010)。一些研究(如 Gómez, 2016; Hafner, 2014)评估最终项目中所展示的相关语言知识学习。除了评估语言进步情况,少数研究还考察学生的互动学习过程,并评估项目式语言学习中语言知识或技能的发展情况(例如,Jeon-Ellis et al., 2005; Nishioka, 2016)。其中,全-埃利斯等(Jeon-Ellis et al., 2005)对小组成员的对话进行了话语分析,并说明他们如何在法语发音和词汇方面相互帮助。这种对学习过程的评估为教师和研究人员对课堂层面的复杂学习形成性过程提供了重要的信息。

**学科知识/技能评估**

除了语言学习外,学生还在第二类项目式语言学习中学习特定学科的知识和技能。要想评估特定学科或领域的学习成果,教师要么评估最终项目,要么进行项目前和项目后测试(例如,Hafner, 2014; Zachoval, 2011)。很少有研究评估学科知识的学习过程。多利和赛德勒(Dooly &

Sadler, 2016）的研究是一个例外。他们分析了学习者在学习有关健康和不健康生活习惯的社会文化知识时与教师、伙伴和虚拟人物的交流。课堂观察和随后的话语分析揭示了学习发生的过程，以及课堂环境中的不同因素如何促进学习。

**技术知识/技能评估**

在许多融合技术的项目式语言学习项目中，学生通过技术来创作，在数字环境中与小组成员互动，并登录软件或网页进行课堂活动。随着技术在项目式语言学习中普及，对项目式语言学习中技术知识/技能的评估也变得至关重要。然而，只有少数研究（如 Campbell, 2012; Hafner, 2014）通过项目式语言学习的期末项目或学生的学习过程来评估学生的技术能力。在一项研究中，哈夫纳（Hafner, 2014）评估了香港的英语学习者在项目式语言学习程中制作的三部视频纪录片。他发现，学生使用各种技术成功地拍摄和编辑视频，用来表现和解释科学、社会或个人问题。

**批判性思维能力的测评**

几十年来，培养学生批判性思维一直是教育的一个重要目标（Paul, 1993）。保罗（Paul）认为，批判性思维对于个人的日常生活、社会交流和职业发展必不可少；因此，这些技能应该在一个人的教育过程中得到锻炼。批判性思维被定义为：

> 使用认知技能或策略来增加想要的结果的可能性。即那些有目的、理性和目标导向的思维——当思想者在特定的背景和类型的思维任务中使用深思熟虑和有效的技能时，这种思维涉及解决问题、制定推理、计算可能性和做出决定。
>
> （Halpern, 2013, 第 4 页）

在讨论项目式语言学习的益处时，许多研究人员强调它在培养批判性思维技能方面的价值（Beckett & Slater, 2018; Slater, Beckett, & Aufderhaar, 2006）。相比之下，只有少数研究（例如，Roy, 2017; Yang, 2001）在融合技术的项目学习中对学生批判性思维的发展进行评估。杨（Yang, 2001）的研究发现，学生在理解、选择和评估项目推动过程中的在线资源时遇到了困难。鉴于批判性思维技能被认为是最重要的"21世纪技能"之一，并已被贴上项目式语言学习发展的关键领域的标签（Lin, Preston, Kharrufa, & Kong, 2016），它们在语言学习项目中的评估至关重要。

**团队竞争力的评估**

团队能力是团队团结协作的能力。许多第一类和第二类融合技术的语言学习项目涉及小组工作和协作（例如，Jeon-Ellis et al., 2005; Hafner, 2014; Lee, 2014; Reisi & Saniei, 2016; Thitivesa, 2014）。然而，在融合技术项目式语言学习中评估群体能力的研究很少。在一项研究中，全 - 埃利斯等（Jeon-Ellis et al., 2005）录制了学生在集体活动中的对话。语篇分析显示，在一个三人小组中，一名小组成员没有回答另一名成员的问题，似乎将该人排除在小组讨论之外。不出所料，这种非合作的氛围降低了被排除在外者的学习兴趣和参与度。

## 项目式语言学习的情感倾向评价

除了评估知识学习和能力发展外，许多研究还评估了学生对项目式语言学习的信心、态度、动机和热情（例如，Gómez, 2016; Lee, 2014; Sidman-Taveau, 2005; Terrazas-Arellanes et al., 2015; Wu & Meng, 2010; Zachoval, 2011）。通过分析问卷、访谈回复和课堂观察，戈麦斯（Gómez, 2016），李（Lee, 2014），特拉萨斯 – 阿雷利亚内斯等人（Terrazas Arellanes et al., 2015），吴和孟（Wu & Meng, 2010）以及扎霍瓦尔（Zachoval, 2011）发现，学生喜欢并有动机通过项目式语言学习来学习语言和内容知识。

通过对现有文献的回顾，我们可以从语言知识/技能学习、学科知识/技能学习、技术知识/技能学习、批判性思维能力、小组能力以及更普遍的学生对项目式语言学习的总体情感倾向等方面对项目式语言学习进行评估。该评估中的一个主要问题涉及此类项目中语言和学科特定知识/技能的评估。许多项目式语言学习的课程或单元同时教授语言和学科特定内容的知识/技能；然而，他们的评估只关注学习的其中一个方面。泽村（Sawamura, 2010）发现，尽管学习学科内容知识是项目式语言学习的主要目标之一，"它似乎只是评估学生语言的背景"（第48页）。一些研究人员在语言学习项目中向学生教授语言和学科知识时，没有评估学科知识或技能的学习成果（例如，Shiraz & Larsari, 2014; Wu & Meng, 2010; Zachoval, 2011）。相反，关于学科课程（如科学）中项目式语言学习单元的研究主要关注内容知识，而没有评估学生在语言知识/技能方面的进步（如 Terrazas Arellanes et al., 2015）。尽管每个课程/单元有不同的课程重点，因为语言和内容都是在学习过程中发展起来的，泽村（Sawamura, 2010）建议应评估它们，并且因为它们都是项目成功的关键组成部分，有助于项目学习的成功（尽管它们各自的评估权重可能不同）。

项目式语言学习评估的另一个困难与项目能力的评估有关，如批判性思维能力和团队能力。尽管项目式语言学习文献强调了这些，但很少有相关课程评估这些能力的发展。这可能有两个原因。首先，用于评估知识进步的传统考试不适合评估能力发展（Condliffe et al., 2017）。对于项目式语言学习的教师来说，开发合适的评估工具可能要求很高且耗时。其次，项目式语言学习课程很少明确学生能力发展的具体目标，也很少包括培养这些能力的适当活动。比格斯（Biggs, 2003）认为，具体目标对于编写教材和学习评估至关重要。如果没有明确的学习目标，项目式语言学习单元的设计者就无法将适当的学习活动融入课堂，并有效地评估学生的能力发展。为了评估项目式语言学习中的能力，康德利夫等人（Condliffe et al., 2017）建议教师使用基于绩效的评估（例如，对学生最终作品的评估、编写样本等）来评估学生在目标知识和技能方面的能力。教师还应为能力发展和评估制定明确和可衡量的学习目标。

除了这两个主要问题之外，融合技术的项目式语言学习评估还包括对学习过程的评估。在现有文献中，一些研究（如 Reisi & Saniei, 2016; Shiraz & Larsari, 2014; Wu & Meng, 2010）仅在项目前后评估学习，而忽略了对学习过程本身的探究。项目式语言学习课程/单元可以持续几天到整个学期；在整个教学过程中评估学习过程，不仅可以深入了解知识和能力的发展方式，还可以告知学生，参与项目活动的过程和在课程或单元结束时展示最终产品和作品集同样重要。

# 融合技术的项目式语言学习评估框架

本章介绍了一个框架，旨在帮助教师和研究人员在计划和评估项目或单元时注意项目式语言学习的各个方面，以解决前面提到的文献中的空白。如表 12.1 所示，评估框架包括四个部分：用于评估的建构及其子建构；每个建构的学习目的和目标；评估学习过程的工具；以及评估结果的工具。下面将分别解释这些要素。

## 评估的建构和子建构

建构是个很宽泛的话题，在此无法深入探讨（关于建构的概述见 Bachman, 2007; Chapelle, 1998）；就本章而言，建构被定义为"对观察到的行为有意义的解释"（Chapelle, 1998, 33 页）。在对语言技能的评估中，语言的某些方面——例如，口语、语法或学术写作——就是建构，一旦定义后，评估就可以从此建构展开（Bachman, 2007）。与其他更传统的语言评估不同，项目式语言学习建构包括语言和项目技能（Slater et al., 2006）。为了评估融合技术的项目式语言学习课程学生学习状况的建构，表 12.1 中的评估框架包括三个子建构：项目知识/技能、项目能力和项目情感倾向。"项目知识/技能"指的是根据项目式语言学习单元/课程的学习目标，学习者应该提高的知识/技能。"项目能力"是指根据项目式语言学习单元/课程的目标，期望学生通过项目式语言学习培养的各种能力。"项目情感倾向"涉及学生对其项目式语言学习学习经历的信心、态度和动机。

第一个子建构，项目知识/技能，包括三个部分：语言知识/技能、学科知识/技能和技术知识/技能。"语言知识/技能"是指学生在项目式语言学习中学习的语言知识/技能（如过渡词、阅读理解技巧）。相比之下，"学科知识/技能"指的是学生在项目中学习的除语言学以外的学科知识/技能（如统计学）。"技术知识/技能"指的是技能，如使用技术来开发项目，与小组成员沟通，以及搜索资源的能力。第二个子建构，项目能力，包括批判性思维能力和团体能力两个部分。"批判性思维能力"需要选择适当的项目主题，证明自己的想法，评价他人的想法，并做出决定。"团体能力"涉及团体交流、合作、解决冲突和领导的技能。

表12.1 融合技术的项目式语言学习学生学习状况建构评估框架

| | 子建构 | | | | | | | 对融入技术的项目式语言学习情感态度 |
|---|---|---|---|---|---|---|---|---|
| | 项目知识和技能 | | | 项目能力 | | | | |
| | 语言知识技能 | 学科知识技能 | 技术知识技能 | 批判思维能力 | | 团队能力 | | |
| | | | | 技能 | 语言使用 | 技能 | 语言使用 | |
| 学习目标 | 具体语言知识和技能 | 具体学科内容，知识/和技能 | 具体技术知识技能 | 分类原则评估描述序列选择 | 相关语言使用 | 沟通合作冲突解决领导力 | 相关语言使用 | 信心态度动机 |
| 对学习过程的评估 | 对小组活动的课堂和在线录音<br>课堂观察<br>课堂作业/活动<br>自我评估/同伴评估：周记/反思，项目日记，小组/一对一会议<br>常规性小组会议和一对一会议 | | | | | | | |
| 对学习结果的评估 | 最终产品和报告<br>前测和后侧<br>自我评估和同伴评估 | | | 最终产品<br>自我评估和同伴评估 | | 最终产品<br>自我评估和同伴评估 | | 自我评估和同伴评估 |

需要注意的是，此框架范围很广，并且包括各种子建构。在每一次项目式语言学习的实施中，教师和研究人员都应该根据班级的学习目标调整框架。例如，有些单元不是为了介绍其他学科的内容知识，而是侧重于培训学生使用目标语言特征（如介词）。在这种情况下评估学生的专题知识发展时，因为学科和语言是一回事，学科知识/技能不会包括在评估中。

# 课程/单元目标和目标

"课程/单元目标和目标"表明一套知识、技能、能力和态度，期望学生通过这些知识、技能、能力和态度来证明他们在项目式语言学习课堂上取得的成就。在框架中包括明确和可衡量的学习目标和每个建构的目的，对于建立评估和选择评估方法至关重要。在这个框架中，为教师和研究人员提出了每个建构的建议性目标。

**项目知识/技能**

项目知识和技能的目标包括目标语言、特定学科和学生通过课程或单元应掌握的技术知识/技能。

在语言学习方面，学生通过融合技术的语言学习项目学习特定的语言形式和功能，或提高特定的语言技能。例如，项目式语言学习单元的目标可以通过分析和阅读各种文章来教授学生英语阅读策略。如果与学习目标保持一致，该评估将调查目标语言特征知识在整个项目式语言学习课程中的提高程度，并评估学生的最终学习结果。值得注意的是，尽管项目式语言学习鼓励学生在各种课堂活动和项目中使用不同的语言知识或技能，但每个项目都应该有一个重点或具体的语言教学目标。像"提高学生的英语交流和口语能力"这样的目标过于笼统，难以准确而有意义地学习和评估知识。

除了围绕语言学习的目标外，许多项目式语言学习课程是为了向学生传授其他学科的内容知识而开发的。例如，学生在做项目时，可能会学习西班牙文化的三到五个方面，以及西班牙语的目标元素，该项目要求他们为为期三天的西班牙之旅开发一本旅游手册。在这种情况下，西班牙文化的具体方面构成了内容知识学习的目标；因此，评估将侧重于学生如何学习西班牙文化的这些方面，以及他们如何展示对目标文化知识的掌握。

与技术知识/技能相关的目标可能包括利用技术知识和技能来开发项目、与团队成员沟通以及寻找必要的资源。教师还可以在这些领域内建立与技术知识相关的课程目标。

## 项目能力

除了项目知识/技能的目标外，项目式语言学习单元/课程还应为能力发展设定明确和可衡量的学习目标。在此框架下，在已有研究的基础上，提出了项目能力的两个目标——批判性思维能力和团队能力。教师可以根据其课程要求调整这些目标。该框架中项目能力的学习目标的一个关键特征是，每种能力都有自己的技能获得和相关语言发展的目标。李（Lee, 2002）发现，缺乏二语知识和技能限制了学生进行批判性思维的能力，并限制了他们与不同水平的语言学习者一起合作的能力。在教授批判性思维和小组交流技能时，教师会传授相关的语言知识，作为培养学生能力的工具。此外，斯莱特等人（Slater et al., 2006）指出，许多英语作为二语的学生认为语言部分应该是语言课程的唯一学习目标。为每种能力设定技能和语言目标，通过强调项目式语言学习课堂中这些能力的重要性，并表明语言知识的发展与这些能力相关，有助于转变这种思维（Beckett & Slater, 2005）。

作为项目能力的组成部分，批判性思维指的是学习者运用理性和创造力解决问题的能力（Yang & Wu, 2012）。因此，批判性思维涉及不同类型的认知技能，教师需要为项目式语言学习中批判性思维能力的发展制定具体可行的学习目标。贝克特和斯莱特（Beckett & Slater, 2005）将莫汉（Mohan, 1986）的知识框架（KF）描述为一个强大的工具，综合了六种批判性思维技能分类：原则、评估、描述、序列、选择和相关的语言使用。鉴于知识框架对学习和评估的主要思维技能和相关语言使用的描述和分类，该框架整合了知识框架里的内容，以建立批判性思维能力的学习目标。基于知识框架，教师应该考虑项目所需要的批判性思维以及反映批判性思维的语言，并把它们纳入项目式语言学习课程学习目标。例如，教师可以决定与评估和选择相关思维技能和语言知识学习目标。在这种情况下，教师应计划引导学生在话语和写作中使用适当的思维动词或比较连词来挑战相反的观点。有关在项目式语言学习中使用知识框架的更多信息，请参见斯莱特和贝克特（Slater & Beckett, 2019）或斯莱特（Slater, 2020, 本书第十章）。

在团队能力方面，康德利夫等人（Condliffe et al., 2017）讨论了项目式学习中的四种相关技能：沟通、协作、冲突解决和领导力。教师可以利用团队能力，在传授特定技能和语言知识的基础上制定课程目标。例如，项目式语言学习单元的学习目标可能是提高小组成员之间寻求帮助的沟通技巧。相应地，学生要学习如何使用情态词来请求帮助。

**对项目式语言学习的情感倾向**

教师也可以建立学生对项目式语言学习的情感倾向的期望。例如，希望学生通过项目式语言学习对目标语言和内容知识/技能更有信心；积极参与各种项目式语言学习活动，并主动学习知识和发展各种能力。

在为项目式语言学习单元的每个组成部分设定明确的学习目标后，教师和研究人员需要收集证据来评估这些目标的实现情况。夏贝尔（Chapelle, 2003）认为，有两种类型的数据可以用来评估计算机辅助语言活动中的学习：学习过程数据和学习结果数据。"学习过程数据"是指"学习者在进行计算机辅助任务时记录的语言和行为记录"（第98页）。"学习成果数据"是可用于评估学生在参与特定学习活动后的知识和技能提高的证据。收集学习过程和结果数据是有益的，因为这些数据是互补的，表明了学习活动的效果，并反映了项目式语言学习中复杂的学习过程。

## 在融合技术的项目式语言学习中收集学习过程数据的方法

在项目式语言学习课堂上，教师和研究人员可以收集学生的课堂表现数据，如课堂记录数据、课堂观察数据、课堂讲义和作业单等，以评价学生的学习表现；也可以从学生的周记/反思、课堂调查和项目日记、定期小组会议和一对一会议中收集自我和同伴评价数据，以了解学生对自己和同伴的学习的看法。

**小组活动的课堂记录和在线记录**

许多研究人员在课堂上记录学生的对话，然后转录下来，用于语言或技能发展的话语分析。从历史上看，转录学生的话语烦琐而耗时，但人工智能（AI）技术的发展使这项任务变得可控，人们可以用这些数据进行评估。例如，一些移动应用程序，如 Otter 语音笔记，具有环境语音智能技术，能够接受对话中自然出现的停顿、重叠和不符合语法的语音，并以非常高的准确性生成记录。此外，这些应用程序可以识别每个说话者的身份，并在数字记录中用说话者的 ID 标记每个话语。在项目式语言学习课堂上，教师可以指示每组学生在课堂对话中把装有应用程序的手机放在桌子上。然后，教师可以通过制定评分标准，对课堂活动记录中的学生语言的具体方面进行量化，使用评分表对个人表现进行评分。研究人员和教师也可以用话语转录记录进行详细的定性分析。

**课堂观察**

课堂观察是教员和研究人员评估课堂学习过程的另一种手段。与记录和转写相比，课堂观察可以节省时间，但它需要高效和快速的评估。在一个 50 分钟的项目式语言学习课堂中，每个小组的观察周期可以持续 5 到 10 分钟。观察者观察学生的互动，回答问题，为他们的表现打分，并做记录。如果观察者对小组活动的接触有限，一份李克特式的观察清单和随附的评价表可以有效评估学生的表现和学习态度。在评估阶段，观察者可以根据预先确定的标准来衡量学生的表现，为每个方面确定一个分数。他们也可以对学生的言行细节进行记录。

**课堂作业**

教师通常在课堂上分发作业，并为学生列出问题清单。例如，在评估学生对顺序相关词汇的学习时，教师可能会要求他们使用这些词来按逻辑顺序排列一些句子。这种作业可以帮助教师深入了解学生的学习情况。

**自我和同伴评估**

许多项目式语言学习课程要求学生记日记或项目日记,反映学习过程,描述他们与合作伙伴或自己参与项目开发的不同部分时的学习态度和感受。周报、项目日志和课堂调查这些自我和同伴评估工具可以帮助教师监控学生的进步并了解他们的困难。基于学生的二语水平,教师和研究人员可以设计不同的自我和同伴评估任务。西德曼·塔沃(Sidman-Taveau, 2005)发现,初级或中级水平的语言学习者往往缺乏元认知知识,无法在日记中充分描述自己的二语学习经验和感受。他建议教师设计关于具体知识学习和能力发展的多项选择题以及李克特量表项目,以供此类学生作为反思工具。对于英语水平较高的学生,教师还可以在日记中加入开放式问题来指导写作。正如西德曼·塔沃(Sidman-Taveau, 2005)的报告所述,教师可以撰写与项目知识学习和能力发展相关的具体问题(例如,"你在写文章时学了什么语法?"),并要求学生评估自己的学习情况。

**定期小组会议和一对一会议**

教师可以安排在课堂内外与学生举行小组会议或一对一会议。通过召开小组会议,教师可以监控小组项目的进度和小组成员之间的任务分配;还可以记录学生的问题和担忧,并提供口头和书面反馈。此外,为了更好地评估每个学生的进步,教师可以在办公室进行 10 分钟的反馈会议,检查学生的学习态度和感受,并在项目式语言学习的特定阶段就学生的个人学习和合作学习提出建议。

## 基于技术的项目式语言学习结果评估方法

除了评估学生的学习过程外,评估学习结果以确定是否达到要求也很重要。评估结果的方法包括最终产品及其展示、前后测试、自我或同伴评估、访谈和反思。

### 最终产品及其展示

最终产品是学生的有形输出,用于解决课程、单元或课程的学习目标和驱动问题;因此,这些产品可用于评估学生在项目式语言学习中的学习和发展(Condliffe et al., 2017)。根据学习目标,教师可以制定评估准则和标准,从不同角度评估各小组的工作。最终产品展示也可用于评估学生的学习成果。教师可以根据每门课程或单元学习目标制定评估准则和标准。

### 前测和后测

传统的前测和后测通常用于语言课,以评估学生在单元或学期前后的知识。辛金斯科尔,塔达林和梅恩斯(Simkins, Cole, Tavalin, & Means, 2002)发现,前测和后测适用于评估项目式语言学习中的项目知识进展。根据学习目标开发目标语言和内容知识测试,并分发给学生。值得注意的是,内容和技术技能以及项目能力,如推理和思维能力、团队能力和项目情感倾向,在成绩测试中不容易进行评估(Conley & Darling Hammond, 2013)。这些领域可以使用最终产品或通过自我评估/同行评估进行评估。

### 自我评估/同伴评估

自我和同伴评估在项目学习中很有价值(Foss, Carney, McDonald, & Rooks, 2008)。自我评估的形式多种多样,例如,期末课程调查、与教师的口头访谈或期末书面反思(Simkins et al., 2002)。举个例子,在课程调查中,学生可以通过使用李克特量表来表明自己各方面的感受:在目标语言和内容知识/技能方面的进步,在特定思维能力(例如,批判技能)和团队能力(例如,协作技能)方面的发展,以及对项目学习的参与度、动机和兴趣的增长。此外,教师可以使用开放式问题,方便学生在评估中添加更详细的信息。学生还可以进行同伴评估,以评估其小组成员对项目协作技能和对项目学习的态度的个人贡献(Oakley, Feld, Brent, & ElHajj, 2004)。辛金斯等(Simkins et al., 2002)建议教师应该让学生参与设计自我和同伴评估的评估项目和标准。在这种情况下,学生需要回顾项目的学习目的和目的,设计李克特量表/核对表,编写评估标准,并在评估中使用这些标准。

在评估学生的项目式语言学习表现时,康德利夫等人(Condliffe et al., 2017)建议同时考虑过程和结果相关信息。为了强调项目式语言学习中过程和结果的重要性,教师可以为项目作业中的各个组成部分/任务赋值。例如,德布斯基(Debski, 2006)介绍了项目式语言学习课程的评分标准。在该标准中,对学习成果的评估占期末成绩的60%(40%基于网站开发,20%基于演示/面试),过程评估占40%(20%基于聊天任务,20%基于日记)。综合过程分数和结果分数有助于对学生的整体表现进行评估。

## 融合技术的项目式语言学习评估框架在单元中的应用实例

为了说明该框架在项目式语言学习评估中的操作,我们以一门语言课程中的电影单元学习及其评估为例。该单元为期四周,是美国中西部一所大型大学高级英语作为二语写作课程的一个部分。在本单元的第一周(每周三小时),教师介绍本单元的总体情况、小组的主要任务(即为电影开发网站)和必要的个人任务(即撰写电影评论)。教师还演示如何在谷歌网站上开发电影网站。然后,由三到四名学生组成小组、挑选并观看一部以文化冲突为主题的电影,并为该项目制定计划。第二周,教师讨论情节总结的作业,各组学生都有时间在课堂上一起撰写情节总结。学生把网站建设任务(如主页、画廊和多媒体中心)分配给个人,并开始网站建设。第三周,教师讲解电影评论作业,学生各自撰写评论,然后以小组形式继续建设电影网站。第四周,学生在网站上发布剧情总结和个人电影评论,测试网站导航和链接,练习网站演示,并在课堂上进行小组演示。以这一单元为样本内容,我们根据本章描述的项目式语言学习评估框架设计学习目标和相关评估(参见表12.2)。

就项目知识和技能而言,该电影单元有三个主要学习目标:语言、内容和技术知识/技能。表12.2列出了每个项目的过程和结果评估。例如,在语言知识方面,该单元可以重点区分学术写作中的一般过去时、现在完成时和一般现在时。根据这一学习目标,教师可以讲授一般过去时、现在完成时和一般现在时,然后分发课堂作业(例如,纠错练习),以监测学生的学习进度。教师还可以进行课堂观察并每周收集反思，以评估学习进度。在本单元结束时，教师可以在最终产品中评估学生对这些时态的掌握程度。

根据这一框架，单元计划不仅在项目知识/技能方面包括明确的学习目标，而且在项目能力方面也包括明确的学习目标，即批判性思维能力和团队能力。具体地说，莫汉（Mohan, 1986）和斯莱特（Slater, 本书第十章）提出的知识框架中的三种思维技能——序列、原则和评价——可以被确立为批判性思维的学习目标。相应地，与语言使用相关的学习目标包括时间顺序连词和状语（例如，开始时，When- 从句），解释性词汇（例如，因为），以及评价性词汇（例如，有价值的，挑衅性的）。教师可以准备课堂作业和活动，以便评估课堂上与序列和原则相关的技能和词汇。在一次课堂活动中，可以要求一组学生按正确的顺序排列句子，并用适当的顺序连词和状语连接这些句子。也可以要求他们通过解释单词或短语来阐明每个选择的原因。为了评估学习过程，会对课堂作业进行评分，对课堂活动通过转录软件记录和转录，然后由教师进行分析。这些学习成果可以通过最终产品（即情节总结）进行评估。

最后，在评估学生对项目式语言学习的情感倾向时，教师可以一对一安排与学生的会议，或者要求学生在学习过程中通过调查或周记来评估自己和同伴的学习动机和兴趣。在单元结束时，学生还可以进行自我评估和同伴评估，以评估学生对本单元中融合技术的项目式语言学习的总体态度和满意度。

表 12.2　项目式语言学习框架下学习过程与结果评估示例

| 子建构 | 组成 | 学习目标 | 学习过程评估 | 学习结果评估 |
|---|---|---|---|---|
| 项目知识与技能 | 语言知识/技能 | 动词时态<br>一般过去时，现在完成时，一般现在时 | 课内作业 | 情节总结<br>电影评论 |
|  | 内容知识/技能 | "文化冲突"电影的内容 | 课堂观察/课内作业 | 电影网站<br>小组报告 |

第十二章·融合技术的项目式语言学习测评——以研究为基础的框架

（续表）

| 子建构 | 组成 | 学习目标 | 学习过程评估 | 学习结果评估 |
|---|---|---|---|---|
| 项目能力 | 技术知识/技能 | 在谷歌网站搭建网站的技巧 | 课堂观察/每周反思/问卷调查 | 电影网站小组报告 |
| | 批判思维能力 | 技能：序列和原则，评价语言：序列和解释的语言评价词汇 | 课内作业/课堂录音 | 情节总结电影评论 |
| | 团队能力 | 技能：交流澄清的沟通技巧，工作任务分配 个人对小组任务的责任 语言：使用疑问句，是非句，反问句情态动词沟通思想 | 课堂录音/周记 | 电影网站和小组报告 问卷调查 |
| 对项目的情感倾向 | | 学生对项目式语言学习持有肯定态度 | 一对一会议/问卷调查/周记 | 问卷调查 |

# 结论

评估是所有课程的一个重要组成部分，应该纳入整个课程，而不是被视为仅仅是在课程结束时发生的事情。尤其是以技术为基础的项目式语言学习课程，必须考虑其特殊要求；学生同时构建内容知识，并学习如何在知识环境中进行交流。本章提出了一个融入技术的项目式语言学习评估框架，可以帮助教师和研究人员制定学习目标并评估整个课程中的学生表现。根据子建构每个组成部分的学习目标，我们对评估学生学习过程和结果的活动和工具做出了建议。鉴于每门课程在课程设计中都有其独特的侧重点，教师和研究人员需要选择适当的课程目标，而不是评估框架中的所有组成部分。该框架还为可用于评估项目式语言学习过程和结果的工具提供了建议。教师和研究人员可以根据课程设计和评估目标选择合适的评估工具。虽然需要进行更多的现场测试和验证工作，但该框架为教师提供了一个基于研究的指南，以便为融入技术的项目式语言学习课堂制定适当的评估。

## 参考文献

Bachman, L. (2007). What is the construct? The dialectic of abilities and contexts in defining constructs in language assessment. In J. D. Fox, M. Wesche, & D. Bayliss (Eds.), *Language testing reconsidered* (pp.41–71). Ottawa, ON: University of Ottawa Press.

Beckett, G. H., & Slater, T. (2005). The project framework: A tool for language, content, and skills integration. *ELT Journal*, 59(2), 108–116. doi:10.1093/eltj/cci024

Beckett, G. H., & Slater, T. (2018). Technology-integrated project-based language learning. In C. Chapelle (Ed.), *The encyclopedia of applied linguistics* (pp.1–8). Oxford, UK: John Wiley & Sons, Ltd. doi:10.1002/9781405198431.wbeal1487

Biggs, J. (2003). Aligning teaching and assessing to course objectives. Teaching and Learning in Higher Education: *New Trends and Innovations,* 2(4), 13–17.

Campbell, S. A. (2012). The phenomenological study of ESL students in a project- based learning environment. *The International Journal of Interdisciplinary Social Sciences: Annual Review,* 6(11), 139–152. doi:10.18848/1833–1882/CGP/v06i11/52187

Chapelle, C. A. (1998). Construct definition and validity inquiry in SLA research. In L. F. Bachman & A. D. Cohen (Eds.), *Interfaces between second language acquisition and language testing* (pp.32–70). New York: Cambridge University Press.

Chapelle, C. A. (2003). *English language learning and technology*. Amsterdam, PA: John Benjamins Publishing Company.

Condliffe, B., Quint, J., Visher, M. G., Bangser, M. R., Drohojowska, S., Saco, L., & Nelson, E. (2017, October). *Project-based learning: A literature review*. Retrieved from https://files.eric.ed.gov/fulltext/ED578933.pdf

Conley, D. T., & Darling-Hammond, L. (2013). *Creating systems of assessment for deeper learning*. Stanford, CA: Stanford Center for Opportunity Policy in Education. Retrieved from https://edpolicy.stanford.edu/sites/default/files/publications/creating-systems-assessment-deeper-learning_0.pdf

Debski, R. (2006). *Project-based language teaching with technology*. Retrieved from www.researchgate.net/publication/303792681_Project-based_language_teaching_with_technology/download

Dooly, M., & Sadler, R. (2016). Becoming little scientists: Technologically-enhanced project-based language learning. *Language, Learning & Technology*, 20(1), 54–78. Retrieved from http://dx.doi.org/10125/44446

Foss, F., Carney, N., McDonald, K., & Rooks, M. (2008). Project-based learning activities for short-term intensive English programs. *The Philippine ESL Journal*, 1, 57–78.

Gómez, S. (2016). How working collaboratively with technology can foster a creative learning environment. In A. Pareja-Lora, C. Calle-Martínez, & P. Rodríguez-Arancón (Eds.), *New perspectives on teaching and working with languages in the digital era* (pp. 39–50). Dublin, IN: Research-publishing.net

Hafner, C. A. (2014). Embedding digital literacies in English language teaching: Students' digital video projects as multimodal ensembles. *TESOL Quarterly*, 48(4), 655–685. doi:10.1002/tesq.138

Halpern, D. F. (2013). *Thought and knowledge: An introduction to critical thinking*. London, England: Psychology Press.

Jeon-Ellis, F., Debski, R., & Wigglesworth, G. (2005). Oral interaction around computers in the project-oriented CALL classroom. *Language Learning & Technology*, 9(3), 121–145. Retrieved from http://dx.doi.org/10125/44035

Lee, I. (2002). Project work made easy in the English classroom. *Canadian Modern Language Review*, 59(2), 282–290. doi:10.3138/cmlr.59.2.282

Lee, S. (2014). *CALL-infused project-based learning: A case study of adult ESL students learning prepositions* (Unpublished master's thesis). Retrieved from https://lib.dr.iastate.edu/cgi/viewcontent.cgi?referer=www.google.com/&httpsredir=1&article=5181&context=etd

Lin, M., Preston, A., Kharrufa, A., & Kong, Z. (2016). Making L2 learners' reasoning skills visible: The potential of computer supported collaborative learning environments. *Thinking Skills and Creativity*, 22, 303–322. Retrieved from http://dx.doi.org/10.1016/j.tsc.2016.06.004

Mohan, B. A. (1986). *Language and content.* Boston, MA: Addison Wesley Publishing Company.

Nishioka, H. (2016). Analysing language development in a collaborative digital storytelling project: Sociocultural perspectives. *System*, 62, 39–52. doi:10.1016/j.system.2016.07.001

Oakley, B., Felder, R. M., Brent, R., & Elhajj, I. (2004). Turning student groups into effective teams. *Journal of Student-Centered Learning*, 2(1), 9–34. Retrieved from http://www4.ncsu.edu/unity/lockers/users/f/felder/public/Papers/Oakley-paper(JSCL).pdf

Paul, R. (1993). *Critical thinking: How to prepare students for a rapidly changing world* (1st ed.). Santa Rosa, CA: Foundation for Critical Thinking.

Reisi, M., & Saniei, A. (2016). The contribution of word webbing to project-based learning in teaching vocabulary: A comparative study in an EFL context. *Journal of Language Teaching and Research*, 7(6), 1190–1197. Retrieved from http://dx.doi.org/10.17507/jltr.0706.17

Roy, D. (2017). Developing a project-based CALL environment with technical communication in an exploratory 3D printing context. *International*

*Journal of Computer-Assisted Language Learning and Teaching*, 7(2), 75–101. doi:10.4018/IJCALLT.2017040105

Sawamura, S. (2010). Assessment in project-based language learning. *Hawaii Pacific University TESOL Working Paper Series*, 8, 1(2), 44–49.

Shiraz, M. P., & Larsari, E. E. (2014). The effect of project-based activities on intermediate EFL students' reading comprehension ability. *Journal of Effective Teaching*, 14(3), 38–54.

Sidman-Taveau, R. L. (2005). *Computer-assisted project-based learning in second language: case studies in adult ESL* (Unpublished doctoral dissertation). University of Texas at Austin. Retrieved from www.learntechlib.org/p/94766/.

Simkins, M., Cole, K., Tavalin, F., & Means, B. (2002). *Increasing student learning through multimedia projects*. Alexandria, VA: Association for Supervision and Curriculum Development.

Slater, T. (2020). The knowledge framework: An organizational tool for highlighting the "LL" in technology-integrated PBLL. In G. Beckett & T. Slater (Eds.), *Global perspectives on project-based language learning, teaching, and assessment: Key approaches, technology tools, and frameworks* (pp. 185–203). NY: Routledge.

Slater, T., & Beckett, G. H. (2019). Integrating language, content, technology, and skills development through project-based language learning: Blending frameworks for successful unit planning. *MEXTESOL Journal*, 43(1). Retrieved from www.mextesol.net/journal/index.php?page=journal&id_article=5557

Slater, T., Beckett, G. H., & Aufderhaar, C. (2006). Assessing projects as second language and content learning. In G. H. Beckett & P. C. Miller (Ed.), *Project-based Second and Foreign language education: Past, present, and future* (pp. 241–260). Greenwich, CO: Information Age Publishing.

Terrazas-Arellanes, F. E., Knox, C., & Walden, E. (2015). Pilot study on the feasibility and indicator effects of collaborative online projects on science learning for English learners. *International Journal of Information and Communication Technology Education*, 11(4), 31–50. doi:10.4018/IJICTE.2015100103

Thitivesa, D. (2014). The academic achievement of writing via project-based learning. *International Journal of Social, Behavioral, Educational, Economic and Management Engineering*, 8(9), 2994–2997.

Wu, S. J., & Meng, L. H. (2010). The integration of inter-culture education into intensive reading teaching for English majors through project-based learning. *Online Submission*, 8(9), 26–37. Retrieved from https://eric.ed.gov/?id=ED514716

Yang, S. C. (2001). Language learning on the world wide web: An investigation of EFL learners' attitudes and perceptions. *Journal of Educational Computing Research*, 24(2), 155–181.

Yang, Y. C., & Wu, W. I. (2012). Digital storytelling for enhancing student academic achievement, critical thinking, and learning motivation: A year-long experimental study. *Computers & Education*, 59(2), 339–352. doi:10.1016/j.compedu.2011.12.012

Zachoval, F. (2011). *The effect of implementing an interactive reading project on reading comprehension in the third-semester Russian language class* (Unpublished doctoral dissertation). University of Texas at Austin. Retrieved from https://repositories.lib.utexas.edu/handle/2152/12007

# 第十三章 通过项目式教学改变对语言教学的看法：双语教师单元设计研究

安妮·卡梅·郭[①]，保罗·萨顿[②]，伊丽莎白·莱特[③]，波比·米勒[④]
（Annie Camey Kuo, Paul S. Sutton,
Elizabeth Wright and Bobbie K. Miller）

## 引言

在西班牙的一间教室里，一群来自不同学科和年级的双语教师合作，

---

[①] 安妮·卡梅·郭（Annie Camey Kuo）：博士，斯坦福大学教育学院研究生部语言理解研究与实践合作项目主任。加州大学圣巴巴拉分校汉语和英语学士、纽约大学英语教学（TESOL）和外语教育硕士、华盛顿大学语言学习与文化博士，曾在纽约和洛杉矶的中学和社区大学任教。研究领域包括理解和解决英语学习者的需求，依托项目式和问题式语言学习，以及设计思维等。

[②] 保罗·萨顿（Paul S. Sutton）：博士，太平洋路德大学教育学助理教授，华盛顿大学博士。专注于为历史上被边缘化的学生，特别是为黑人和棕色人种的学生建立更公平的学校和受教育环境。

[③] 伊丽莎白·莱特（Elizabeth Wright）：博士，美国宾夕法尼亚州立大学博士后，华盛顿大学科学教育课程和教学博士。研究侧重科学教师如何让学生更容易接触科学，尤其是那些在科学课堂上被边缘化的学生（有色人种学生、在家里说英语以外语言的学生、有特殊需要的学生和女孩），并关注学生如何在基于问题的科学课堂上合作。

[④] 波比·米勒（Bobbie K. Miller）：过去10年在美国华盛顿州、西班牙和英国从事中等教育工作。拥有现代外语（西班牙语）和生物科学（动物学）学士学位，教学重点放在融合科学、语言学习和以学生为中心的内容知识教学。

为学习英语的学生设计一个项目式语言学习（PBLL）单元。他们努力打造一个高度吸引人的、真实的、以学生为中心的单元，旨在引导学生理解难民的意义。然而，他们发现，设计这样一个能让学生深度参与的单元，实际上很困难。他们必须面对下列的一些问题：如何设计一个单元，在培养同理心、同情心和社会意识等技能的同时，无缝地融合所需的内容？如何兼顾学习与实践，在学习内容的同时练习学科语言？如何学习与其他学生、成人和外部专业人员互动所需的语言？

虽然越来越多的学校和学区希望通过项目式学习来解决学生的学习问题，例如，学生参与度和动态降低，过度依赖以教师为中心的教学，或学生和内容之间缺乏相关和真实的联系（Barron & Darling-Hammond, 2008; Belland, Glazewski, & Ertmer, 2009; Blumenfeld et al., 1991; Boaler & Staples, 2008; Conley, 2010），但语言练习和内容学习的同步发展往往被忽视（Beckett, 2006; Beckett & Slater, 2005; Kuo, 2015）。在一篇关于在语言课堂上使用项目的研究回顾中，斯托勒（Stoller, 2006）列举了项目式学习对学生的八个好处，包括体验和语言的真实性，提高自主性，独立性，以及增加内容知识。贝克特（Beckett, 2006）解释说，"一般教育研究者似乎忽视了语言或语篇的发展，只关注学习技能和内容知识"（第66页）。在单元设计中融入学生语言社会化可以增强学生在学科性课堂中的体验。这似乎既是教师如何进行项目式语言教学设计的基本问题（Barron et al., 1998），也可能是教师如何在特定学科的课堂上进行语言教学的问题。

项目式语言学习强调语言作为学习媒介的作用（Halliday, 1993）。在其中，语言学习被视为社会实践或行动（van Lier & Walqui, 2012），这意味着语言是通过使用取得进步，而不是静态地或独立于内容知识。项目式语言学习将构建互动语言使用和练习的战略性和支架式机会，与项目的学习元素（如真实存在的问题、协作和技术）相结合，以支持学生参与和学习知识。

# 项目式学习作为一种教学方法的理论基础

项目式学习本身并不是一门课程,而是一种教学方法。在对项目式学习的设计和成果的学术研究增加的支持下(例如,Halvorsen et al., 2014; Parker et al., 2013; Sutton & Knuth, 2017),学校一直致力于实施该战略,以弥合成就差距,激发终身学习(Banks et al., 2007),培养为大学和职业教育做好准备的学生(Sutton & Knuth, 2017)。项目式学习中学生积极参与学习过程,而在老师主导的课堂上这些因素常常缺失。项目式学习为教师提供机会,创造条件,鼓励学生在合作的同时调查、解释和解决问题(Barron et al., 1998; Barron & Darling-Hammond, 2008; Evensen & Hmelo-Silver, 2000; Krajcik et al., 1998; Lambros,2004)。项目式学习的目标是向学生展示与学科和学生相关的项目和/或问题。这就要求教师既要对自己的教学领域有深刻的了解,也要对学生有深刻的了解。项目式教学还为学生提供了在项目工作过程中进行推理、论证和解释的机会。在收集、分析和使用证据和推理的过程中,向学生呈现要探索、解决和解释的现实问题。学生有能力完成这项工作,但需要教师引导他们进行实践。教师对这些实践有深刻了解,同时了解不同学生需求(Windschitl & Calabrese-Barton, 2016)。

设计和实施与学生相关并涉及学科的项目式教学需要一套复杂的技能,包括学科知识和教学技巧。如果教师不仅了解自己的预期和假设,也了解学生的期望和理解,这样的教师更有可能帮助学生学习。当教师利用学生的知识资源时,意味着他们认可学生是课堂的重要贡献者,是课堂的重要组成部分(Moll, 1992)。关注学生的先验知识是项目教学的基本组成部分。

## 项目式语言教学设计中的"语言是一种行为"理念

三十年前,第二语言教育领域引入了项目学习,希望促进以学生为中心的教学(Beckett, 2006)。它在该领域更广泛的应用是往往以体验学习为框架，以学生自主、合作学习和批判性思维为理论框架（Stoller, 2006; van Lier, 2007）。项目式语言教学的使用促进了可理解的输入和输出、作为基于内容的方法的听说技能的练习以及内容与语言相结合的教学（Eyring, 1989; Stoller, 2006）。学习一门新语言，学生需要有机会练习听、说、写和读，项目式语言教学以协作任务和探究的形式提供这些技能，最终形成项目。采用项目式语言教学法的教师也有机会通过整合与单元内容和重点相关的语言课程，构建学习语言的形式方面，以促进学生的全面成长。项目式语言教学还强调功能方面，因为重点是学生构建意义以及学生的目标。在项目式语言教学中，学生在教师的引导下，探索项目重点，理解主题。

研究表明，基于项目的语言教学方法可以为学生创造有意义的机会，让他们使用和练习语言，并建立社区和学习学科知识（Beckett, 2002; Beckett & Slater, 2005; Chan, 2001）。为了提高项目式语言学习的机会，教师必须了解其理论基础和基本组成部分。从历史上看，语言学习理论分为两类：注重形式的理论和注重功能的理论（Brydon Miller, 2006）。注重形式的理论为强调语言规则的教学方法提供了信息，例如，词类和句型。关注形式的目的是让学生正确使用语言形式，通常通过让学生动词变位和完成语法练习的任务来完成。这种方法存在的一个问题是教语法规则时缺乏上下文，这意味着无法在现实世界或学科领域中使用。

注重功能的理论强调语言使用者如何理解意义以及交际目标（Myles, Hooper & Mitchell,1998）。例如，为了教语言学习者如何提出请求，功能课将侧重于提问或陈述的不同方式，而语言形式课将侧重于疑问句是什么以及问题需要具备的语法成分。

一种被称为"语言是一种行为"的方法（van Lier & Walqui, 2012）在语言教育领域获得关注，它融合了这两种理论。"语言是一种行为"主张"语言是所有人类行为不可分割的一部分，与所有其他形式的行为，包括身体、社会和符号的行为密切相关"（van Lier & Walqui, 2012, 第4页）。课堂上采用这种方法的学生使用语言作为媒介，参与基于行动的活动，有机会进行真实的语言练习。这类课堂中，学生的目标是学习内容、学术技能并提高语言水平。

我们接下来在PLATE框架中重点分析"语言是一种行为"的方法

第十二章·融合技术的项目式语言学习测评——以研究为基础的框架

（在下一节中描述），因为它包含了我们认为应该在上下文和实践中学习语言的方式。我们希望教师从传统的注重形式转变为将语言作为学习内容（如数学）的媒介。

# PLATE 框架

制定 PLATE 框架（图 13.1）有三个主要原因。首先，我们的目的是将一个强大的项目式语言教学方法概念化。第二，我们希望为教师和其他相关人员提供通用词汇，来描述如何将语言学习融入项目学习中，而不是让语言学习隐含其中或附带其中。第三，我们希望为教师和相关人员提供针对性设计单元的评价方法，以检查项目式语言学习在单元设计中的嵌入程度。

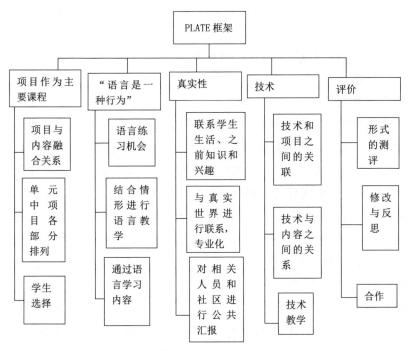

图 13.1　PLATE 框架

275

这个框架通过合作和反复的过程建立起来，在这个过程中，研究人员确定了一个路线，教师们可以沿着这个路线在教学中理解项目式语言教学的组成部分、实施和评估。我们认为这个框架可以不断完善，并提出了分析中使用的版本。通过对此框架进行数据分析，便是对此框架进行相应的调整，对这个框架的搭建可以持续进行。

**项目作为主要课程**

对有些人来说，基于项目的语言学习仅仅意味着教师在典型的教学单元最后附加一个项目。然而，以项目为基础的语言学习的最佳例子是，项目作为单元的"脊梁"（Parker et al., 2013），在单元学习过程中为学生提供"有意义的学习"经历（国家研究委员会，2000）。拉尔默、梅根多勒和博斯（Larmer, Mergendoller, & Boss, 2015）认为，当教师将单元固定在精心设计的项目上时，项目本身就会"构建学生的探究，并引导学习活动向项目目标发展"（第39页）。反过来，学生在合作研究和分析证据或解决不明确的问题时提出的问题"建立了学习的目的"（Larmer et al., 2015）。项目式语言教学单元的成功取决于它在多大程度上反映了专家和专业人士在工作中的实际应用情况（Larmer et al., 2015; Parker et al., 2013）。

**"语言是一种行为"**

研究表明，练习的机会、语境中的指导以及在学习环境中使用语言作为媒介，这三点对支持课堂上的第二语言习得至关重要，PLATE框架中语言行为的组成部分借鉴了这三点。为了提高语言能力，需要学生在学习中积极主动，形成探索与解决问题互动形式，促进自主性（Allwright & Hanks, 2009; Deci & Flaste, 1995; Walqui & van Lier, 2010）。尽管看起来显而易见，但创造机会需要深思熟虑的计划，尤其是在一个单元的过程中。语境中的语言教学应该由内容教学和活动共同实现（van Lier & Walqui, 2012）。例如，如果想在语言教学中学习如何写摘要，应该在阅读文本或实验报告的上下文中进行，而不是只遵守死板的规则。当教师把语言作为教学中介时，应当营造良好的学习环境，让学生沉浸在需要互动对话、论证和研究的活动中（Rutherford-Quach & Hakuta, 2019）。

## 第十二章·融合技术的项目式语言学习测评——以研究为基础的框架

**真实性**

真实性不仅可以确保学生在"现实世界"中学习有用的知识、技能和态度，还是学生参与材料的动力来源（Barron et al., 1998; Berger, 2003; 国家研究委员会，2000; Parker et al., 2013）。所谓真实性，指的是学生所学的东西在多大程度上反映了专业人士的实际工作（Blumenfeld et al., 1991; Larmer et al., 2015）。口述历史、水取样和社区地图都是专业人员的工作内容，产生相关知识，可以对当地社区产生积极的影响。相关的课程也同样重要。所谓相关性，指的是学生看到所学的知识和技能对自己和社会、文化和家庭背景有多大意义（Banks et al., 2007）。

**技术**

普恩特杜拉（Puentedura, 2006）首先介绍了替代、增强、修改和重新定义（SAMR）模型，以帮助教育者确定课堂中技术使用的性质。在替代和强化引入技术的地方，教与学的功能几乎没有改变。当教师引入修改或重新定义教学任务的技术时，这些任务与之前的任务有很大的不同，而且可能更难理解（Puentedura, 2006）。技术涵盖面很广，笔记本电脑、平板电脑，以及装载的应用程序都可纳入。普恩特杜拉的模型强调使用技术作为工具来创造新的任务和学习机会，介绍教师如何利用技术来加强并最终改变学生的课堂学习。SAMR 模式似乎与基于项目或基于问题的学习十分匹配。在此类学习中，学生要么将知识应用于新的情形，要么发现解决持续存在问题的新方法。技术在课堂中的价值，特别是在项目式语言教学课堂中的价值，不在于教师将其作为一种替代手段去做学生已经在做的事情，而是正如普恩特杜拉所说的，在于教师在多大程度上通过"允许重新设计重大任务"或"创造新任务"来改变学生处理问题的方式。汉密尔顿、罗森博格和阿克格鲁（Hamilton, Rosenberg & Akcaoglu, 2016）建议，教师应该像关注技术如何支持学生成果一样，关注技术如何改变学习过程。

**评估**

项目式学习的关键优势在于通过形成性评估对学生作业进行持续评

估（Wiggins, 1990）。整个探究过程中，评估至关重要。评估应该包括来自外部专家、专业人士和学生的批判性反馈和意见（Berger, 2003; Darling-Hammond, Ancess, & Falk, 1995; Larmer et al., 2015）。可以招募周围社区的外部专家在项目的关键步骤为学生提供反馈。教师应该设计相应的活动，要求学生对从专家和专业人员那里收到的反馈进行反思，修改成果。这一过程通过学生之间协作以及老师的支持完成。

外部专家和专业人士在整个项目中对学生进行形成性评估很重要，学生学会相互提供对项目进展持续、深思熟虑的批评和反馈也同样重要。博杰（Berger, 2003）描述了同伴审查的一些富有说服力的案例，通过这些例子，学生学习如何相互提供反馈，然后如何利用反馈来改进工作。这些同伴审查循环进行可以为学生提供在未来职业生涯中可能需要的几项关键技能。这些包括（1）对成功的项目和产品有更清晰和更深刻的概念认识，（2）将失败作为学习过程的一部分的宝贵的思维习惯，以及（3）强大的沟通和协作能力。

在这一章中，我们围绕西班牙的双语教师和完成的设计工作进行讨论，提出以下研究问题：（1）在项目式语言教学单元中，教师在多大程度上关注"语言是一种行为"？（2）关于学生如何在项目式语言学习环境中学习英语，教师的假设是如何变化的？通过研究这两个方面，我们旨在解决项目式语言教学课程设计中如何在已有的课程设置中定位语言这一难点，以促进讨论，充分利用项目式语言学习中真正的机会学习和练习语言。

# 研究设计与方法

本研究考察双语教师项目式学习单元的设计经验，这些单元侧重于语言学习和技术。这项研究的数据来源于一项大型的、跨年级和跨学科内容领域的双语教师项目式语言学习经验的多年研究，并以参与者提供的格式显示。2017年夏天，这些双语教师参加了在西班牙举办的专业发展研讨会。这 16 名教师来自该地区的不同学校，教授的年级从小学和中学义务教育（ESO）到 bachillerato（BACH，大学预备级，相当于美国的 11 年级和 12 年级）。BACH 的学生准备上大学，或者准备 formación professional（FP），即职业培训。这些教师教学经验和学科领域跨度很大。表 13.1 列出了参与者的学科、所教年级和工作年限。

表 13.1　2017 年项目式语言教学研讨会参与人员信息

| 教师 | 学科领域 | 所教学生层次 | 教学经验 |
| --- | --- | --- | --- |
| 加维尔 | 地理和历史，道德，辅导课程，沟通与社会 | 中学和职业培训 | 1—3 年 |
| 卡米拉 | 英语与手工艺， | 中学，大学预备级 | 1—3 年 |
| 维莱丽雅 | 英语， | 中学，大学预备级 | 超过 13 年 |
| 希美娜 | 英语，自然科学和社会科学 | 小学 | 4—7 年 |
| 玛丽亚娜 | 英语，自然科学与社会科学（小学教育） | 小学 | 8—12 年 |
| 维多利亚 | 英语 | 中学，大学预备级 | 8—12 年 |
| 马汀娜 | 高阶英语 | 中学 | 1—3 年 |
| 佳布丽亚 | 西班牙语法与文学 | 小学 | 8—12 年 |
| 丽娜塔 | 英语，自然科学，艺术、手工艺与艺术品 | 中学 | 8—12 年 |
| 露西亚 | 英语语言，自然科学，艺术 | 小学 | 13 年以上 |
| 费尔南达 | 视听艺术与交流 | 中学 | 4—7 年 |
| 卢娜 | 英语代课老师 | 中学，大学预备级 | 1—3 年 |
| 玛努拉 | 英语语言和法语语言 | 中学，大学预备级 | 1—3 年 |
| 宝琳娜 | 英语 | 中学 | 1—3 年 |
| 安迪亚娜 | 幼儿英语 | 小学 | 8—12 年 |
| 阿莱桑朵 | 英语 | 小学 | 1—3 年 |

这次研讨会为期两周，目标是提高教师的英语语言能力；了解基于项目的语言学习的要素；加深语言习得知识，提高特定学科的学术语言；学习适用于青少年学生的各种技术工具；为项目式学习单元识别和获取学术、语言和技术资源；与其他参与者建立专业学习网络，促进教学资源的持续改进和开发。本章的作者设计并组织了这次研讨会。第一周，教师们学习并处理项目，嵌入语言教学和技术。第5天，教师们开始单元设计，并在第二周继续以小组合作的方式完成为期两到四周的基于项目的语言学习单元。研讨会每一天都侧重一个或两个基本问题：

第一周基本问题：
什么是项目式学习？
项目式学习如何在课堂上体现？项目式学习有哪些好处和挑战？
如何将技术作为一种资源纳入项目式学习？哪些类型的技术可以融入？
项目学习课堂中存在哪些语言练习机会？如何通过项目式学习培养学科语言和技能？
我们如何开始规划项目式学习的单元？什么是逆向规划？
第二周基本问题：
最后的项目是什么？教师如何建立和使用评估准则？
语言和内容目标是什么？
我们如何把控进度并及时进行反思？
我们如何督促同伴审查和修改？

## 数据

我们对问卷和相关研究材料（与单元设计和计划相关的所有文件）进行了分析，以帮助我们了解教师知识吸收和概念在其单元中的应用。我们在研讨会之前、期间和之后收集调查数据，了解教师经验的发展变化数据。两名研究人员使用PLATE框架的"语言是一种行为"部分，分析了教师设计的项目式语言教学单元的六个最终作业。

## 分析

我们对教师单元的分析通过以下方式进行。在分析教师项目式语言教学单元之前,我们检查、讨论、修改并最终确定了 PLATE 框架。然后,我们共同分析一个单元,讨论现有的语言支持,以及我们认为它们在多大程度上与 PLATE 框架的"语言是一种行为"要求相符。然后,我们分别分析三到四个单元,使用 PLATE 框架中"语言是一种行为"部分的子维度,确保每个单元由我们中的两人分析。我们通过 Dedoose 数据分析程序(Dedoose, 2018)编译、组织和构建分析。最后,我们召开几次会议,讨论个人发现,确定所有研究单元的总体主题和发现,并进一步讨论数据中出现的冲突问题和复杂性问题。

## 教师设计的教学单元

下面分析的这六个项目式语言学习单元是在研讨会期间由一到四名教师参与创建的。这六个单元的主要内容如下。

大众传媒和复杂的社会文化构成(卡米拉、马汀娜和宝琳娜)

该项目旨在反思当今社会的不同社会文化。通过使用视听材料(美国电视节目、系列节目),学生探索教师之前选择的一系列主题:多样性、集体包容性和社交媒体的利弊。同样,学生也对自己的电视习惯进行反思。最终的项目有三个阶段。第一阶段包括学生设计关于电视/媒体习惯的调查,设计出代表这些习惯的信息图表,并向公众展示结果。第二阶段是对一集电视节目的社会评论(多层面评价)。第三阶段是制作一集电视节目。学生对一集电视节目进行再创作,如改写结局、运用倒叙、闪回等手法,或者为场景重新配音。

学校艺术画廊(玛努拉、安迪亚娜和阿莱桑朵)

该项目希望学生将生活与艺术联系起来,希望在社会上提高对艺术和艺术家的认识度。学生作为展览策划人,研究如何经营一个画廊,自主选择艺术史时期、艺术技术或媒体。项目划分为不同的时段。学生参观真正的艺术画廊,研究艺术画廊如何运作,采访艺术家和专家,并向校长介绍项目,说服他们在学校为艺术展提供场地,创建虚拟艺术画廊。学生通过艺术表达自己,描述艺术作品,并提到使用的材料、技术和元素,制定广告活动,鼓励人们参与并参观画廊。学生的提案是学校艺术馆开幕日的基础。这个活动在学期末举行。学生邀请整个社区来参观画廊。他们有机会成为导游,谈论所展示的艺术、艺术风格以及所使用的元素和材料。来参观的人根据这些艺术作品传递给他们的感觉来评价这些艺术作品。

我是难民(加维尔、维莱丽雅、希美娜和佳布丽亚)

学生从法国大革命、美国人权运动和《世界人权宣言》的历史角度来研究难民是怎么产生的。该项目旨在让学生进一步认识难民对我们社会的影响,了解冲突国家的难民如何进入东道国,以及东道国对该群体人权的履行情况。作为最终的项目,学生通过MADMAGZ应用程序创建一本数字杂志,包括在教学过程中完成的所有活动。这本杂志必须在这个过程中完成。例如,可以包括:

1. 录制关于难民故事的有声读物,由学生编写和插图
2. 演绎和拍摄这些故事
3. 制作一本漫画书

为了促进项目并提高对实际影响的认识,这些项目在学校的文化周期间进行展示。

健康的习惯(玛丽亚娜、维多利亚和卢娜)

## 第十二章·融合技术的项目式语言学习测评——以研究为基础的框架

六年级的小学生学习了大分子物质（碳水化合物、脂肪、蛋白质），记日记（使用 MyFitnessPal），确定标准饮食中大分子物质的正确数量，并与自己的饮食习惯进行比较。学生收集代表自己饮食习惯的食品包装，并在班上创建一个 3D 食品金字塔。学生采访一位健康专家，询问有关卫生和卫生的必要组成部分。在最后的项目中，学生在陈列室展示作品：

1. 饮食日记和反思
2. 他们所吃的食物金字塔；以及为了拥有更健康的饮食，他们应该吃什么？我们需要哪种比例的脂肪、蛋白质和碳水化合物？
3. 卫生展示

学生展示饼状图，并用吃过的食物包装来解释三维食物金字塔。同时，他们还制作了一个关于视频、电影制作器和关于卫生的影片。

### 房间室内设计（费尔南达）

学生使用 3D 渲染对象，创建平面图（按比例绘制），并使用建筑标准。他们使用透视来绘制室内空间。在最终的项目中，学生将为酒店客户制作专业质量的室内设计推荐板，包括概念图、原始照片、比例平面图、3D 透视图、多视角的 3D 渲染对象图、预算和颜色 / 软装建议（基于色彩理论）。

### 生殖系统（丽娜塔和露西亚）

围绕让学生感到困惑的问题"我正常吗？"来学习人类生殖。学生探索青春期发育的各个方面以及人类生殖系统的组成和功能。在最终项目中，学生创建人类生殖系统和 / 或生殖 / 怀孕阶段的多媒体模型（在媒体上的自由选择），并向低年级的同学介绍这些模型。

### 研究发现

单元分析的结果揭示了双语教师如何理解语言教学，并将语言教学纳入他们设计的项目式语言学习单元中。此外，教师在反思中报告了语言教学观点的转变。本部分按研究问题进行讨论。

## 研究问题 1：在项目式语言教学单元中，教师在多大程度上关注"语言是一种行为"？

我们使用"语言是一种行为"的三个要素作为 PLATE 框架的维度（语言实践机会、语境中的语言教学和语言作为中介）作为分析切入点，并结合问卷调查的反思进行分析。我们发现，教师认识到并在单元设计中创造语言学习的机会，正如我们在下面所讨论的那样。他们也理解并在一定程度上计划结合情形进行语言教学。然而，关于如何使用学科语言的明确语言指导并不明显。

### "语言是一种行为"：语言实践的机会

这些单元表明，在单元设计中，教师们都在用英语和西班牙语（学生的第一语言）强调语言锻炼机会。在"学校艺术画廊"单元，语言锻炼机会包括采访艺术家和专家以及向不同观众口头和书面描述艺术。同样，在"生殖系统"单元，老师计划让学生展示他们的研究成果并解释他们的模型。在"我是难民"单元中，学生可以选择创作一本有声读物，表演一部戏剧或电影，或者创作一本英文漫画书。在"大众传媒和复杂的社会文化构成"单元，学生有机会通过两人组、整体小组和展示进行写作和口语练习语言。所有单元最后都形成项目，并向包括同龄人、家长、该领域的专家和更广泛的学校社区在内的不同观众公开展示。卡米拉认为，"我们可以把（语言锻炼机会）融入整个项目中，而不用特意为了锻炼语言能力设置一部分。"整个项目都有大量的语言练习机会，这是将语言教学纳入项目式学习的关键第一步。

### "语言是一种行为"：语境中的语言教学

在调查中，对于提供与内容相关的语言教学的重要性，教师们也表达了自己的看法。玛丽亚娜说："我了解到，当你专注于功能时，（教授）语言就不那么困难了。"更实际的做法是让学生在有意义的活动中使用语言，例如，他们的目标就是向他人解释。词汇教学是语言教学单元的重要组成部分。在"我是难民"单元中，学生练习了与难民危机有关的词汇，并制作了概念图，介绍他们如何理解非营利组织、政府机构和政客传达观点的方式。作为"房间室内设计"单元的一部分，学生阅读平面图，同时识别、定义和学习与酒店管理推介概念相关的词汇。学校美术馆还强调了与艺术运动、艺术元素以及创建美术馆的各个方面有关的词汇教学。虽然词汇教学很重要，但它不应该是在语境中进行语言教学的唯一方面。

**"语言是一种行为"：语言作为中介**

从各个单元设计来看，教师没有明确地在活动中表现出把语言作为学习的媒介。例如，许多单元包括对学生使用的语言功能的描述，如"向同龄人解释研究结果"和"反思口头和书面形式电视剧之间的异同"，但没有描述如何教授语言，比如从媒体上看娱乐评论的例子，剖析语言，包括他们使用的结构和特点。教师们认识到联系学科和现实世界教授语言使用的重要性。阿莱桑朵分享道："我意识到我们必须更多地关注语言，也明白希望学生如何使用语言。""生殖系统"单元的合作者之一露西亚说，"科学课对学习语言结构很有用。"

## 研究问题2：关于学生如何在项目式语言学习环境中学习英语，教师的假设是如何变化的？

在调查中，教师们表示从一种不结合上下文的、传统的语言教学方法转变过来，她们在思考学生如何在项目式语言教学单元中学习语言。例如，维多利亚回答说："语言是通过在上下文中使用特定语法特征的行动来学习的"，这表明教师至少在思考如何以不同的方式教授语言。其他老师的观点包括"让学生使用有实际应用意义的语言更实际""需要通过行动展示和教授语言，这是我们日常生活的一个重要部分，而不是填补空白"。这些回答突出了人们对语言教学的不同视角的认识，这种视角正朝着互动的方向发展。观点的转变可能是改变教师教学实践的第一步。

一些教师认为，他们愿意考虑不同的语言教学方法，但在习惯于语言教学和在语境中教学语言之间，他们表现出一种矛盾的中间立场。例如，有位老师回答说，语言"包含在项目中，因此我们可以与英语老师协调"，或者"我意识到我们必须更加关注语言，知道我们希望学生如何使用语言"。在一次回答中，一位老师表示"我仍然对 [ 英语熟练程度 ] 不高时的语言学习方式有很多疑问"。虽然这些反应表明教师如何思考教学语言，他们认为自己需要更多的支持，需要提供给他们更多的工具来转变教学。具体地说，当他们说需要考虑低水平的英语学习者，这表明在项目式语言教学单元设计和实施上，教师需要更多的经验和实践，以进一步了解如何为这些学生提供项目式语言学习体验。

总的来说，教师的回答表明，即使他们只是进行了笼统的讨论，项目式语言教学单元设计经验有助于他们看到在相关和真实的语境中进行语言教学的价值。这些发现反映了对教师计划的单元的分析，显示了单元设计提供多种机会，为学生在语境中使用语言提供了便利，但缺乏确保学生在活动中成功学习语言的具体语言框架和支持。

## 讨论

该初步研究的结果表明，虽然教师对通过项目式语言教学为学生提供在行动中学习语言的机会比较满意，但在他们的愿景和在课程设计中实现愿景的能力之间仍然存在差距。然而，这一发现并不令人惊讶。"语言是一种行为"的制定复杂、烦琐、要求高，为期两周的专业发展研讨会无法涵盖所有内容。在本讨论中，我们将对数据进行解读，并为其他希望在项目式语言教学实践中采用和实施 PLATE 框架的教育工作者在研究和实践方面提出一些建议。

教师的调查反馈显示，他们对学生在课堂上如何学习外语的思考转向了更多的情境化、互动式方法。他们抓住了项目式语言学习中存在的语言锻炼机会，以真实的方式练习使用语言。例如，学生向专家小组展示并向同伴解释他们的研究结果。这是设计过程中的第一步，认识到语言锻炼机会的存在。然而，教师的回答也显示，在这一点上，他们缺乏技能和知识，不了解如何以深思熟虑的战略方式实现这些好的想法。对项目式语言教学感兴趣的教师和学校需要考虑的是：了解教师如何看待语言学习，也就是如何学习、教授和实践的重要性。在学年中持续不断的专业发展，专注于基于项目的语言学习和评估是一种支持途径。另一个途径是建立教育工作者的实践共同体（Wenger, 1998），专注于提供项目式语言学习，并为合作和反思安排时间。

此外，教师为学生设计多种机会，让他们在活动中学习语言。然而，单元学习内容和调查反馈显示，这些语言锻炼的机会只停留在表面（如强调词汇），而忽略了其他层次和联系。学生需要指导和互动机会来学习与内容有关的语言。正如在传统的语言课堂上，内容教学经常排在语言教学之后，语言教学在学科领域的课堂上也排在内容教学之后。然而，在双语课堂的背景下，目标是同时学习内容和提高语言能力，这为项目式语言教学的充分利用提供了一个最佳环境（Stoller, Richards, & Renandya, 2011）。

我们认为，教师应该得到持续支持，以发展设计、实施和重新设计项目式语言教学课程所需的复杂技能。虽然我们的数据反映了参与教师职业生活中的一个很短的时间窗口，但我们为教师在 PLATE 框架内对项目式语言教学实践的有意尝试而感到鼓舞，并相信假以时日，他们可以设计出最先进的项目式语言教学课程。与其他有关项目式学习实施的研究一样，我们承认，很多时候，人们要求教师在短时间内改变做法，在一夜之间重新思考他们的教学和思考方法。然而，我们的数据却表明，教师认为 PLATE 框架下的项目式语言教学方法很有吸引力，为教师和研究人员用于未来项目式语言学习课程设计和教学提供了一个良好起点。

# 结论

在本章中，PLATE 框架通过一系列项目式语言教学单元进行了初步测试。虽然参与者是来自西班牙的教师，但该框架也可以应用于其他不同语言的双语课堂。更多的研究需要考察项目式语言教学单元在双语课堂上的实施以及对学生的影响。此外，我们的研究强调了教师在尝试使用项目式语言教学原则转变实践时遇到的困难。这项工作要求老师们直面实践效果和作为教师的身份和愿望，对教师来说无疑具有挑战性。如果教师愿意做出这样的转变，我们相信 PLATE 框架和项目式语言教学，可以鼓励教师为学生提供机会，让学生更真实地参与到内容和语言实践中，在学习批判性思维和协作等关键技能的同时也能提高学习动力。

# 参考文献

Allwright, D., & Hanks, J. (2009). *The developing language learner: An introduction to exploratory practice.* London: Palgrave Macmillan Press.

Banks, J. A., Au, K. H., Ball, A. F., Bell, P., et al (2007). *Learning in and out of school in diverse environments: Life-long, life-wide, life-deep.* Seattle, WA: The LIFE Center (The Learning in Informal and Formal Environments Center) and the Center for Multicultural Education, University of Washington, Seattle.

Barron, B., & Darling-Hammond, L. (2008). *Teaching for meaningful learning: A review of research on inquiry-based and cooperative learning.* Book Excerpt: George Lucas Educational Foundation.

Barron, B., Schwartz, D., Vye, N., Moore, A., Petrosino, A., Zech, L., & Bransford, J. (1998). Doing with understanding: Lessons from research on problem and project-based learning. *The Journal of Learning Sciences*, 7, 271–311. Retrieved from www.jstor.org/stable/1466789

Beckett, G. H. (2002). Teacher and student evaluations of project-based instruction. *TESL Canada Journal,* 19(2), 52–66. doi:10.1093/eltj/cci024

Beckett, G. H. (2006). Project-based second and foreign language instruction: Theory, research, and practice. In G. H. Beckett & P. Chamness Miller (Eds.),

*Project-based second and foreign language education: Past, present, and future* (pp. 3–18). Greenwich, CT: Information Age Publishing, Inc.

Beckett, G. H., & Slater, T. (2005). The project framework: A tool for language, content, and skills integration. *ELT Journal*, 59(2), 108–116. doi:10.1093/eltj/cci024

Belland, B. R., Glazewski, K. D., & Ertmer, P. A. (2009). Inclusion and problem-based learning: Roles of students in a mixed-ability group. *RMLE Online*, 32(9), 1–19. doi:10.1080/19404476.2009.11462062

Berger, R. (2003). *An ethic of excellence: Building a culture of craftsmanship with students.* Portsmouth, NH: Heinemann.

Blumenfeld, P., Soloway, E., Marx, R. W., Krajcik, J. S., Guzdial, M., & Palincsar, A. (1991). Motivating project-based learning: Sustaining the doing, supporting the learning. *Educational Psychologist*, 26(3&4), 369–398. doi:10.1080/00461 520.1991.9653139

Boaler, J., & Staples, M. (2008). Creating mathematical futures through an equitable teaching approach: The case of railside school. *Teachers College Record*, 110(3), 608–645. Retrieved from www.tcrecord.org ID Number: 14590

Brydon-Miller, M. (2006). Photovoice and Freirean critical pedagogy: Providing a liberatory theoretical framework to project-based learning in second language education. In G. H. Beckett & P. Chamness Miller (Eds.), *Project-based second and foreign language education: Past, present, and future* (pp. 41–54). Greenwich, CT: Information Age Publishing, Inc.

Chan, V. (2001). Fostering Learner Autonomy in an ESL Classroom. *TESL Canada Journal*, 18(1), 75–91. doi:10.18806/tesl.v18i1.901

Conley, D. T. (2010). *College and career ready: Helping all students succeed beyond high school.* New York, NY: John Wiley & Sons.

Darling-Hammond, L., Ancess, J., & Falk, B. (1995). *Authentic assessment in action: Studies of schools and students at work.* New York, NY: Columbia University Press.

Deci, E., & Flaste, R. (1995). *Why we do what we do: Understanding self-*

*motivation.* New York, NY: Putnam's Sons Press.

Dedoose Version 8.0.44, web application for managing, analyzing, and presenting qualitative and mixed method research data (2018). Los Angeles, CA: SocioCultural Research Consultants, LLC. Retrieved from www.dedoose.com.

Evensen, D. H., & Hmelo-Silver, C. E. (2000). *Problem-based Learning: A research perspective on learning interactions.* New York, NY: Routledge.

Eyring, J. L. (1989). *Teacher experience and student responses in ESL project work instruction: A case study* (Unpublished doctoral dissertation). University of California, Los Angeles.

Halliday, M. A. (1993). Towards a language-based theory of learning. *Linguistics and Education,* 5(2), 93–116.

Halvorsen, A., Duke, N. K., Brugar, K., Block, M. K., Strachan, S., Berka, M. B., & Brown, J. M. (2014). *Narrowing the achievement gap in second-grade social studies and content area literacy: The promise of a problem-based learning approach.* East Lansing, MI: The Education Policy Center, Michigan State University.

Hamilton, E. R., Rosenberg, J. M., & Akcaoglu, M. (2016). The substitution augmentation modification redefinition (SAMR) model: A critical review and suggestions for its use. *TechTrends,* 60(5), 433–441. doi:10.1007/s11528- 016- 0091-y

Krajcik, J., Blumenfeld, P. C., Marx, R. W., Bass, K. M., Fredricks, J., & Soloway, E. (1998). Inquiry in project-based science classrooms: Initial attempts by middle school students. *Journal of the Learning Sciences,* 7(3–4), 313–350. Retrieved from www.jstor.org/stable/1466790

Kuo, A. C. (2015). *Navigating problem-based learning across content areas: A mixed-methods examination of English learner insights of support and participation* (Unpublished doctoral dissertation). University of Washington, Seattle. Retrieved from https://digital.lib.washington.edu/researchworks/handle/1773/33746

Lambros, A. (2004). *Problem-based learning in middle and high school classrooms:*

*A teacher's guide to implementation*. Thousand Oaks, CA: Corwin Press.

Larmer, J., Mergendoller, J., & Boss, S. (2015). *Setting the standard for project based learning: A proven approach to rigorous classroom instruction*. Alexandria, VA: ASCD.

Moll, L. C. (1992). Bilingual classroom studies and community analysis: Some recent trends. *Educational Researcher*, 21(2), 20–24. doi:10.3102/0013189X021002020

Myles, F., Hooper, J., & Mitchell, R. (1998). Rote or rule? Exploring the role of formulaic language in classroom foreign language learning. *Language Learning*, 48(3), 323–364. doi:10.1111/0023-8333.00045

National Research Council. (2000). *How people learn: Brain, mind, experience, and school*. Washington, DC: National Academy Press.

Parker, W. C., Lo, J., Yeo, A. J., Valencia, S. W., Nguyen, D., Abbott, R. D., ... Vye, N. J. (2013). Beyond breadth-speed-test: Toward deeper knowing and engagement in an advanced placement course. *American Educational Research Journal*, 50(6), 1424–1459. doi:3102/0002831213504237

Puentedura, R. (2006). Transformation, technology, and education [*Blog post*]. Retrieved from http://hippasus.com/resources/tte/.

Rutherford-Quach, S., & K. Hakuta. (2019.) Bilingualism as action. In V. Grover, P. Uccelli, M. Rowe, & E. Lieven (Eds.), *Learning through language: Towards an educationally informed theory of language learning*. London: Cambridge University Press.

Stoller, F. (2006). Establishing a theoretical foundation for project-based learning in second and foreign language contexts. In G. H. Beckett & P. Chamness Miller (Eds.), *Project-based second and foreign language education: Past, present, and future* (pp. 19–40). Greenwich, CT: Information Age Publishing, Inc.

Stoller, F., Richards, J. C., & Renandya, W. A. (2011). Project work: A means to promote language and content. In W. A. Renandya & J. C. Richards (Eds.), *Methodology in language teaching: An anthology of current practice* (pp. 107–120). Cambridge: Cambridge University Press.

Sutton, P. S., & Knuth, R. (2017). A school-wide investment in problem-based learning: A comprehensive high school embraces problem-based learning as its strategy to improve student achievement. *Phi Delta Kappan*, 99(2), 65–70. Retrieved from www.jstor.org/stable/26388275

van Lier, L. (2007). Action-based teaching, autonomy and identity. *Innovation in Language Learning and Teaching*, 1(1), 46–65. doi:10.2167/illt42.0

van Lier, L., & Walqui, A. (2012). Language and the common core standards. *Understanding Language* (pp. 1–9). Stanford, CA: Stanford University.

Walqui, A., & van Lier, L. (2010). *Scaffolding the academic success of adolescent English language learners: A pedagogy of promise*. San Francisco, CA: WestEd.

Wenger, E. (1998). *Communities of practice: Learning, meaning, and identity*. New York, NY: Cambridge University Press.

# 第十四章 考试之外：基于研究、通过技术开展的有意义语言学习框架下的中国中学项目式英语教学

梁建松[①]，谢菲菲[②]，高梦婵[③]

## 现实问题

在外语教学环境中，要想进行有意义的语言学习，可能挑战很大（Shin, 2007）。在中国，学生的考试成绩非常受重视，标准化考试的巨大

---

[①] **梁建松**：美国加利福尼亚州拉米罗达市比奥拉大学英语教学（TESOL）教授。德克萨斯大学奥斯汀分校外语教育博士。积极从事实践者研究，研究和教学兴趣包括教学英语语法、语言评估、二语阅读/写作、ESL 材料和技术增强的语言学习等。
[②] **谢菲菲**：北京中学英语教师，积极地探索创新的教学技术，包括项目式学习模式，创造良好课堂学习环境，让中学生积极、有意义、自主地学习语言。作为一名课堂教师，菲菲在实践者研究方面也非常活跃。曾在 *The Journal of Chinese Teachers*、*Education in Beijing* 等期刊发表文章。
[③] **高梦婵**：北京中学英语教师，研究方向包括二语习得理论和实践，目前，与谢菲菲合作探索适合在中国中学英语教学环境中实施的融合技术和项目学习的教学模式，以丰富和加强学生的课堂语言学习和实践。

压力往往促使中学英语教师将教学注意力转向死记硬背，学习划分为知识点板块，因为他们认为这种课堂教学可预测、易于管理，因而更安全。然而，令许多英语教师感到沮丧的是，应试教学往往会导致学习动力下降和考试成绩变差，从而使学生在学习过程中更加被动（Qian, 2000）。

新课程改革对学生整体成长的要求（教育部，2014）可能是全国的中学英语教师在课堂教学中面临的又一个挑战。新发布的《初中英语课程标准》规定了学生发展的四个特定领域，即"四个核心素养"：语言能力、学术能力、推理和思维能力以及整体发展（Xin, Jiang, & Liu, 2013）。这些新标准要求教学计划和实践在四个方面发生根本性转变：（1）学习目标从掌握四种技能转变为在特定社会环境中展示交际能力；（2）教与学的本质观念从将英语视为一门学科转变为学习英语作为促进学生全面成长的手段；（3）教学方法从以教师为中心向以学生为中心转变；（4）内容从学习分散的英语知识点板块转变为培养学生在学习策略、动机、态度、价值观、性格和跨文化意识方面的发展（Wang, 2015）。简言之，当前课程改革的新任务将培养学生全面发展以实现自我导向的终身学习视为学校教育的最终目标。

面对来自考试要求和新课程要求的双重压力，许多中学英语教师犹豫不决，迷失了方向。尽管他们认识到课堂学习需要反映真实世界的话语和真实的语言使用，但许多教师不确定应该如何创造有利的学习环境，让学生能够系统地参与有意义的语言学习。此外，他们担心，即使他们能够为学生提供交际练习的机会，他们也不知道如何转变传统教师的身份以管理交际课堂的动态情形。也许最大的担忧是，他们不确定实施新的交际课堂是否会立即对学生在年度全区标准化考试中的表现产生积极影响。

简言之，许多教师显然非常不安，他们需要解答一个非常实际的操作问题：是否存在一种实用的教学模式可以帮助中国中学英语教师，既能满足学生对高分的期望，又能培养学生良好的交际语言能力？或者简单地说，是否有一种方法可以在面向考试的文化中实施可行的教学模式，从而平衡基于形式和功能的学习，并解决"课堂教学内容与学生在现实世界中需要的内容之间的紧张关系"（Kramsch, 2014, 第 296 页）？

## 项目式语言学习可能是一种解决方案

项目式语言学习（PBLL）作为一种创新教学形式，为解决课堂教学与实践教学之间的矛盾提供了可能。在西方背景下的研究表明，该方法可以产生许多好处。例如，斯托勒（Stoller, 2006）回顾了一系列项目式语言学习的研究之后，发现了项目的八个共同好处：提高语言技能；经验和语言的真实性；提高学习动力、参与度和创造力；改善社交技能；增加内容知识；提高自我效能感；增强学习者的自主性；提高决策、批判性思维和解决问题的能力。显然，项目式语言学习提供的许多好处可能与中国当前课程改革的新任务中所述的期望学习结果非常吻合。

那么，如何成功地将项目式语言学习应用于英语课堂是需要解决的实际问题。科西茨基、孟席斯和威金兹（Kokotsaki, Menzies & Wiggins, 2016）在回顾当前各种环境下的项目式学习研究时，推荐了一套在主流学校采用该方法时需要考虑的原则。这些原则包括：学习者在自我管理、时间管理和技术资源有效利用方面的培训；确保参与者同等参与，分组有效；平衡教师教学和独立作业；通过定期教师监督、学生反思、自我和同伴评估进行评估以及培养学生的自主性。虽然这些原则很重要，但在第二语言课堂上提供必要的关于目标语结构和语言技能的支架式教学也同样重要。例如，艾伦和斯托勒（Alan & Stoller, 2005）指出，把以形式为中心的学习融入方法中，这一点很重要，尽管关注现实世界的问题、平衡协作和独立工作以及最终需要一个有形的产品也很重要。斯莱特、贝克特和奥夫德哈尔（Slater, Beckett & Aufderhaar, 2006）还指出，英语作为二语的（ESL）教师需要对构成项目式语言学习课堂整体项目的任务进行仔细排序。

由于项目式语言学习在中国中学英语教学中还是一个相对较新的概念，探索项目式课堂教学方法（Wang & Beckett, 2019）的研究很少。然而，为了应对课程改革对培养核心学习者素质的新要求，一些英语实践者努力探索反映研究性学习诸多方面的有效教学技巧。例如，李和彭（Li &

Peng, 2016）建议，在中学英语阅读教学中，教师可以选择与学生兴趣相关的现实主题的阅读材料，设计服务于不同目的的活动（例如，语言学习与阅读理解，批判性思维与培养，阅读鉴赏），并用心安排活动顺序，以最好地培养自主读者。

其他实践者也在尝试不同的教学模式，既让教师可以在课堂上实施，又能让学生参与系统的、有意义的语言学习。卢（Lu, 2016）提出了高中听说课的教学模式，包括以下教学步骤：（1）信息处理，（2）记忆和理解，（3）独立分析和评价，（4）再创造和应用。王（Wang, 2017）在回顾高中英语写作课时建议，有效的写作教学应该从激发学生兴趣的教学开始，把注重理解和语言学习的精读与培养阅读习惯和批判性思维的泛读结合起来，让学生进行自我反思，以建立学生的自主性，促进学生发展。钟（Zhong, 2016）在回顾各种备课设计时指出，项目式的备课方法通常包括以下三个教学步骤：确定研究主题、调查探索和交流发现，而传统方法通常包括一套不同的步骤：目标设定、目标实现和学习结果评估。需要指出的是，项目式的教学法所遵循的教学顺序要求学生自主学习，而传统教学法以教师为中心，掌控整个课堂的教学过程。

技术在我们社会中的普及（如电子邮件、数字媒体、移动设备、Web 2.0）意味着教师可以将数字技术融入课堂（Nussbaum-Beach & Hall, 2012），并创建项目式英语课堂，支持学生自主学习。冈萨雷斯 - 罗勒和奥雷戈（González-Lloret & Orega, 2014）在回顾技术辅助的任务型外语教学研究时，建议在语言课堂上使用如下技术指导原则：（1）注重意义；（2）根据明确的目标提供语言和行动的体验；（3）满足学生需求，促进学生自主学习；（4）为学生提供真实的语言输入和真实的语言使用机会；以及（5）让学生参与反思性学习。

毫无疑问，将技术整合到项目式语言学习课堂上，具有很大的潜力。若实施得当，技术支持的项目式语言学习不仅可以提高学生的语言交际能力，还可以促进学习者的自主性。然而，对于课堂教师来说，仍然存在一个实际问题：如何持续、系统、有效地实施技术整合的项目式语言学习，尤其是在英语作为外语的（EFL）环境下，比如在中国？

第十四章・考试之外：基于研究、通过技术开展的有意义语言学习框架下的中国中学项目式英语教学

# 技术支持的中学英语项目式教学框架

为了在中国的中学环境中实施英语项目教学，我们开发了一个教学框架，包括以下四个阶段：情景化、探索、交流和评估。如表 14.1 所示，每个阶段都有一个特定的教学重点，与中国新课程规定的学习目标相对应。

第一阶段，整体上，主要教学重点是带领学生在课堂上进行有意义的语言交际练习。在为某一单元选定的主题中（如购物和时尚），所有的语言材料都以学习掌握必要的语法、词汇、听、说、阅读和写作等语言技能为目的。此外，课堂上的语言练习活动经过精心安排，教师逐渐不再掌控课堂，鼓励学生更多交流，同时强调准确性和流畅性。在这个阶段的教学中，数字媒体如数字视频、数字音频、幻灯片等在教学中均有应用。

表 14.1　中学英语教学项目式教学框架

| 教学阶段 | 教学步骤 | 目标 |
| --- | --- | --- |
| 第一阶段 情景化 | 给学生提供支持性有上下文的语言练习，准备好项目。 | 语言能力 |
| 第二阶段 探索 | 通过小组或者两人进行合作，引导学生进行探索，培养学术学习技能。 | 学术学习能力 |
| 第三阶段 交流 | 要求学生对项目做报告，把他们的研究或者报告书面写出来，培养学生整体发展，包括但不限于动机、态度以及对社会文化议题的意识。 | 整体发展 |
| 第四阶段 评估 | 除了教师评价，引导学生参加同伴互评，培养自主学习能力。 | 推理和思考技巧 |

第二阶段，总体教学目标是培养学生的学术学习能力。学生得到项目任务（例如，在选定单元结束时进行一场时装秀），详细描述要求，组成学习小组。学生协作探索内容并准备项目演示稿。这一阶段的学习属于课

外学习。在这个阶段也可以应用技术。例如，可能分组进行活动的学生需要通过调查研究证实项目撰写和陈述的信息。

第三阶段，学生向全班展示项目。演示稿可以以写作、演讲的形式展示，也可以是其他形式，例如海报展示、演示、戏剧等。这一阶段的学习只有一个主要目标：培养学习习惯。换句话说，通过向全班展示项目，希望学生在学习态度、学习动机甚至是学习者身份方面产生积极的变化，从而产生成就感。也希望这种成就感能提高学习热情，培养终身学习的决心。在学生展示项目的这个阶段，技术可以发挥作用。他们可以使用数字演示工具（例如，PowerPoint 或 Prezi）或数字媒体（例如，数字视频、数字音频）来支持其演示。他们的演示也可以通过数字化录制，以供随后的教师或学生评估或在课堂内外展示。

第四阶段，教学注意力集中在提高学生的元认知思维上。在这个阶段，教师和学生一起参与项目的评估。要求学生反思整个过程，记录自己的学习优势和劣势，同时与他人分享在学习过程中遇到的困难和所采用的学习策略。技术也可以支持这一阶段的教与学。社交媒体和共享在线文档等技术可以为教师和学生进行评估和反思任务提供平台。

## 在中学开展的项目式语言教学行动研究

为了测试项目式教学在中国的中学环境下是否有效，以及技术如何支持英语课堂上的项目式语言学习，我们作为本章第二和第三作者，于2014年10月与其他七年级英语教师在北京的一所学校进行了一项行动研究。由于这是我们第一次尝试一种完全不同的课堂教学方法，这也是我们仍在努力尝试的一种方法，相对于结果，我们对过程更感兴趣。具体地说，我们想找出在新颁布的初中英语课程标准所定义的"学生核心素养"方面能带来哪些益处，特别是在（1）语言能力，（2）学术学习能力，（3）全面学习者发展，（4）推理和思维能力方面。我们还想找出在课堂上实施项目式语言教学的过程中可能出现的问题，并探索可以在课堂上支持项目式语言教学的实用教学策略。最后，我们希望总结出一套可以指导今后的教学计划和实施的原则，这些原则可能适用于其他中国中学英语课堂。

本章的作者计划并参与了行动研究。我们根据上一节讨论的项目式教学框架制定了课程计划、组织材料并实施课程。由于这项行动研究的重点更多地放在过程而不是结果上，我们决定不进行测试，因为我们通常以测试来衡量学生的语言学习，担心测试会引起学生的不满，从而使实验脱轨。相反，我们决定使用非正式评估来评估这个教学实验的有效性。我们录制了学生对其项目的陈述，以供后续回顾，并在单元结束时对教学过程进行了个人反思，以帮助我们对项目式学习的框架有效性进行更客观的评估。

要特别指出的是，尽管总共有四个班（每个班有 20 名学生）参加了项目式教学实验，但所有其他七年级教师在实验完成后没有继续进行反思和复习。因此，我们仅提供本章一位教学作者教授的 20 名学生的数据和结果。

## 项目式教学单元行动研究

作为行动研究项目的一部分，该项目从七年级英语课的英语教材中选择一个单元"购物与时尚"进行教学。与所有其他课程一样，这个以项目为基础的单元几乎完全用英语授课。只有在母语更容易解释不熟悉的单词或短语时，才使用汉语。教师修改和补充了教学材料，以最大限度支持学生随后的探索性学习和项目准备/演示。图 14.1 提供了项目式单元设计概述。

### 第一阶段：语境化学习

语境化学习阶段目的是为后续教学做准备，包括一组六节强化语言课。每天一节课，旨在培养学生在词汇、听力、口语和阅读方面的语言技能。每节课长 45 分钟，涵盖特定的语言和/或技能领域。第一天的重点是词汇学习，涵盖了一系列词汇：正式、运动、休闲、专业、时尚和邋遢（formal, sporty, casual, professional, trendy, and scruffy）。第二天的重点是听力练习，通过学习对话，让学生理解一段在百货商店里的简短对话。

第三天，学生阅读一篇关于网上购物的优缺点的文章，练习阅读理解技能。第四天，通过一系列关于购物计划对话的听力活动，回到听力理解练习。第五天，学生参与旨在反映真实生活的口语练习，在模拟二手市场上练习讨价还价。强化语言课程以词汇学习活动结束，词汇学习活动围绕以下单词列表展开：撕裂、撕裂、折叠、滚动、扭曲、蜷缩、破碎、包裹/环绕、贴上、设计师、设计团队和模型（tear, rip, fold, roll, twist, scrunch, be crumbled, wrap up/around, stick up/on, a designer, the design team, and a model）。

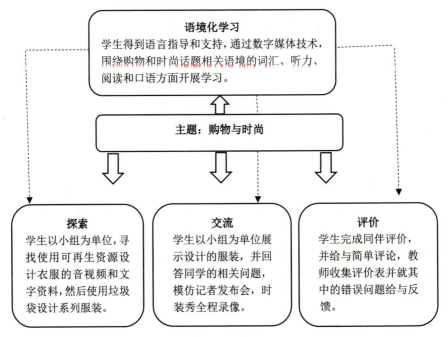

图 14.1　项目式单元教学整体设计

如前所述，第一阶段的教学将两节课用于词汇学习，以便为学生随后的项目探索性学习提供词汇支持。这一阶段的课堂教学还包括两堂听力课和一堂阅读课，都侧重于接受技能，旨在通过语篇层面的可理解输入提高学生的语言学习，同时提高他们的跨文化意识。口语课是一种以基于任务的方法，在真实的环境中进行口语练习，进一步提高学生的口

# 第十四章·考试之外：基于研究、通过技术开展的有意义语言学习框架下的中国中学项目式英语教学

语交际技能和跨文化意识。在课程中，教师制作幻灯片和音频/视频剪辑，以支持课堂教学。总之，这些所有基于技能的课程都经过了精心设计，为学生奠定了坚实的语言基础，以支持他们在探索和交流阶段的语言实践。

## 第二阶段：探索

六节强化语言课结束后，学生开始进行项目任务，作为团队在课外完成。第七天，他们在课堂上展示时装项目，如图14.2所示。

| 项目："垃圾袋"时装展示 |
| --- |
| 说明：每四个人一组进行时装设计。使用垃圾袋设计时装并在明天的时装秀上展示设计。设计服装时，小组一起思考下列问题。请注意，在时装秀上，各组要根据下列问题报告自己的服装展示： |
| 1. 这些服装的风格是什么？使用我们学过的形容词和其他形容词来描述设计风格。 |
| 2. 你们要制作什么样的服装？ |
| 3. 你们如何制作服装的每一部分？使用动词（例如，课上学过的动词）来描述整个过程。 |
| 每个组选择一个人作为模特，穿上服装进行展示。另一个人为服装主要设计者，主要负责介绍服装设计，在服装秀结束时，准备回答问题。可以参考英文服装设计的相关音视频和文章。 |

图14.2 服装秀项目说明

## 第三阶段：交流

第七天，学生按照以下程序来在课堂上展示他们的时装项目。

1. 在上课之前，被选为模特的学生必须穿上该小组设计的衣服。

2. 在每次展示之前，非展示组的每个学生都会得到一份同伴评价表（见第二阶段），写下对时装表演的评论。

3. 在展示过程中，在模特走动和展示衣服的同时，小组的其他成员解释服装的设计和制作，并回答其他小组提出的问题。在展示结束后，全班同学都完成同伴评价表。

作为技术整合的一部分，学生的时装表演被全程录制，作为展示他们

成就的一种手段。后来教师使用这些视频进行评价。

### 第四阶段：评价

这一阶段的学习包括以下四种类型的评价。

1. 课堂同伴评价。每个非示范学生都要在每个项目展示结束时填写一份课内同伴评价表，其中包括以下问题：（1）该小组做了什么服装？（2）它的时尚风格是什么？（3）他们是如何制作的？（4）你的总体评价是什么？

2. 课后同伴评价。每个学生根据观察和在课内评价中的评论完成一篇文章，《我最喜欢的最能展现环保意识的时装设计》。后来对这些文章进行收集和展示，促使学生通过写作进行深入的同伴评价。

3. 课堂上教师对语法错误进行反馈。在学生的展示中，教师记录下语法错误，并在每次展示结束时作为语法教学的一种形式在课堂上提供即时反馈。

4. 课后教师评价。教师和教艺术的同事一起回看视频和学生完成的所有同伴评价。然后，确定最佳设计奖和最佳模特奖的最终人选。

# 对行动研究的反思

## 学生的参与

在回顾整个单元时，我们敏锐地意识到传统课堂和项目式课堂在学生参与方面存在的差异。在传统的课堂上，这个单元会经历两个阶段：教师引导的语言教学和教师的评价。在这两个阶段中，教师是管控者，也就是说，教师进行教学和评估。相比之下，学生在探索和展示学习方面的自由度非常有限。在我们尝试和实验的项目式课堂中，我们注意到学生在探索、交流和评估阶段表现出更高的参与程度。这种参与极大地促进了学生积极性，这一点在回顾学生的时装秀视频时的观察记录中可以看出：

> 学生聚在教室外各自的小组里，有说有笑，与我们以前上的所有课相比，投入了更多的热情。根据的密切观察，我们注意到，一些小组在最后几分钟讨论了在展示服装时必须注意的问题，而一些学生则在"观看"和偷听其他小组讨论的内容，以评估他们是否准备好参加时装秀。令我们惊讶的是，那些沉默寡言、经常不积极参与的人，在为时装秀做准备的最后一分钟时，还在与团队成员互动。

在一节课上，对一个特定小组近距离观察后，我们非常意外地发现，在一个小组中，杰登（化名）被选为模特。这让我们意外，因为杰登害羞又安静，在课堂上几乎是个"隐形"人。此外，至少从考试成绩来看，他不是特别优秀。让我们更意外的是，从小组开始展示到结束，杰登表现出前所未有的高度自信。他算好每一步，以符合叙述者对团队使用垃圾袋集体设计衣服独特特征的描述。他在演讲中表现出了前所未有的参与程度和水平，在两位教师（兼作者）/之前教过的传统教师主导的英语课堂上都没有过。

杰登团队叙述者的表现同样让我们大吃一惊。和杰登一样，玛丽（化名）在班上也并不出色，但她被小组选为讲述者，负责清楚地描述小组设计的服装。尽管她不像其他小组的解说员那样说话响亮，但她很自信，叙述也很流畅。显然，为了让演讲尽可能流畅，她和团队成员多次阅读合写的脚本。同样，她在报告中非常专注和认真，与她在以前课上的表现判若两人。另外两名小组成员，凯西（化名）和德里克（化名），是表现更好的学生。尽管他们没有参与展示，但在通过观察他们在视频中的变现和展示过程中与杰登和玛丽的互动，清楚地显示出他们对自己的时尚产品有多喜欢。

综上所述，学生在学习演示阶段的参与程度相当高，这在两位作者/教师之前教过的由教师领导的课程中很少观察到。显然，该项目激发了学生的兴趣、动机和学习热情。

## 实现学习目标

根据新的《初中英语课程标准》规定，在先前描述的项目式单元中，学生四个领域的发展也证明富有成效。在语言能力方面，学生对在教师辅助语言教学阶段学到的时尚相关词汇掌握良好。以学生小组提供的关于如何制作领结示例说明为例。虽然描述并不完美，但对于七年级学生来说，他们清晰、流利地表达想法的能力令人印象深刻。（在之前教师辅助式教学中使用的单词标注为斜体。）

> 我们的设计风格属于正式（formal in style）。首先，把垃圾袋卷起来（roll），用胶带包起来（wrap）。第二，把纸撕成（tear）这个形状，折叠（fold）三次。最后，我们把它贴（stick）在垃圾袋上。这样，我们的领带就做好了。

在研究其他学生小组的展示时，我们同样印象深刻的是，对其中涉及的问题，每个小组都很好地展示了他们进行描述、解释、提问和证明的能力，这也是传统课堂无法比拟的。

在学习意识方面，在寻找和展示如何使用可回收材料设计服装的想法时，学生表现出了对中国与西方国家时尚的欣赏理解。当回顾在作者的一堂演示课上拍摄的演示视频时，我们注意到，所有的学生都在努力设计具有文化特色的服装。在五场展示中，有一组展示了经典的男性时尚设计，学生模特戴着大礼帽，打着大胆的领带，穿着燕尾服，男士套装裤子和一双圆头鞋。第二组受到女士晚礼服的启发，设计了一件紧身无肩带的长裙，以及一套由垃圾袋制成的发饰。第三组的设计相当"狂野"，他们设计了一件露肩的衬衫，一条迷你裙，还有一根长棍子。该组的讲述者解释，他们设计灵感来自非洲丛林中的部落服装。剩下的两个小组的服装设计都以中国文化为导向，但都是当代风格。无论这些设计有多么不同，他们清楚地揭示了一种对文化差异的欣赏探索，以期重新创造适合课堂环境的文化。

在推理和思维技能的发展方面，学生的协作工作也显示出批判性思维所支持的高水平创造力。在回顾学生的时装秀视频时，我们注意到，虽然要求每个小组使用垃圾袋作为时装产品的材料，但他们展示的风格十分多样化。我们特别注意到，有一组将垃圾袋切成条状，并将它们别在设计的连衣裙上，使这件连衣裙更具吸引力。传统课程更多是练习、测验和考试，而从团队合作中产生的创造力是我们在教学作者观察到的传统课程中看不到的。正如我们反思的那样，我们意识到，尽管这种创造力与标准化考试的结果并不一定相关，但该项目激发的推理和创造性思维过程帮助重塑了学生的思维方式，促使他们使用英语学习，而不是简单地在传统课堂或考试中学习使用英语。

在协作学习方面，学生也收获了成长。在回顾展示视频时，我们注意到，尽管男生女生通常不会在课堂内外互动，但在展示项目中，他们克服了性别差异共同合作。例如，爱丽丝（化名）和她的团队在视频回顾中引起了我们的注意。爱丽丝相当安静，通常不会在课上或课后与任何男孩互动。然而，在时装发布会上，她的表现却完全不同。作为她所在小组展示的当选模特，她在舞台上的节奏必须与另一名男生的叙述相匹配。由于解说的速度有点慢，爱丽丝故意多走了几圈，以不同的姿势停顿，以配合演讲者对她所穿衣服相应部分的描述。此外，在问答阶段，当爱丽丝觉得要点需要澄清时，她自发给其他男生成员补充或传纸条。简而言之，爱丽丝与男生的互动显示了他们团队高度的信任和亲密的合作。这种类型的社交在这两位作者（作为中学教师）传统课堂上从未出现。

总而言之，当回顾这些展示视频时，我们清楚地认识到，这些学生高度参与合作学习，热情地相互支持，利用自己的长处来弥补对方的短处，他们的主人翁意识和自主性在整个展示过程中显而易见。

由于本章作为教师的两位作者发现项目式课堂教学是可行的，所以我们和七年级的英语同事一起，继续在初中英语课上定期实施项目式语言教学。在本研究开展两年后，学校管理者进行了一次简短的总结性调查。调查发现是正面、令人鼓舞的。参与研究的学生与未参加研究之前相比，78% 的学生（最初的调查比例为 40%）报告，他们的学习成绩很好。40% 的学生表示，他们所经历的"新"英语课堂提高了他们语言学习的积极性；65%（之前的比例为 20%）的学生表示在语言学习的信心方面有所收获；70%（之前的比例为25%）的学生表示在合作学习能力方面有所收获；80%（之前的比例为35%）的学生表示在听和说的能力方面有所发展；75%（之前的比例为20%）的学生表示在阅读能力和词汇知识方面有所增长；60%（之前的比例为15%）的学生表示在学习如何学习方面有所收获。该区在初中课程结束时的考试结果也同样令人鼓舞。80名学生的平均分是115.9（满分为120），25名学生的分数在118—120之间，31名在115—117之间，18名在110—114之间，只有3名低于110分。

## 学生主导的主动学习技术使用不充分

整个项目式教学过程并非没有需要改进的地方。在项目教学结束后回顾这个单元时，我们意识到，尽管这个单元以由学生主导的时装表演结束但许多教学活动，不管是否与技术结合，仍然是由教师主导的。例如，在回顾所教的课程时，我们意识到，技术主要由教师用作提供教学和评估学生学习的手段，而不是学生用来练习使用目标语言结构和展示他们的掌握程度。表14.2对整个单元中技术工具的使用情况进行了总结。

表14.2 项目式单元样例中技术使用情况

| 教学阶段 | | 教师技术使用情况 | 学生技术使用情况 |
| --- | --- | --- | --- |
| 第一阶段 | 准备工作 | 词汇课：幻灯片来呈现词汇 | 无 |
| | | 阅读课：幻灯片展示阅读篇章 | 无 |
| | | 听力课：数码音频展示听力篇章对话 | 无 |
| | | 口语课：无 | 无 |
| 第二阶段 | 探索 | 无 | 学生上网搜寻思路 |
| 第三阶段 | 交流 | 教师使用数码视频录制项目展示 | 学生使用微信进行小组讨论 |
| 第四阶段 | 评价 | 无 | 无 |

## 第十四章·考试之外：基于研究、通过技术开展的有意义语言学习框架下的中国中学项目式英语教学

显然，在整个过程中还可以允许更多以学生为导向的练习。然而，这需要教师将学生真正放在过程的中心，以便在准备阶段或情景阶段增加以学生为导向的学习。

在回顾以技术为基础的语言教学方法时，华沙（Warschauer, 1998）提出了三种主要方法。第一种称为"决定论"的方法认为，仅仅是计算机的存在就可以对语言学习产生积极影响。第二种称为"工具性"的方法认为，技术本身并不一定能带来理想的学习结果。相反，这取决于技术在课程中的整合程度，它对目标的支持程度，以及基于技术的活动的管理程度。第三种方法是"关键立场"，与前两种方法不同，它强调需要创造一个生态系统，一个良好的学习环境（Egbert & Hanson-Smith, 2007），以实现学习者的整体改变，包括在身份、动机和学习者自主性等领域。

在这个项目式单元中，技术的使用主要反映了决定论和工具性的方法，两位作者（同时身兼教师）认为，使用幻灯片、数字音频和数字视频记录将自然和自动地提高学生的学习效果。如果我们重新教授这一单元，我们将给学生提供机会，使他们在整个过程中利用一系列技术工具来帮助交际语言练习。我们将以不同的方式执行该单元，如表 14.3 所述。

**表 14.3 修改后的项目式单元样例中技术使用情况**

| 教学阶段 | | 教师技术使用情况 | 学生技术使用情况 |
|---|---|---|---|
| 第一阶段 | 准备工作 | 词汇课：幻灯片来呈现词汇<br>阅读课：幻灯片展示阅读篇章<br>听力课：数码音频展示听力篇章对话<br>口语课：使用数码视频录制学生语音练习 | 学生使用在线词典，比如 Idoceonline.com 查找不熟悉的词汇，使用 Quizlet 的词汇闪卡互动进行自我复习。<br>使用幻灯片展示阅读理解<br>记录听力材料大意并上传至社交媒体网页<br>录短对话并上传至在线平台如喜马拉雅 |
| 第二阶段 | 探索 | 让学生修改展示的讲稿，使用 Word 文档修订功能给学生提供反馈 | 学生上网搜寻思路 |

(续表)

| 教学阶段 | | 教师技术使用情况 | 学生技术使用情况 |
| --- | --- | --- | --- |
| 第三阶段 | 交流 | 无 | 学生记录或编辑其时装秀并通过社交媒体平台（例如，微信等）或博客类平台进行讨论 |
| 第四阶段 | 评价 | 对学生的视频予以回顾并给予相应的反馈 | 完成在线同伴互评，使用这些记录完成后续的同伴评价书面作业。 |

## 总结思考

在英语作为外语的中学环境中实施有意义的语言学习很有挑战性，这往往是因为注重考试文化所要求的与学生在现实世界中成长所需的学习之间存在冲突关系。然而，正如本章所建议的，项目式语言学习方法可以解决这种冲突，弥合基于形式的学习和基于功能的学习之间的差距，特别是在遵循以下原则的情况下：

1. 学生需要精心设计的教师辅助教学，以便为后续项目的开展做好准备，这可能需要使用课堂上未涉及的语言。

2. 构成整个项目的有意义的学习任务需要仔细排序，从教师提供的练习开始，逐渐过渡到越来越多的交流活动，让学生为需要复杂语言输出的单元的最终项目尽可能做好准备。

3. 技术工具不应该只由教师使用。相反，要把技术有意义地整合到项目式课程中，应该以学生为导向来使用，以支持学习并增强学生自主性。

4. 项目不应被视为目的，而应被视为实现整体学习者发展的一种手段。学习不仅在语言能力方面，而且在学术学习能力、批判性思维和学生责任感方面，这是中国当前课程改革的要求。

有人可能认为，前面列出的原则在当前关于项目式语言教学的文献中并不新鲜。例如，贝克特和斯莱特（Beckett & Slater, 2018）总结了基于技术的项目式语言教学的三个必要方面，即明确性（学生了解他们如何学习语言、内容、技能和技术的能力）、结构性（组织良好、支持良好的材料和任务）和适合性（适合学习者的水平），这在许多方面反映了上述原则。我们想指出的是，除了前面列出的原则之外，在中国这样一个以考试为导向的文化背景下，在中学英语教学中实施项目学习时，我们还特别想强调另外三点。

首先，教师需要在项目式教学框架内仔细平衡以形式为中心的语言学习和交际性语言学习。这里我们要强调两个关键词和短语："平衡"和"在项目式框架内"。尽管平衡任重形式的语言学习和交际性语言学习的原则在西方英语作为第二语言的语境中并不新鲜，但它在中学英语教学中具有特殊的相关性和重要性。在中学英语教学中，学生在标准化考试中的表现（通常衡量基于形式的学习）是学习进步的唯一指标。然而，在项目式教学框架内，平衡基于形式的语言学习和交际性语言学习并不一定意味着项目式语言教学课堂也应该通过增加交际性语言学习来增加课堂气氛。相反，平衡意味着基于形式的语言学习应该特意被用来作为一种教学策略，为学生奠定坚实的语言基础（例如，语法和词汇）。同时培养和提高学生在某一单元学习结束时执行项目的能力。另一方面，该项目为学生提供了一个为真正的交际目的而进行体验式学习的机会，从而提高了学生对高风险、标准化测试中的碎片化语言结构的记忆。

其次，在中学英语课堂上实施项目式语言教学时，教师要减少主导地位，允许学生使用现有技术工具来帮助他们锻炼和发展自主性。正如前面指出的，我们没有意识到在项目式语言学习测试中，课堂学习过程主要是由教师指导的。教师主要使用技术来加强教学和学生作业的评估。在该类教学中，即使在不同的教学阶段，学生也应该有充分的机会使用技术进行自主学习，无论是基于形式的学习还是交际学习。换句话说，技术增强型项目式语言教学应该有助于创造一个生态系统和一个有利的学习环境，以加强指导学生实践。

最后，要在课堂上全面实施项目式语言教学，中学英语教师必须摆脱"教课文"的思维定势，转向"用课文教"的思维定势。前者在注重考试的文化中很普遍，考虑到教师们需要帮助学生完成考试任务。然而，后者要求教师根据学生的需要以及中国新课程改革制定的语言标准重新组织甚至重新开发学习材料。这一新要求可能会将教师远远赶出舒适区，迫使他们从教科书用户的角色转变为材料开发者，后者将需要花费大量时间来规划、组织和重新开发课程和材料。虽然这一新要求在西方背景下对英语教师来说似乎很正常，但在注重考试文化背景下，这对中国的英语教师是一个巨大的挑战。因为教师已经面临着来自高风险考试的巨大压力，现在要想促进学生的自主学习，又必须投入大量精力开发新的材料。根据我们的经验，教师需要信念、勇气和毅力来做出改变。

正如本章所示，在中国这样的注重考试的文化中，项目式学习也并非没有可能。我们认为，在中国和其他注重考试的文化中，英语教师面临的一个主要问题是如何在课堂上实施技术整合的项目式语言学习。本章提出的以研究为基础的框架和原则提供了一个可操作的教学模式，以期解决标准化考试的成绩压力和新时代对交际性语言学习新要求之间的冲突关系。

# 参考文献

Alan, B., & Stoller, F. (2005). Maximizing the benefits of project work in foreign language classrooms. *English Teaching Forum*, 43(4), 10–21.

Beckett, G. H., & Slater, T. (2018). Project-based learning and technology. In J. I. Liontas (Ed.), *The TESOL encyclopedia of English language teaching*. Hoboken, NJ: Wiley-Blackwell. doi:10.1002/9781118784235.eelt0427

Egbert, J., & Hanson-Smith, E. (Eds.). (2007). *CALL environments: Research, practice, and critical issues* (2nd ed.). Alexandria, VA: TESOL.

González-Lloret, M., & Orega, L. (Eds.). (2014). *Technology-Mediated TBLT:*

*Researching technology and tasks*. Amsterdam, The Netherlands: John Benjamins Publishing Company.

Kokotsaki, D., Menzies, V., & Wiggins, A. (2016). Project-based learning: A review of the literature. *Improving Schools*, 19(3), 267–277.

Kramsch, C. (2014). Teaching foreign languages in an era of globalization: Introduction. *Modern Language Journal*, 98(1), 296–311.

Li, M., & Peng, H. (2016). The middle school reading classroom and the cultivation of "core learner qualities." *Educational Science Forum*, 20(1), 58–62.

Lu, X. (2016). Instructional design strategies for listening and speaking classes based on the "core learner qualities" for English language teaching. *Studies in Basic Education*, 19(1), 57–60.

Ministry of Education, People's Republic of China. (2014). *On deepening the curriculum reform in character building and whole person growth*. Retrieved from http://old.moe.gov.cn/publicfiles/business/htmlfiles/moe/s7054/201404/167226.html

Nussbaum-Beach, S., & Hall, L. R. (2012). *The connected educator: Learning and leading in a digital age*. Bloomington, IN: Solution Tree Press.

Qian, M. (2000). Education in crisis, system in need of reform: Reflections on the harmful effects and potential negative influences of examination-oriented education. *Tsinghua University Research on Education*, 4(1), 40–48.

Shin, J. K. (2007). Developing dynamic units for EFL. *English Teaching Forum*, 45(2), 2–8.

Slater, T., Beckett, G. H., & Aufderhaar, C. (2006). Assessing projects as second language. In G. H. Beckett & P. Chamness Miller (Eds.), *Project-based second and foreign language education: Past, present, and future* (pp. 241–262). Greenwich, CT: Information Age Publishing.

Stoller, F. (2006). Establishing a theoretical foundation for project based learning in the second and foreign language contexts. In G. H. Beckett & P. Chamness Miller (Eds.), *Project-based second and foreign language education: Past, present, and future* (pp. 19–40). Greenwich, CT: Information Age Publishing.

Wang, Q. (2015). From integrated language communication ability to the "core learner qualities" in English language teaching: New challenges in the reform of high school English curriculum in China. *The English Teacher,* 1(1), 6–7.

Wang, S., & Beckett, G. H. (2019, April). Project-based language learning studies in China: A literature review. In J. J. Zhao (Ed.), *Project-based language learning (PBLL) for a sustainable future.* San Francisco, CA: Comparative and International Education Society (CIES).

Wang, Z. (2017). An approach to teaching high school writing based on "the core learner qualities" model. *Guidance to the New Curriculum,* 4(1), 9–10.

Warschauer, M. (1998). Research technology in TESOL: Determinist, instrumental, and critical approaches. *TESOL Quarterly,* 32(4), 757–761.

Xin, T., Jiang, Y., & Liu, X. (2013). A pedagogical model for building the core learner qualities in the compulsory education system. *Beijing Normal University Academic Papers in Social Sciences,* 1(1), 5–11.

Zhong, Q. (2016). Curriculum development based on the "core learner qualities": Challenges and topics for investigation. *Global Education,* 45(1), 3–25.